20대가 당신의 브랜드를 외면하는 이유

2014년을 지배할 20대 트렌드 F·A·C·E·T

대학내일20대연구소 저

HadA

20대가
당신의 브랜드를
외면하는 이유

2014년을 지배할 20대 트렌드 F·A·C·E·T

2013년 12월 6일 초판 1쇄
2013년 12월 16일　　2쇄

글 대학내일20대연구소
펴낸곳 하다
펴낸이 전미정
편집주간 박수용
디자인·편집 하동현
교정·교열 이동익·손시한
일러스트 최민경
출판등록 2009년 12월 3일 제301-2009-230호
주소 서울 중구 필동 1가 39-1 국제빌딩 607호
전화 070-7090-1177
팩스 02-2275-5327
이메일 go5326@naver.com
홈페이지 www.npplus.co.kr
ISBN 978-89-97170-16-6 13320
정가 13,500원

ⓒ대학내일20대연구소, 2013

도서출판 하다는 (주)늘품플러스의 출판 브랜드입니다.
이 책은 저작권법에 따라 보호받는 저작물이므로 무단 전재와 무단 복제를 금지하며,
이 책 내용의 전부 또는 일부를 이용하려면 반드시 저작권자와 (주)늘품플러스의
동의를 받아야 합니다.

20대가 당신의 브랜드를 외면하는 이유

2014년을 지배할 20대 트렌드 F·A·C·E·T

추천의 글
20대 트렌드의 샘물

20대의 발걸음을 보면 1년 앞을 알 수 있고, 20대의 가슴을 알면 20년 앞을 볼 수 있다. 20대는 시장 트렌드 면에서 30~40대, 나아가 50~60대를 끄는 힘이 있기 때문이다. 또한 20대는 다른 세대를 잇는 다리이기 때문이다. 더 분명한 것은 지금 우리 사회에서 중추적 역할을 하고 있는 중장년 세대는 20여 년 전 20대 청년시절을 거쳤기 때문이다. 그래서 20대의 오늘은 우리의 내일이다.

20대는 열린 세대다. 20대만의 시공간 속에 갇혀 있지 않다. 개방적이고 수용성이 강하다. 배낭을 메고 내가 살고 있는 곳을 벗어나는 일이 일상이 되었다. 인터넷, SNS 등으로 열지 않은 세계가 거의 없다. 남뿐만 아니라 자신 스스로 열려 있다. 의견을 내는 데 주저하지 않고 감정에 솔직하다.

20대는 외로운 세대다. 가족, 친구 등이 부족해서가 아니다. 이들과 함께 있어도 외로움을 피하기 쉽지 않다고 고백하는 20대를 자주 보았다. 사람들과 좋은 관계를 맺으려 노력하지만 왠지 속 깊은 이야기는 꺼내지 못하니 겉도는 느낌이다. 군중 속 고독일까? 아니면 20대 불안 심리일까? 협력보다 경쟁을 앞세우는 사회분위기 때문일까?

20대는 마음이 급한 세대다. 몸이 따라가지 않아서다. 앞서가는 머리에 몸을 맞추자고 자신에게 채근하다 보니 그렇다. 기도하고 수양하면서 느긋한 마음을 가져 보라지만 빠르게 달려 나가는 것 같은 주위 사람들을 보면 다시 급한 코드로 돌아와 버린다. 20대에게 취업, 연애 등 독립적 사회인으로 서는 과정은 만만치 않다.

20대는 도전의 세대다. 반드시 가시적 성과나 혜택을 바라는 것은 아니다. 나 스스로를 확인하고자 하는 게 우선이다. 내가 하고 싶은 일, 내가 해야 하는 일, 그리고 내가 할 수 있는 일을 향해 도전하는 20대가 주위에 많다. 자신의 인생 정체성을 만들어 가는 데 20대의 도전, 이상의 것은 흔치 않다.

20대는 이처럼 다면체다. 단면체가 아니다. 『20대가 당신의 브랜드를 외면하는 이유 : 2014년을 지배할 20대 트렌드 F·A·C·E·T』는 우리 시대와 함께 호흡하는 20대의 다양한 발걸음을 분석해 놓았다. 20대가 내딛는 발걸음 현상뿐만 아니라 발걸음 하나하나가 가지고 있는 의미를 찾아 놓았다는 데서 이 책의 가치를 발견한다.

오늘날 20대 청년세대는 자신의 가슴에 무엇을 채우려고 하는 걸까 줄기차게 탐구해 온 필자는 이 책을 접하면서 무릎을 쳤다. 필자의 머리를 맴맴 돌던 단초들을 이 책에서 키워드로 확인할 수 있었기 때문이다. 이 책의 목차 페이지를 펴놓고 한참을 보았다. 커뮤니티 둥지화, 공유문화, 짧고 강렬한 메시지, 자신 들여다보기 등. 20대 트렌드의 샘물이자 20년 앞 우리 사회를 예견할 수 있는 망원경처럼 느껴졌다.

글 읽기 트렌드 '트위터러처', 신사동 가로수길 최대 고객, "난 어린 남자가 좋아요", "돈 많으면 좋죠"라는 망설임 없는 고백, 실물 매장에서 제품 확인하고 최저가로 인터넷 쇼핑하는 '쇼루밍족', 72일 동안 LA에서 뉴욕까지 7,200km를 자전거로 일주하며 실행한 독도 홍보 등. 20대들의 이야기가 이 책에 가득하다. 그리고 생생하다.

기업 마케팅 실무자들에게 이 책은 필독서가 될 것이다. 특히 20대를 타깃으로 하는 마케터들에게는. 소비자 심리와 마케팅 트렌드를 활용하려는 광고, 홍보 실무자와 커뮤니케이션 종사자들에게 이 책은 안내자 역할을 할 것이다. 대학에서 마케팅, 광고홍보학, 심리학, 경영학, 커뮤니케이션학 등을 공부하는 학생들에게는 다양한 사례를 제공해 줄 수 있을 것이다. 20대 자녀를 둔 부모들에게도 이 책을 추천한다. 부모가 미처 챙기지 못한 20대 자녀의 마음을 확인할 수 있는 이점이 있기 때문이다. 마지막으로 20대의 발걸음과 가슴을 보여주는 이 책이 20대가 행복해지는 데 도움이 되길 빈다.

청주대학교 광고홍보학과 교수 김찬석

목차

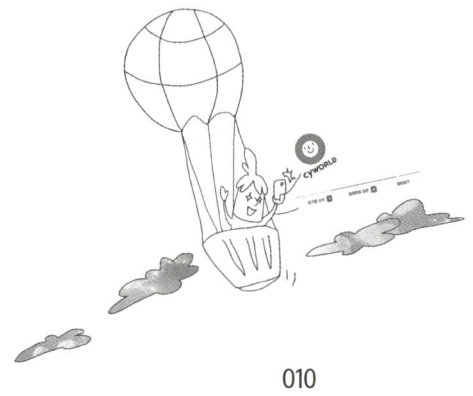

들어가며 010

왜 20대에 주목해야 하는가? 018

2014 20대 트렌드 짚어보기 [20's F · A · C · E · T] ... 024
    Flocking Habits – 커뮤니티로 모여들다 026
    Acceptant Eyes – 공유문화의 중심에 서다 044
    Clip Syndrome – 강렬한 핵심만 오려내다 078
    Ego Mirroring – 리얼하게 나와 맞서다 104
    Tag Consumer – 태그에 살고 태그에 죽다 124

2013 20대 핫 키워드 156

20대를 사로잡은 브랜드 들여다보기 168
    Life Style Brand 170
        이니스프리 | 유니클로 | 핫식스 | 대명비발디파크
        나이키 | 지산 월드 록페스티벌

Out Campus Brand 212

현대자동차그룹 해피무브 글로벌 청년봉사단 I 삼성멘토링 I 삼성 열정樂서
KT&G 상상유니브 I LG드림챌린저 I 현대자동차 영현대 글로벌기자단
삼성전자 아이크리에이터 I LG글로벌챌린저 I 기아자동차 펀키아 디자이너
KB캠퍼스스타

2013년 대학생 대외활동 및 공모전 5대 트렌드 316

[SNS 속 20대 이야기] 342
기업, 20대의 SOCIAL & COMMUNICATION

참고 문헌 370

[부록] 숫자로 보는 2013년 대학생 대외활동 & 공모전 375

집필진 소개 / 후기 382

들어가며

2012년 연초와 연말에 출간되어 많은 분들께 과분한 사랑을 받았던 『2011-2012 캠퍼스 트렌드북』, 『20대를 읽어야 트렌드가 보인다』에 이어 2013년의 마지막 달, '대학내일20대연구소'에서는 어김없이 대한민국의 20대들만의 내면과 그들의 관심사를 들여다보았습니다. 더욱이, 올해에는 20대 속의 유행 트렌드를 찾아보고 그것들이 실제 마케팅 현장에서 어떻게 드러나고 있는지도 추가로 담아내고자 했습니다.

출발은 꽤 가벼웠습니다. 오래전 20대를 지내오신 어르신들, 이제 막 20대를 지나 그새 그 시절을 그리워하는 장년층들, 현재 20대를 치열하게 겪고 있는 청년들, 그리고 앞으로 곧 다가올 20대를 동경하는 청소년들에게 '20대'는 늘 관심의 대상입니다. 그렇기 때문에 이러한 20대들의 주목할 만한 특징과 이에 따른 현상들을 소개하고 정리해 보면 꽤 재미있고 의미 있을 것 같아 새로운 트렌드북의 집필을 시작하였습니다.

가장 처음 살펴본 대학생들의 트렌드에 이어 20대로 그 범위를 확장해 오며, 20대의 트렌드를 읽어 내는 작업 자체에 책임감과 사명감은 더욱 커졌습니다. 저희는 이들의 생활 단면 깊숙이 들어가 캠퍼스 안팎을 비롯해 사회, 경제, 문화, 정치, 국제 등 사회 전반에서 이들의 이슈를 발굴하고 연구했습니다. 그러다 보니 20대가 우리 사회에서 얼마나 중요한 역할을 담당하고 있고, 앞으로 어떤 역할을 담당할지 깨닫고 절감할 수 있었습니다.

20대는 늘 새로운 미래에 대한 청사진을, 그리고 열정과 도전 정신으로 무장하여 다음 세대를 위한 '新 행복 솔루션'을 만들어 가야 한다는 점에 대부분 공감하고 있습니다. 아니나 다를까 사회 각 분야에서는 20대들이 자신들의 꿈을 키우게끔 그 경험과 도전을 시도할 기회를 다양한 형태로 제공하고 있습니다. 스스로의 존재감을 발현하고자 하는 욕구가 가장 큰 20대의 이러한 뜨거운 에너지는, 사회 곳곳에서 긍정적인 변화와 도전을 지속해 나갈 수 있는 원천과 토대로 작용해야 합니다. 2013년 새로이 들어선 박근혜 정부에서도 이러한 20대의 잠재력이 가진 중요성을 인식했습니다. 청년지원 대책을 주요 국정과제로 삼고, 대통령 직속 청년위원회를 조직하는 등 만전의 노력을 기울이고 있기도 합니다.

그러나 2013년의 20대들에게 현실은 그리 녹록지 않습니다. 경기 침체와 취업난 심화는 '경제적 자립'이라는 절체절명의 목표를 달성해야 하는 20대에게 중장기적인 경제적 부담과 심리적 압박으로 작용하고 있습니다. 이는 20대만이 뿜어낼 수 있는 변화의 동력을 제대로 끌어내지 못하는 원인이 되기도 합니다. 대학교를 다니기 위해 학자금을 대출하고 이를 갚기 위해 수시로 아르바이트를 뛰어야 하며, 취업을 위해 피할 수 없는 스펙 전쟁에서도 싸워 이겨내야 합니다. 그러다 보면 어느새 잔인한 현실 속에서 보다 적극적인 자기 도전과 개척의 의지는 이미 꺾여 버리기도 합니다.

물론 20대가 처한 이러한 현실을 해결하기 위해 다방면의 정부 지원정책이나 제도도 필요하고, 어쩌면 경제적 독립을 달성해야만 하는 시기에 가장 중요한 취업난을 해결하기 위한 기업들의 적극적인 일자리 창출도 중요합니다. 하지만 이보다 더 중요한 것이 있습니다. 다음 세대의 주역으로 거듭나야 할 20대들과 기성세대들이 지내왔던 20대가 어떻게 다른지 이해하고 공감하며 소통을 풀어가는 것입니다. 20대니까 그래야만 하고, 20대니까 그럴 수 있다는 공감이 '내가 보냈던, 내가 기대하는' 20대를 기준으로 한 공감이 아니라,

2013년 현재의 20대가 처한 현실과 그래서 그들이 선택한 다양한 삶의 방식들, 그로부터 나타난 현상들에 대한 이해를 바탕으로 한 공감이어야 한다는 것입니다.

공감, 힐링, 멘토링 등 지난 수년간 20대와 교감하고자 했던 주요 '메가 트렌드'들이 실제 20대에게는 어떠한 형태로 다가왔으며, 이제 20대가 어떠한 입장과 태도로 사회 곳곳의 현상들을 표현해 내고, 주도하고 있는지 보다 자세히 살펴볼 필요가 있습니다. 지금의 20대는 커뮤니케이션 기술의 혁신을 발판 삼아, 기존과는 다른 새로운 형태의 커뮤니티 문화를 창조해 내고 공유하기도 하며, 넘쳐나는 정보의 홍수 속에서 강렬하게 핵심만을 오려내는 데에 익숙합니다. 또한, '태그'라는 수단을 통해 자기를 드러내고 표현하려 하며, 따뜻한 충고나 독려에 순간적인 치유나 공감보다는 철저하게 현실 중심적으로 자신과 맞서려는 자세로 바꾸어 나가고자 합니다.

2011년 봄, 처음 설립되어 꾸준히 20대를 중심으로, 20대와 함께, 20대를 이해하고 고민해 왔던 저희 '대학내일20대연구소'에서 담아낸 이 책이 다방면의 분야에서 20대를 향한 관심을 촉발시키고 이

20대7

해를 돕는 데 미력하게나마 도움이 되었으면 합니다. 다소 부족한 면이 많지만 20대가 궁금했던 많은 독자분들께는 명쾌한 답변을 드릴 수 있을 것이라 자신합니다. 20대의 변화무쌍함을 제대로 알고자 하는 기업의 마케팅 담당자분들, 청년들에게 보다 많은 기회를 제공하고자 하는 정책기획 담당자분들, 그리고 20대에 관심 많으신 언론 기자, NGO 실무자분들과 함께 사회문화적 트렌드를 바라보고 진단하시는 모든 분들께 도움이 되고자 하였습니다.

끝으로 1년 동안 살인적인 일정 속에서도 집요한 노력을 기울여 주신 '대학내일20대연구소' 소장님과 연구원님들, 「대학내일」 편집기자분들과 에디터분들 모두에게 다시 한 번 고개 숙여 감사드립니다. 또한 20대를 향해 누구보다 뜨거운 애정과 지지를 보내 주시며, 관련 연구활동을 지속할 수 있게 해주시는 「대학내일」 대표님, 본부장님, 팀장님 이하 구성원분들께도 깊은 감사와 사랑을 전합니다.

대학내일20대연구소 수석연구원 박진수

왜 20대에 주목해야 하는가?

왜 20대에
주목해야 하는가?

바로 지금 2013년에 자신이 20대라면 아마도 1994년부터 1985년 사이에 태어났을 것이다. 20대 중반이라면 초등학교에 들어갔을 때부터 인터넷을 사용했다. 그 당시라면 인터넷 보급율이 90%를 육박했다. 덕분에 이들은 '디지털 네이티브' 세대로 불렸다. 이들보다 조금 더 어린 20대 초반의 젊은이들은 중학교 때부터 스마트폰을 쓰던 '스마트 네이티브' 세대다. 휴대폰 자판을 누르는 게 편하다는 4050 세대와는 본질적으로 다른 두뇌구조를 지닐 수밖에 없다. 사람의 가치관은 10대 후반에서 20대 중반에 가장 크게 영향을 받는다. 좋아하는 음악도, 미술도 모두 그 시기에 결정된다고 해도 과언이 아니다. 아직은 TV를 켜서 뉴스와 드라마를 봐야 하는 세대와 유튜브와 TED 동영상을 통해서 세계와 소통하는 20대는 확실히 다를 수밖에 없다.

20대가 어떤 세대인가? 영화 예매도, 책을 구입하는 것도, TV 프로그램을 보는 것도 모두 모바일과 온라인에서 해결하는 것이 너무나도 당연한 세대, 그래서 모든 마케팅과 첨단기술을 가장 먼저 접하고 가장 강하게 의견을 내뱉는 세대다. 무료한 출근길 중 포털사이트에 접속해 뉴스나 검색을 하는 정도로 스마트폰을 활용하는 세대와, 친구들과 동영상을 서로 공유하는 20대와는 모바일 데이터 속도에 대한 민감도가 다를 수밖에 없다. 우리는 지금 'LTE' 기술이 등장한 지 채 3년도 되지 않아서 모든 통신사가 'LTE-A'를 외치는 나라에 살고 있다. 미묘한 기술의 차이에도 민감하고 자신들의 의견을 적극적으로 피력하는 20대들이 이러한 기술의 변화를 이끄는 동력의 중심에 있다. 기술의 변화, 트렌드의 변화를 가져오는 세대는 단연코 20대인 셈이다.

20대의 관심과 사랑을 얻기 위해서 젖 먹던 힘까지 내야 하는 기업이 어디 통신기업뿐이랴. 컴퓨터를 비롯한 전자 분야는 물론이거니와 게임, 패션, 교육, 음료, 생활용품에 이르기까지 거의 모든 산업에서 20대의 마음을 알고자 엄청난 노력을 기울이고 있다. 20대를 알고자 하는 목적은 20대가 지닌 엄청난 구매 잠재력 때문이겠지만, 더 나아가 20대를 이해하면 미래를 어느 정도 예상할 수 있기 때문이기도 하다. 20대는 가장 민감한 세대이기도 하지만 가장 변화가 심한 세대이기도 하다. 2013년의 20대와 2010년의 20대는 상당히 다르다. 불과 5년 전만 하더라도 20대의 젊은 열정과 차별화를 부르짖었지만, 지금의 20대는 이와 다른 모습이다. 경제력은 어느 정도 해결되었지만 중, 고등학생 시절을 그리워하던 30대 사이에 낀 세대로서의 20대의 모습이 점점 더 많이 보이고 있다.

그래서 힘들고 외로워하는 이들의 마음 얻기 위한 기업들의 발빠른 행보들이 보이기 시작했다. 삼성그룹에서 운영하고 있는 대규모 강연 콘서트인 〈열정樂서〉는 수십만의 참가자를 불러 모으며 세계적으로 유례가 없는 공감 커뮤니케이션 성공사례를 만들었고, 기성세대들의 진솔한 이야기를 직접 들려주는 멘토링 프로그램 〈삼성직업 멘토링〉은 캠퍼스를 휩쓸고 있다. 이처럼 차별적인 '20대 공감 전략'을 가져갔던 삼성그룹은 20대들에게서 긍정적인 기업 이미지를 얻게 되는 것은 물론이거니와 20대를 접하게 된 자사 직원들의 만족도까지 높여주는 일거양득의 효과를 얻었다. 20대에 대한 깊은 이해와 인식을 통해 만든 전략은 국민적 호응과 함께 내부 구성원의 조직 충성도를 높이는 효과가 있는 것이다.

최근 SK그룹은 〈SK 바이킹 챌린지〉라는 인턴십 프로그램과 〈SK 탤런트 페스티벌〉이라는 새로운 형태의 인재 채용 프로젝트를 내놓았다. 이름만 독특한 것이 아니라, 사람을 선발하는 과정과 기준이 기존과는 상당히 달라진 모습이다. 과거에는 'S·K·Y'로 지칭되었던 서울대학교, 고려대학교, 연세대학교 등 소위 '명문대' 졸업생을 채용하면 얼추 우수한 인재를 뽑은 것과 크게 다르지 않았다. 그러나 스펙 상향평준화가 되어 버린 요즘 20대들을 서류만으로는 판단하기 힘들어졌다. 때문에 SK는 자사의 미래를 짊어질 인재를 선발하는 데 있어 그들의 자질과 성장 가능성을 더 잘 알 수 있는, 새로운 형태의 선발 모듈을 과감히 도입한 것이다. 이 또한 20대를 제대로 알고, 그들의 특징과 성향을 분석하지 않았다면 결코 이룰 수 없었을 것이다.

얼마 전 고등학생 자녀를 둔 부모가 '대학내일20대연구소'를 찾아왔다. 부모의 고민은 예상대로였다. 자녀를 어느 대학, 어느 과로 보내야 하냐는 것이었다. 아들의 성적이 좋지 않아서 어쩔 수 없이 서울 내 대학으로는 보낼 수 없고 아무래도 지방대로 보내야 할 것 같다고 했다. 부모의 얼굴에는 상심이 가득했다. 물론 자녀의 성적이 좋지 못해서, 흔히 말하는 명문대를 보낼 수 없는 부모로서 썩 밝은 얼굴일 수는 없을 것이다. 아마도 그 부모는 알지 못했을 것이다. 대한민국의 20대가 처한 상황이 언론에서 흔히 말하는 대로 암울하기만 하지는 않다는 것을 말이다. 우리 사회는 그 부모들이 20대를 보냈던 30여 년 전과 상당히 많은 측면에서 다른 성격을 지닌 사회로 변모했기 때문이다. 이제 갓 스무 살 대학생이 된 요즘 젊은 세대들의 고민 중 가장 크게 차지하는 부분은 물론 취업에 대한 부담이다. 하지만 대학에서는 학생들을 위해 각종 인턴십, 해외봉사, 교환학생, 각종 공모전 등 다양한 프로그램을 제공하고 있다. 20대 청춘들이 건강하게 성장할 수 있고 적극적으로 자신의 삶을 계획하며, 고민할 수 있도록 동기를 부여하고 있다.

2012년 연말, 대통령 선거를 거치면서 한동안 '20대 망조론'이 퍼진 적이 있다. 20대가 역사적, 사회적으로 '무개념'하기 때문에 선대가 피 흘려 만든 사회적 토대가 무너지고 있다는 기성세대의 비난이 거셌다. 하지만 단언컨대 지금처럼 20대가 정치적, 사회적으로 자신만의 기준을 가진 적도, 발언권을 가진 적도 없다. 다만 그들의 정치적 성향이 예전 독재시대에 우리 선배들이 그랬던 것처럼 '진보'만을 지향하는 것은 아니기 때문에 기성의 눈에는 생각이 없어 보이는 것으로 오인될 뿐이다. 1980년대를 거쳐 왔던 세대의 자녀들은 이제 대학생 정도의 나이다. 즉 지금의 대학생들에게 '민주화운동 세대'는 곧 아버지를 의미한다. 아버지가 늘 외쳐 왔던 '민주', '반독재'라는 말이 그들에게는 고리타분한 아빠의 밥상머리 꾸지람으로 인식될 수 있는 것이다. 그렇기 때문에 우리 사회의 정치와 정책을 고민하고자 한다면 반드시 20대를 연구해야 한다. 그렇지 않고서는 우리 사회를 움직이는 20대들의 '미묘하지만 강력한' 힘을 이용하지 못할 공산이 크다.

'20대는 이렇습니다'라고 말하는 것이 이제는 불가능하다는 의견이 점점 많아지고 있다. 맞는 말이다. 자라온 환경도 다르고, 스스로의 판단과 취향에 따라서 삶의 모습을 제각기 가져가려 하는 그들을 어찌 하나로 묶을 수 있겠는가? 하지만 그럴수록 그들의 모습을 현미경 들여다보듯 세세히 관찰하고, 이와 더불어 한 걸음 멀리 떨어져서 20대들이 그리는 그림의 윤곽을 이해하도록 노력해야 한다.

20대는 무엇인가? 그것은 미래이고, 희망이다. 인재이고, 마케팅이며, 기업이다. 나아가 대한민국 그 자체이다. 그러니 마케팅을 하는 사람이라면, 인재를 걱정하는 사람이라면, 대한민국을 걱정하는 사람이라면 이제 20대를 알자. 열심히 20대를 공부하자.

왜 20대에 주목해야 하는가?

20대가 당신의 브랜드를 외면하는 이유

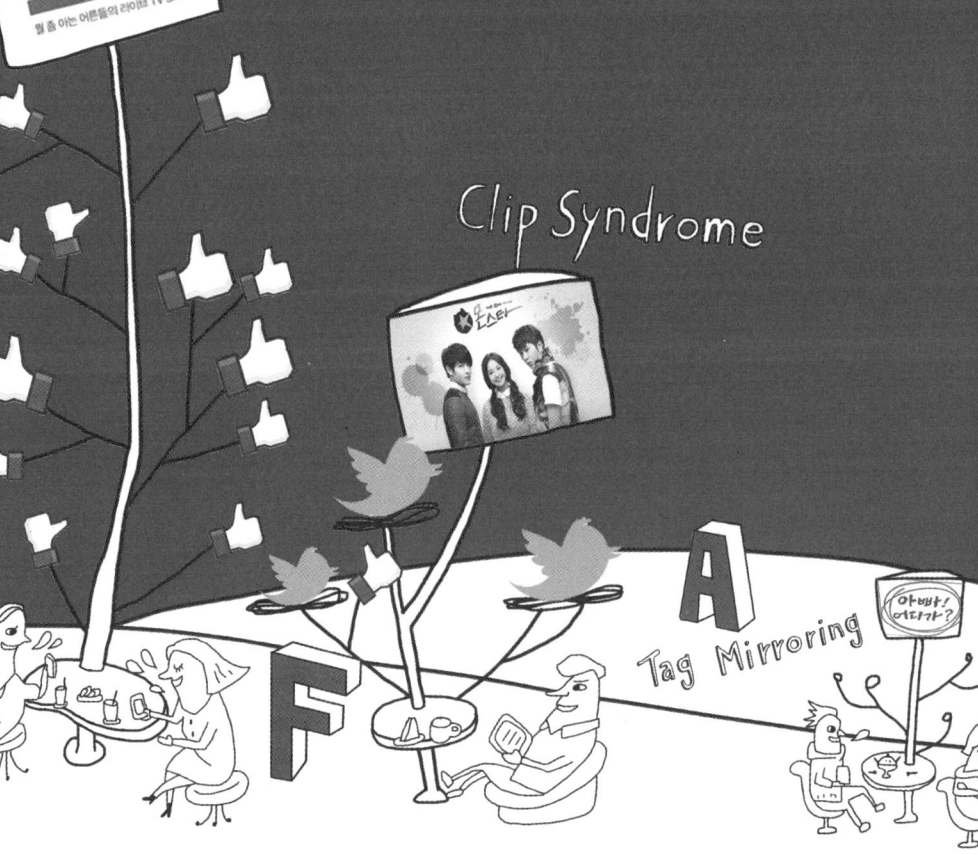

Flocking Habits
커뮤니티로 모여들다

스마트폰이 대세가 됐지만, 20대는 여전히 컴퓨터를 사용한다.
포털사이트를 통해 뉴스를 읽고, '트위터Twitter', '페이스북Facebook' 등
SNS를 넘나들며 친구들의 소식을 훔쳐보기도 하지만
그마저도 더 이상 볼 것이 없으면, 20대는 커뮤니티로 모여든다.
'디시인사이드', '네이트 판', '오늘의 유머', '클리앙'…….
그렇게 생겨난 온라인 커뮤니티는 이제 그 수조차 헤아리기 어려울 정도로 많다.
각 커뮤니티마다 적은 곳은 몇 만 명, 많은 곳은
수십, 수백만 명의 유저가 방문한다.
그중에는 10대, 30대도 있지만, 20대가 주축인 곳이 태반이다.

커뮤니티에는 20대가 알고 싶어 하는 거의 모든 게 있다.
커뮤니티에서는 콘텐츠를 가리지 않는다.
동영상, 음악, 문학뿐만 아니라 대중문화, 사회, 정치 등
사회 전반적인 분야를 아우른다.
20대는 이러한 커뮤니티를 통해 현재 사회에서 일어나고 있는
최신 정보를 자연스럽게 접하고, 희로애락의 정서를 공유하며,
자신의 의견을 표출한다.
어느새 커뮤니티는 온라인 동호회가 아닌, 또 다른 사회를 만들어 가고 있다.

20대의 욕구를 채워 준
온라인 커뮤니티

Flocking Habits – 커뮤니티로 모여들다

'천리안', '하이텔', '나우누리'……. 분명 커뮤니티의 시작은 꽤 오래전이다. 지금의 '디시인사이드', '오늘의 유머', 'SLR클럽' 등의 커뮤니티는 결국 과거 커뮤니티의 신新모델인 셈이다. 그럼에도 이젠 더 이상 독특한 취향을 공유하거나, 특정 분야의 전문가들이 활동하는 공간으로 규정짓기가 어렵다. 커뮤니티가 마니아들의 아지트가 아닌 다양한 콘텐츠를 담은 보물 상자로 탈바꿈했기 때문이다. 이로써 각종 커뮤니티는 콘텐츠에 목말라 있는 20대가 모여들기 딱 좋은 공간이 되었다.

커뮤니티는 점차 많은 정보를 담으면서, 20대를 끌어당겼다. 이는 정보의 양이 많아지면서 자연스레 니즈needs가 높아진 큐레이션curation의 인기와도 맥을 함께한다. 가장 재미있고 흥미로운 장면만을 모아 놓은 유머자료라든지, 뉴스보다 더 친절하게 정리돼 있는 사회 이슈 등은 빠르고 편리한 콘텐츠를 소비하려는 20대를 사로잡았다. 이처럼 20대는 커뮤니티를 정보의 채널로서 받아들인 것이다.

하지만 커뮤니티의 인기가 높아진 진짜 이유는 '20대의 소속에 대한 욕구'에서 엿볼 수 있다. 과거 동아리 중심의 대학문화가 점차 약해지면서 20대가 소속감을 얻기 위해 대외활동에 열광했듯이, 20

대는 이제 대외활동을 대신할 새로운 집단을 필요로 한다. 취향과 성격별로 나뉘는 커뮤니티는 그에 따른 최적의 대안이었던 셈이다. 커뮤니티는 최근 몇 년간 계속 생겨났고, 그 가운데 몇몇 커뮤니티는 규모가 거대해졌다. 새로운 유저들도 물밀 듯이 유입됐다. 가치관이 충돌할 때마다 '대다수의 여론'이 형성되어 커뮤니티의 성향은 분명해졌다. 자신의 스타일에 맞는 커뮤니티에 정을 붙이며 소속감을 키우게 된 배경이다.

다음 카페 '여성시대'

커뮤니티가 20대를 사로잡은 요소는 콘텐츠를 자유롭게 공유하는 개방성 때문이지만, 한편으론 소속감이 강해지면서 역으로 폐쇄성도 동시에 강해졌다. 43만 명의 회원수를 자랑하는 20대 여성 친목 커뮤니티 '여성시대'의 경우 정회원으로 활동하려면 커뮤니티가 제시하는 미션을 수행하고, 20대 여성임을 인증해야만 한다. 즉 성향이 일치하는 회원들이 모여 커뮤니티를 만들어 가는 것이다.

젊은 세대가 온라인 커뮤니티에 모여들자, 매스컴도 주목하기 시작했다. 온라인 커뮤니티에서 화제가 된 콘텐츠는 인터넷 기사의 주요 소재로 쓰였고, 수준 높은 콘텐츠는 여러 커뮤니티를 돌아다니며 단순한 게시물에서 그 시기의 화젯거리로 떠오르기도 했다.

하지만 가볍게 소비할 수 있는 콘텐츠가 많아지면서, 커뮤니티에는 더 자극적이고 가십gossip적인 콘텐츠가 주를 이뤘다. 익명성을 기반으로 하기에 논란이 되는 콘텐츠도 종종 등장하기 시작했다. 정치, 사회 등에서 물의를 일으켜 주목을 받게 된 '일간베스트'가 대표

〈SBS 현장21〉 '일베에 빠진 아이들' 편

적인 사례. 결국 이 때문에 온라인 커뮤니티의 문제점을 다룬 각종 기사[1]가 등장하는가 하면, 심층취재 다큐 프로그램[2]이 방영되기도 했다. 콘텐츠에 가장 역동적으로 반응하는 20대가 주축인 커뮤니티를 전 사회가 주목하기 시작한 것이다.

---

[1] "'일베' 사용설명서", 「시사IN」, 2013.05.26.
[2] "일베를 아십니까?", 〈SBS 현장 21〉, 2013.03.12.

커뮤니티를 보면 20대가 보인다

커뮤니티에 반해버린 20대

　대다수의 커뮤니티에는 진입장벽이 없다. 더구나 커뮤니티는 익명으로 운영되기에 실제 커뮤니티 유저가 10대인지, 20대인지도 구분하기가 쉽지 않다. 일각에서는 "무분별하게 정보를 받아들이고 자극적인 콘텐츠를 생산·소비하는 것은 10대일 뿐"이라며, 커뮤니티의 주축은 20대가 아니라고도 한다. 하지만 실제로 20대 상당수가 커뮤니티를 이용하고 있음은 명백하다.

　지난 2013년 6월, 모바일 리서치 업체 '오픈서베이'의 조사 결과[3]에 따르면, 20대 대학생 500명 중 62.6%에 해당하는 313명은 "정기적으로 활동하는 온라인 커뮤니티가 있다"고 응답했다. 또한 하루 평균 30분 이상 커뮤니티를 이용한다는 학생은 67.4%에 달했고, 2시간 이상 이용한다는 응답자도 11.9%나 됐다. 20대가 그만큼 커뮤니티를 많이, 그리고 오랜 시간 이용하고 있다는 얘기다.

---

[3] "지금 커뮤니티 하십니까?", 「대학내일」, No. 656 Special.

20대는 커뮤니티에서 요약된 콘텐츠를 감상하며 여가를 즐기고, 또 새로운 정보를 얻기도 한다. 굳이 콘텐츠를 생산하는 사람이 아닐지라도, 매일같이 커뮤니티를 들락거리고 있는 것이다.

대부분 다양한 커뮤니티를 이용하고 있지만, 목적의식이 분명하다기보다 그냥 우연히 접하게 되어 익숙하기에 이용한다는 답변이

커뮤니티 이용에 대한 20대 리서치

Q1. 정기적으로 활동하는 온라인 커뮤니티는? (중복 응답 가능)

이용자 수가 가장 많았던 커뮤니티는 '네이트 판'으로 나타났다. 이는 메신저 '네이트온'과 연계되어 쉽게 접속할 수 있기 때문인 것으로 추정된다. 접속 장벽이 있음에도 불구하고 '여성시대'가 58명으로 높은 수치를 보였고, 이슈가 된 '일간베스트' 유저도 22명으로 상위권에 포함됐다.

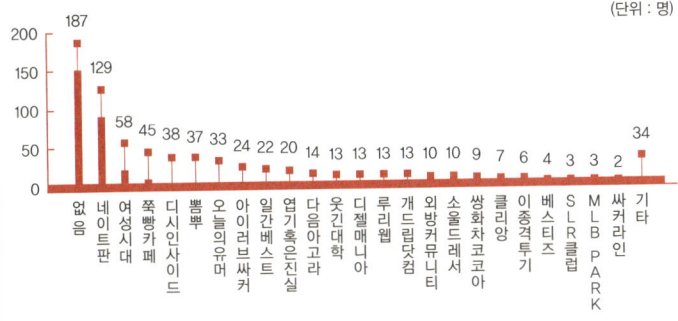

Q2. 선택한 커뮤니티를 이용하는 주요한 이유는?

- 그냥 익숙해서: 186명
- 게시물의 양과 질적 수준이 높아서: 148명
- 디자인이나 이용 방식이 편리해서: 65명
- 유저들 간의 친밀도가 높아서: 59명
- 정치 성향이 맞아서: 30명
- 없음 및 기타: 12명

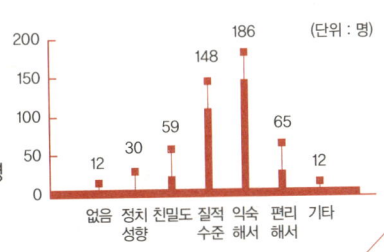

많아다. '정치 성향'을 주요 이유로 꼽은 응답자는 주로 '오늘의 유머', '외방 커뮤니티', '일간베스트', '여성시대' 유저가 많았고, '유저들 간의 친밀도'를 선택한 응답자는 '여성시대'와 '네이트 판'을 이용하는 경우가 많았다.

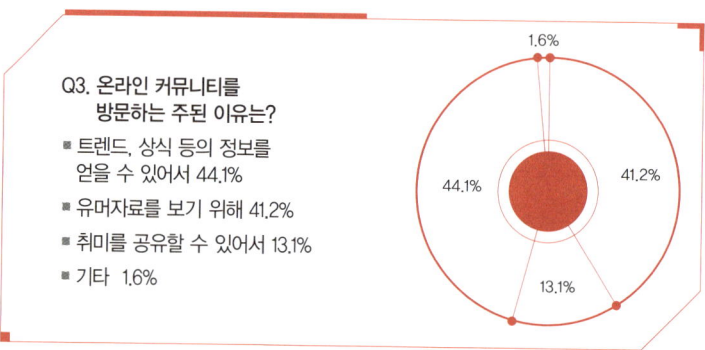

대부분의 커뮤니티는 유머자료를 공유함으로써 유명해졌다. 하지만 절반가량의 이용자는 "온라인 커뮤니티를 통해 트렌드, 상식 등의 정보를 얻는다"고 응답해, "유머자료를 보기 위해 접속한다"는 응답보다 많았다. 유머에 이어 뉴스, 상식 등의 정보를 공유하는 통로로 활용되고 있는 셈이다.

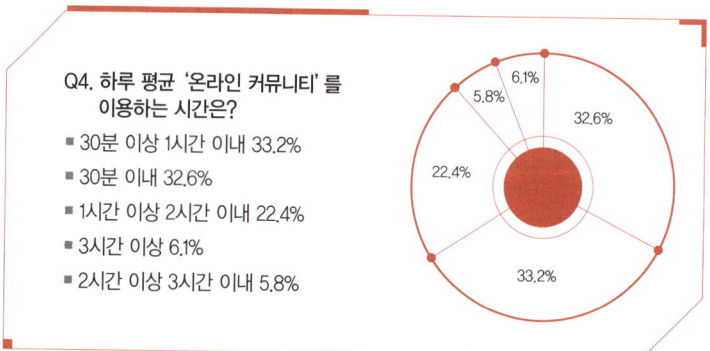

커뮤니티를 이용하는 시간도 상당하다. 매일 30분 이상을 이용한다는 응답자는 34.3%였고, 2시간 이상을 이용하는 응답자도

11.9%에 달했다. 이제 커뮤니티 이용을 여가생활의 일환으로 활용하는 대학생들이 많다는 해석이다. 20대는 커뮤니티에서 정보를 접하고, 사회를 해석한다.

커뮤니티에서 벌어지는 소리 없는 전쟁

20대는 커뮤니티에서 정보를 접하거나, 유머 콘텐츠를 찾는다. 정치 성향을 강하게 띠는 '일간베스트'나 '오늘의 유머'도 초기에는 유머자료 커뮤니티였다. 심지어 카메라 동호회로 시작한 'SLR클럽', IT 정보를 공유한 '클리앙', 게임 커뮤니티 '루리웹', 축구 커뮤니티 '아이러브싸커', 그리고 패션카페 '디젤매니아' 등도 취향으로 묶인 커뮤니티지만, 유머 콘텐츠가 자료의 상당 부분을 차지하고 있다. 즉 20대가 경계 없이 커뮤니티에 접근해 활동할 수 있었던 건 커뮤니티 안에서 쉽게 접할 수 있는 웃음 코드가 큰 몫을 해 왔다.

하지만 사람이 모여서 집단이 형성되면 또 다른 문화가 생겨나는 법. 유머자료나 각종 취미 관련 정보들을 공유하는 장소는 그 집단의 색을 가진 놀이터로 변하기 시작했다. 시간이 지날수록 각 커뮤니티는 고유의 색을 가지기 시작했다. 구성원들도 자신이 소속된 커뮤니티의 말투, 용어, 성향을 따라갔다. 특정 커뮤니티는 음담패설이나, 자극적인 콘텐츠로 가득해지기도 했다. 용어나 말투가 단순한 유머를 넘어서 특정 계층을 심하게 비하하는 성격을 띠거나 용어가 원래의 의미를 잃어버리고 아예 다른 쪽으로 둔갑하는 일도 벌어졌다. 아이돌 그룹 시크릿의 멤버 전효성이 '민주화'라는 단어를 잘못 사용해서 논란이 됐던 것[4]도 이러한 현상에서 비롯됐다.

---

[4] "전효성, '민주화 뜻 모르고… 죄송합니다' 사과", 「동아일보」, 2013.05.14.

「대학내일」 655호 뉴스 & 656호 Special

    이 같은 문제가 가장 심하게 나타난 커뮤니티가 바로 '일간베스트'다. 김대중, 노무현 전 대통령을 조롱하는가 하면, 특정 지역을 비하하고 여성 혐오, 인종차별과 같은 논란의 콘텐츠가 봇물을 이루는 커뮤니티다. 하지만 이곳에도 20대가 상당수 활동하고 있다. '랭키닷컴'이 7월 조사한 자료[5][6]에 따르면, '일베'의 방문자 수는 191만 명이었다. 이는 전체 커뮤니티 중 5위에 해당되는 수치다. 실제로 대학가에도 '일베' 유저들이 활동하여 논란이 되기도 했다. 5월에는 고려대 문과대 학생회가 게시한 '5·18 광주민주화운동 기념사진전'이 '일베' 유저에 의해 훼손되기도 했으며, 연세대와 고려대 축제에는 몇몇 대학생이 '일간베스트'의 캐릭터인 '베충이' 탈을 쓰고 돌아다니기도 했다. 이런 현상을 두고 전문가들은 "주목 받고 싶은 욕구가 더욱 자극적인 행위로 이어진다"고 분석하는데, 실제로 일베를 비롯한 많은 커뮤니티에서 20대는 '인증(얼굴이나 특정 상황을 사진을 통해 증명하는 행위)'을 통해 적극적으로 존재감을 표현하는 문화가 확

---

[5] "주요 커뮤니티 방문자 수 조사", 「랭키닷컴」, 2013.07.
[6] "온라인 커뮤니티 이대로 좋은가?", 「매경ECONOMY」, 2013.08.27.

산되는 추세다.

떳떳하게 말 못하는 20대 커뮤니티

　　미국의 심리학자 매슬로우Abraham H Maslow는 욕구를 다섯 단계의 피라미드 형태로 나눴다. 1단계(생리적 욕구)와 2단계(안전에 대한 욕구)는 인간이 가진 기본적인 욕구이지만, 기본이 충족된 인간은 바로 집단에서 소속감을 느끼고 싶은 사회적 욕구(3단계)가 생긴다는 것. 과거 대학생들은 동아리나 학과 내에서의 소속감이 강했다. 함께 민주화 운동에 참여하거나 사회 비리에 대항하는 과정에서 울고 웃으며 끈적끈적한 동료애를 공유했다. 하지만 현재 대학생들의 상황은 전혀 다르다. 학점 경쟁의 기준이 되는 상대평가는 옆 친구를 누르고 올라서는 법을 가르친다. 입학하는 순간부터 취직 걱정으로 자격증, 영어, 공모전, 대외활동에 쫓기는 새내기들이 늘었다. 동아리에 시간을 투자하는 것이 아니라, 스펙에 시간을 쏟는 셈이다. 결국 이렇게 오프라인에서 결핍된 소속감은 온라인에서 채워진다. 자신의 말에 공감해 주고, 이해해 주는 사람들 틈에서 인정받고 싶은 자아만족의 욕구(4단계)도 충족되는 셈이다.

　　하지만 이런 소속감에도 불구하고 커뮤니티 유저들이 온라인에서 오프라인으로 넘어갈 때 장애물이 등장한다. 최근에는 '일밍아웃'[7]이란 용어도 등장했다. '일베'와 '커밍아웃'을 합친 말로, '일베'를 한다고 자신 있게 말하는 것은 커밍아웃처럼 하기 힘든 고백이라는 의미다. 하지만 이는 '일베'뿐만 아니라 다른 커뮤니티 이용자에도 비슷하게 적용된다. 20대는 분명 자신들의 성향에 따라 커뮤니티를

---

[7] "이런 사람이 교사라니… 막나가는 '일밍아웃'", 「한겨레」, 2013.05.29.

「대학내일」 655호 뉴스

이용하고 있지만, 커뮤니티 활동에 대한 사회적 인식을 감안해 그 사실은 감추려는 경향을 보인다.

    커뮤니티에는 자극적인 콘텐츠가 많아 변태나, 컴퓨터 폐인으로 오인 받기 일쑤고, 또 사생활을 공개하기 꺼려하는 근본적인 욕구가 자리 잡고 있기 때문이다. 아무리 커뮤니티에서 소속감을 느껴도, 'OO 커뮤니티를 한다'라는 일종의 이미지가 당당한 고백을 힘들게 만드는 셈이다. 자신이 매일 접속하는 커뮤니티를 '내 커뮤니티'라 하지 못하는 '대학생 홍길동'들이 오늘도 자꾸 늘어만 간다.

20대가 애용하는 커뮤니티

1. 오!!!! 썸남에게 선문자 가능? - 쭉빵 카페(쭉빵, www.jjuckbbang.net)

2003년에 생긴 쭉빵 카페(쭉빵)는 초창기에 얼짱 관련 카페였던 만큼 회원들이 대부분 10대에서 20대 초반의 여성으로 구성된 카페다. 서로 편하게 반말을 쓰는 분위기이며 게시판 주제는 거의 화장, 패션, 연예인, 연애 등에 관한 것이다. 규모가 커지고 상업화가 되면서 회원들이 다른 카페로 옮겨 가긴 했지만 여전히 다음 카페 랭킹 중 상위권을 달리고 있다.

2. 야, 혹시 세븐갤 가본 놈 있냐? - 디시인사이드(디씨, www.dcinside.com)

커뮤니티의 성지, 모태, 아버지격이다. 디씨는 원래 디지털카메라 동호회. 하지만 취급하는 분야가 점점 늘어 지금은 갤러리만 1,500여 개에 달하며, 그중에서도 스갤(스타크래프트 갤러리), 코갤(코미디 프로그램 갤러리), 막갤(막장 갤러리), 야갤(야구 갤러리), 소시갤(소녀시대 갤러리) 같은 곳은 지금도 많은 유저들이 이용하는 갤러리다. 특정 취향 관련 마니아들로 구성된 갤러리가 대다수라 각종 능력자들이 많이 분포해 있는 것이 특징이다. 과거 '황우석 사건' 의혹을 최초로 제기한 곳도 디시인사이드로 알려져 있다.

3. '판춘문예 대상작', 남자친구가 이상해요 - 네이트 판(pann.nate.com)

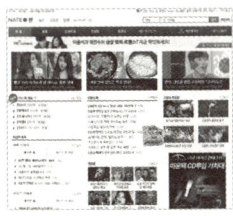

네이트 판은 2006년에 포털사이트 네이트의 소속 커뮤니티로 시작됐다. 문화, 여행, 뷰티, 리뷰, 여행, 요리, 톡톡, 동영상으로 분류되어 있지만, 눈에 띄는 카테고리는 고민을 주고받는 '톡톡 게시판' 이다. '~했음'으로 끝나는 '음슴체'를 주로 사용해 유행이 됐으며, 주로 여성들의 고민거리가 공유된다. 유저는 대부분 여성이며, 종종 허구를 사실처럼 꾸며 쓴다 하여 '판춘문예' 라는 별명도 있다.

4. 여시들 안녕?(Feat. 알흠다운 공간)
- 여성시대 카페(여시, cafe.daum.net/subdued20club)

유저 대다수가 20대 여성들로 구성된 폐쇄형 커뮤니티다. 정회원으로 가입하기가 어려운 만큼, 가입된 유저들의 소속감도 강한 편이다. 20대 여성 관련 콘텐츠가 가장 많은 곳 중 하나이며, 그를 통해 온라인 유행을 선도하기도 한다. '유머' 코드가 커뮤니티의 가장 주요한 성격이며, 가입된 구성원 역시 코믹스러운 존재감을 온라인상에서 가감 없이 표출한다.

5. 안 생기는 사이트 - 오늘의 유머(오유, www.todayhumor.co.kr)

2001년 매일 그날의 유머를 E-mail로 보내주던 메일링 유머 사이트로 시작했다. 점차 게시판 등의 추가로 커뮤니티 기능이 활성화되고, 2004년 현재의 모습으로 리뉴얼됐다. 여성 유저에 비해 남성 유저가 압도적으로 많은 것이 특징인데, 이 때문에 20대 솔로 남성 문화를 주도했다. 또 진보적 정치 성향이 강한 것으로도 유명한데, 얼마 전에는 국정원 여직원이 정치 댓글을 남긴 것이 발각 돼 큰 화제가 되기도 했다.

6. 논란의 중심 - 일간베스트 저장소(일베, www.ilbe.com)

가장 선정적이고 자극적인 커뮤니티다. 정치, 지역 비하를 비롯해 여성 혐오까지 논란의 소지가 있는 게시글이 쉬지 않고 올라온다. 콘텐츠에 제한이 없어 도를 넘어선 자료가 종종 등장하며, 그로 인해 파급력 또한 가장 센 축에 속한다. 보수 정치를 지향하고, 비윤리적·폭력적인 언어를 사용해서 커뮤니티 세계에서 일베는 공공의 적이기도 하다. '전효성', '김형태', '홍진호', '크레용팝' 등이 일명 '일베 용어'를 사용해 공식 사과하기도 했다.

일베를 다룬 〈채널A 쾌도난마〉와 전효성의 트위터 계정

7. 최저가 1만 3000원 떴네요 - 뽐뿌(www.ppomppu.co.kr)

2005년 설립된 뽐뿌는 원래 어느 휴대폰이 언제, 어디서 가장 싼지 시세를 공유하던 커뮤니티 사이트였다. 회원은 140만 명. 일단 활동 목적이 정보 공유인 만큼 대부분 존댓말을 사용하며 예의를 지킨다. 최근에는 휴대폰을 넘어 거의 모든 상품에 대한 공동구매가 이뤄지고 있으며, 또 그와 함께 유머자료 등도 끊임없이 올라와 주목 받는 커뮤니티로 자리매김하고 있다.

8. 커뮤니티는 다 조작이다 - 다음 아고라(agora.media.daum.net)

'미네르바 사건'으로도 유명한 포털사이트 다음의 커뮤니티다. 정치가 주된 주제이며, 진보적 성향을 가진 유저가 많은 편이다. 정치 토론도 활발하게 이뤄지며, 사회적 이슈에 대한 청원도 활발히 진행되고 있다. 다음 아고라를 통해 정치, 사회에 대한 깊은 정보가 공유되기도 한다.

9. 형들아 추천 좀 - 웃긴대학(www.humoruniv.com)

1998년에 생긴 유머 커뮤니티다. 하지만 최근에는 인기가 많이 떨어져, 20대보다는 10대가 주축인 것으로 알려져 있다. 댓글 문화를 선도한 커뮤니티이며, 정치 및 사회적 이슈보다 순수한 유머를 즐기려는 유저들이 많다.

10. 문재인도 인증한 - MLB PARK(엠팍, mlbpark.donga.com)

야구와 관련한 각종 드립의 출처는 대부분 디시 '야갤', 혹은 이곳에서 나온 거라고 보면 된다. MLB파크는 「동아일보」가 운영하는 동아닷컴 산하의 스포츠 커뮤니티로, 2001년부터 운영되어 왔다. 미국 메이저리그, 대한민국 프로야구, 프로축구 등의 스포츠를 주요 주제로 다루며, 진보적 정치 성향이 강한 곳이다.

11. IT 홀릭의 놀이터 - 클리앙(끌량, www.clien.net)

클리앙은 IT정보 공유 커뮤니티다. 본래 PDA 사용자 그룹 커뮤니티 'KPUG.net' 내 소니 제품 이용자들이 2001년 설립한 소모임에 불과했다. 하지만 이용자가 늘어나고 규모가 확대되면서, 싸이월드 클럽을 거쳐 현재의 클리앙 사이트로 성장했다. 주로 존댓말을 쓰고 예의를 갖춘 어투를 사용하면서, 다른 유저들의 의견을 존중한다. IT 커뮤니티인 만큼 해당 분야의 전문적인 지식을 가진 남성 유저가 많으며, 또 그로 인해 전자기기와 관련된 논쟁이 자주 일어나기도 한다. 남성 유저들의 연애 실패 스토리나, 자학성 스토리가 많은 편이다.

12. 오타쿠, 여기여기 붙어라 – 루리웹(ruliweb.daum.net)

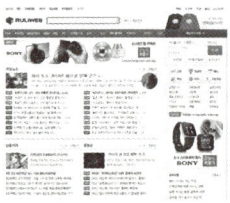

루리웹은 2000년에 창설된 이래 드림위즈, 네이트 등 많은 사이트에 속하거나, 독립하기도 했지만 2011년부터 현재까지는 다음에 속해 있는 게임 커뮤니티 사이트다. '게임 사이트' 다 보니 남자가 많으며, 정치적 색채는 사회, 정치, 경제 게시판의 진보적 성향을 제외하고는 거의 없다. 하지만 루리웹은 '게임만 하는' 전형적인 남성 커뮤니티는 아니다. 그날의 인기 있는 글을 살펴보면 '일본 동영상 축제 갔다 온 일', '프로메테우스 피규어 조립 완성 후기', '드래곤볼 체스판' 등 일명 '오덕'의 냄새를 심심치 않게 맡을 수 있다.

13. 제가 생각해 본 커뮤니티 Best 11 – 아이러브싸커(알싸, cafe.daum.net/WorldcupLove)

회원 수 120만 이상인 최대 규모의 축구 커뮤니티. 국가대표팀 경기, K리그 클래식, K리그 챌린지, 해외파 출전 경기 등 국내 축구 관련 정보뿐만 아니라 전 세계 리그 소식들이 활발하고도 빨리 공유된다. 이외에도 기술이나 동작, 운동법 등에 관한 노하우를 묻고 답하는 '기술토크방', '용품토크방', '팀원구해요' 등등 실제 축구를 위한 게시판들도 많다. 유저들은 이곳에서 축구 동영상을 보는 데 그치는 것이 아니라 축구에 관해 토론하고, 실시간으로 특정 주제에 대해 이야기를 나눈다.

14. 어디서 사진 좀 찍나 보다? – SLR클럽(www.slrclub.com)

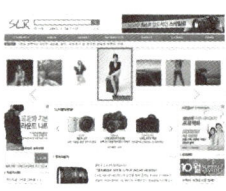

국내 최대 규모의 카메라 동호회다. 디시인사이드가 갤러리 위주라면 SLR클럽은 갤러리 외에도 사용기와 강좌, 작품 및 습작, 회원 장터 등 카메라에 대한 모든 것이라고 볼 수 있다. 2012년, 혼자서 24인용 군용 텐트를 쳐 화제가 된 '되는데요 사건' 도 SLR에서 시작되었다.

15. 로우킥은 쏜살같이, 등업은 느릿하게 - 이종격투기 카페(이종, cafe.daum.net/ssaumjjil)

이종 카페는 진짜 남자의 집합소에 가깝다. 2003년 탄생한 이종은 프로 이종격투기 경기 정보와 이종격투기 기술, 관련 칼럼, 웹진 발행 등의 정보를 나누다가, 이후 축구, 야구를 포함한 각종 스포츠 영역으로 범위가 확대되었다. 지금은 변호사 법률 상담, 컴퓨터 팁 등 방대한 주제를 다루고 있다. 직장인이 많고, 다른 커뮤니티들에 비해 평균 연령대도 비교적 높은 편이다. 80만 명이 넘는 회원 수를 보유하고 있지만 등업신청을 하고 승인을 받기까지 오랜 시간이 걸리는 걸로 유명하다.

16. 전성기도 그립지만 지금도 매력적인
엽기 혹은 진실 카페(엽혹진, cafe.daum.net/truepicture)

다음의 엽기 혹은 진실 카페는 2000년 연예 관련 커뮤니티로 출발해, 보다 다양한 콘텐츠를 다루는 지금의 엽혹진으로 자리 잡았다. 주요 활동 연령은 20대며, 여타 여초 카페와는 다르게 회원의 대부분이 존댓말을 쓰며 예의를 차린다. 말투는 자유로우면서도 과격하지 않다. 하루에 평균적으로 수백 개의 콘텐츠가 업데이트되고 있지만, 과거에 비하면 다소 기세가 약해진 모양새다.

17. 청바지 좋아 보인다? - 디젤매니아 카페(디매, cafe.naver.com/dieselmania)

네이버의 디젤매니아 카페는 2005년 청바지 제품에 대한 정보를 공유하며 생겨났다. 패션을 중심으로 다양한 콘텐츠를 공유하며, 명실상부 제1의 패션 커뮤니티로 자리 잡았다. 상품 구매 정보나, 구매 후기 등의 콘텐츠가 활발하게 공유되고 있다. 패션에 관심 있는 20대가 주로 활동한다.

온라인에만
국한되지 않는 **커뮤니티**

올해 연세대에는 치킨을 좋아하는 학생들이 모인 치킨동아리 '피닉스'[8]가 생겼다. 축구, 야구, 여행 등 취미를 바탕으로 만들어지던 기존의 대학 동아리와는 확연히 다른 형태다. 이들은 정기적인 활동을 통한 친목도모는 젖혀 두고, 치킨에 대한 연구를 자유롭게 진행한다. 규칙과 규율이 아닌 자유로움을 추구하는 식이다. 이런 동아리에 무려 200명의 지원자가 몰렸다. 소속감에 목마른 20대가 새로운 집단과 네트워크에 관심을 보이고 있는 것이다.

이러한 현상은 커뮤니티의 인기와 전혀 무관하지 않다. 커뮤니티는 유머 콘텐츠와 각종 정보의 저장소로서 20대가 모일 공간을 제공했다. 20대는 기존의 딱딱하고, 경직된 조직을 탈피해 자유로운 조직에 자발적으로 모여든 셈이다. 커뮤니티가 20대를 유머 콘텐츠로 사로잡았다는 건, 콘텐츠가 있는 채널이면 20대를 끌어당길 수 있다는 말이 된다. 최근 페이스북에서는 커뮤니티의 유머 콘텐츠를 그대로 옮겨오는 페이지[9]들이 20대의 각광을 받고 있다. 자신이 좋

---

[8] "오로지 치킨만 먹기 위해 모인 '프리한 유럽식' 동아리", 「캠퍼스잡앤조이」, 2013.06.19.
[9] '대학의 정석', '여대생의 정석', '어머! 이건 봐야 돼!' 등의 페이스북 페이지는 수십만 명의 팬을 보유하고 있다. 커뮤니티에서 화제가 된 이슈들을 편집, 재구성하여 페이스북에서 공급하여, 20대의 강한 지지를 받았다.

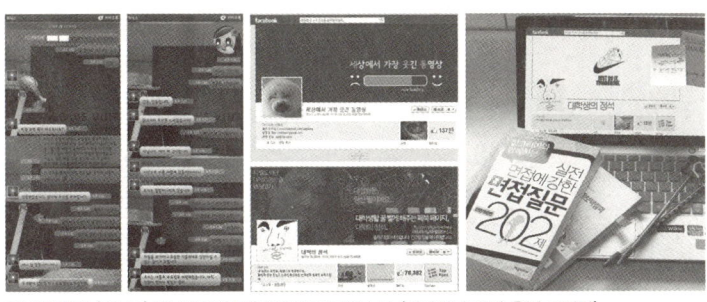

치킨 동아리 '피닉스'의 신입회원 면접 장면과 페이스북 '세상에서 가장 웃긴 동영상', '대학의 정석' 페이지. 그리고 이를 다뤘던 「대학내일」 660호 뉴스

아하는 페이지에 '좋아요'를 누르고, 페이지가 생산해 내는 콘텐츠를 구독하며, '댓글'로 자신의 의견을 개진한다. 페이스북 내에서도 커뮤니티가 생성될 수 있다는 뜻이다. 즉 반드시 사이트 형태의 커뮤니티가 아닐지라도, 20대는 정보를 접할 수 있는 새로운 집단을 적극적으로 찾아가고 있다.

결국 커뮤니티는 어떤 색깔을 띠느냐에 따라, 20대의 선택을 받게 될 것이다. 현재의 커뮤니티는 정치 성향이 분명하며 다루는 주요 콘텐츠의 차별성도 확실하다. 진보적 정치사상을 가진 커뮤니티에서는 그런 성향에 맞는 콘텐츠가 높은 조회 수, 추천 수, 댓글 수를 자랑한다. 또 IT 커뮤니티에서는 패션 콘텐츠보다 전자기기 관련 콘텐츠가 더 많은 관심을 받는다. 즉 기업이나 매체는 주제에 따라 어떤 커뮤니티를 통해 20대와 만날지를 고민해야 하는 셈이다.

Acceptant Eyes
공유문화의 중심에 서다

각 세대의 문화적 개입과 개성이 커지는 동안,
한국의 20대는 중간에서 여러 세대의 코드를 거부감 없이 받아들이고 있다.
더 이상 청년문화의 특성 중 하나가 배타성이라고 설명되지 않는다.
2013년 대한민국의 20대는 오픈마인드로 다양한 문화를 섭렵하는 중이다.
지금 20대의 청년문화는 '저항문화'가 아니라 '공유문화'다.
이들은 기성문화를 적극적으로 수용하고,
그 흐름 속에서 그것을 20대만의 개성으로 키워 나가며
그 속에서 개성을 찾는다.

더 이상 20대는 **준거집단**이 아니다:
10대가 부럽고 **30대**를 동경하는 세대

'대중문화'의 주류는 언제나 젊은 세대였다. 특정한 문화의 향유는 주로 연령대에서 구분된다. 특히 10대와 20대는 문화를 가장 적극적으로 소비하는 계층이기 때문에 이들을 대상으로 꾸준히 세대론이 있어 왔다. 이들이 즐기는 문화는 대개 그 세대가 만들고, 그 세대가 공감하는 트렌디한 이야기를 그들이 친근한 방식으로 말해 온 것이다. 주로 이것은 대중적인 방식이기보다 청바지와 힙합처럼 반짝 유행하는 것이고 다소 과격한 흐름을 띠었기 때문에 다른 세대는 좀처럼 따라 하기 힘들었다.

청년들은 자신들의 문화가 부모 세대의 문화와는 구별된다는 사실을 언제나 강조해 왔다. '청년하위문화Youth subcultures'라는 개념에 따르면, 청년문화는 젊은이들이 큰 동기집단을 형성하고, 급속한 사회 변화를 겪으며, 새로운 생각들과 라이프스타일에 대한 자극을 받는 다원주의로 인해 출현하는 것이다. 미국에서는 '히피', 한국에서는 'X세대'가 기성세대와 다른 가치와 취향, 태도를 보여주면서 대표적으로 충격을 준 케이스다. 1960년대 히피는 '히피 운동'을 통해 베트남 전쟁과 인종차별을 반대하면서 프리섹스를 주창했고, X세대는 컴퓨터를 자유롭게 사용하며 개인을 중시하기 시작했다. 그리하여 청년문화는 '대항문화Counter culture'라고도 불려온 것이다.

통기타 음악과 생맥주, 청바지, 장발이 유행했던 1970년대 대중문화는 한국의 대표적인 청년문화였다. 서구에서 들어온 문화를 적극적으로 향유하고 이를 한국식으로 바꾼 것인데 이는 청년들이 나름의 구매력을 갖추고 있는 소비주체라는 것을 증명한다. 또한 어떤 생경한 문화를 창조하고 활용한다는 데 자부심을 느낄 수 있었던 측면이 당시 청년들의 문화적 유대감을 강화했다. 문화산업은 가장 민감하고 적극적인 소비층을 겨냥하기 마련이다. 때문에 이러한 상품의 소비는 특정한 소속감을 갖게 하는 문화였다.

'젊은 세대는 언제나 유동적이고 활기차며 늘 기성세대와 다른 문화를 추구한다. 청년문화는 기성문화와 현저히 다르다'는 것이 그동안의 일반적 사고였다. 그러나 20대는 더 이상 20대나 대학생을 준거집단으로 여기는 데 큰 매력을 느끼지 못한다. 20대 공동체는 붕괴되었고 롤모델로 여길 만한 20대는 그리 많지 않다. 이제 20대가 주로 동경하고 있는 건 10대의 트렌드나 30대의 안정된 경제력이다. 다원화와 개인주의는 심화되었다. '대학생 문화'라는 말에는 낭만이나 동경이 사라졌다. 앞서 말했듯, 특정한 문화상품의 소비는 준거집단으로서 추구하는 집단에 소속감을 느끼기 위한 것인데, 개인들 스스로가 구성원이라고 생각하고 그 규범을 따르는 집단은 더 이상 20대가 아니다.

20대의 세대적 내집단과 준거집단의 괴리에서 오는 문화적 적극성이 사라진 것만이 원인이 아니다. 다른 세대가 워낙 문화를 소비하고 만드는 주체로 적극성을 띠고 있다. 삼성경제연구소SERI, Samsung Economic Research Institute가 명명한 '글로벌 D세대'는 전 세계적으로 동질화되고 있는 10대 청소년을 지칭한다. 문화상품 소비의 결정권을 가진 글로벌 D세대의 구매력은 2002년 이후 크게 높아져 2005년 기준 전 세계 국내총생산GDP의 4.3%인 1조 9,000억 달러에 달했으며, 그 규모는 더욱 커질 것으로 전망됐다. 중국의 '샤오황디小皇帝'도 여기에 속한다고 할 수 있다.[10]

한국만 봐도, 현재 인기를 끌고 있는 아이돌은 대부분 10대다. '차세대 K-POP 스타 발굴 서바이벌 오디션'을 표방하며 큰 인기를 얻은 〈SBS K-POP 스타〉는 10대 위주로 무대가 짜였지만 성공한 프로그램으로 평가 받았다. 물론 활발히 문화 트렌드를 선도하는 건 비단 10대뿐만이 아니다. 지난 1990년대 초반 'X세대'로 불렸던 40대는 폭발적인 대중문화 소비로 B급 문화 확산과 글로벌시장 진출에 결정적인 역할을 하는 중이다. '뒷방 신세'를 면치 못했던 70대 어르신을 주인공으로 내세운 예능 프로그램이 인기리에 방송되고, 심지어 해외로 수출되기도 하면서 이른바 '실버세대'들이 새롭게 주목 받고 있다. 하재근 대중문화 평론가는 이러한 현상에 대해 "2000년대까지만 해도 10대 후반~20대 위주로 문화상품을 만들면 흥행이 보장됐는데 이제는 세대별로 차별화된 소비 패턴이 두드러지고 있다"면서 "여러 세대를 아우르는 하이브리드 전략 등 다양한 시장 접근법이 뒤따라야 한다"고 말했다.

각 세대의 문화적 개입과 개성이 커지는 동안, 한국의 20대는 그 중간에서 여러 세대의 코드를 거부감 없이 받아들이고 있다. 때문에 더 이상 청년문화의 특성 중 하나가 배타성이라고 설명할 수 없다. 2013년 대한민국의 20대는 지금 오픈마인드로 다양한 문화를 섭렵하는 중이다.

---

[10] "2030서 10·40·70대로 문화 소비시장 주역이 바뀐다", 「서울경제」, 2013.09.27.

세대통합음악:
조용필과 버벌진트가 한 무대에 서다

〈슈퍼소닉 2013 Super Sonic 2013〉은 특별했다. '가왕歌王' 조용필이 데뷔 이래 처음으로 록페스티벌 무대에 선 것이다. 주로 록페스티벌은 한여름 도심을 벗어나 열리는 야외 록 축제로, 20대를 주 타깃으로 삼아 개최된다. 특히 최근에는 젊은 층 사이에서 캠핑이 유행하고 인디 문화의 대중화로 인해 록페스티벌이 바캉스를 대체할 정도다. 2013년만 해도 7월 26일부터 28일까지는 〈2013 안산 밸리 록페스티벌 2013 Ansan Vally Rock Festival〉, 8월 2일부터 4일까지는 〈2013 인천 펜타포트 록페스티벌 2013 Incheon Pentaport Rock Festival〉과 〈제14회 부산 국제 록페스티벌 14th Busan International Rock Festival〉, 〈2013 지산 월드 록페스티벌 2013 Jisan World Rock Festival〉이 한꺼번에 열렸다. 특히 8월 17일과 18일에는 처음으로 록페스티벌 형식으로 열리는 '현대카드 슈퍼콘서트'가 〈현대카드 슈퍼콘서트 19 시티브레이크 HYUNDAI CARD Super Concert 19 CITYBREAK〉라는 이름으로 열렸다.

〈슈퍼소닉 2013〉 역시 20대가 주축인 록페스티벌 중 하나인데, 둘째 날 공연의 마지막 무대를 장식할 헤드라이너 headliner로 '조용필과 위대한 탄생'이 등장했다. 조용필은 〈좋아 보여〉, 〈충분히 예뻐〉 등의 히트곡을 낸 힙합가수 버벌진트에게 19집 앨범의 타이틀곡 〈Hello〉

〈슈퍼소닉 2013〉 라인업에 나란히 이름을 올린 조용필과 버벌진트

의 피처링Featuring을 부탁한 바 있다. 조용필의 앨범에 피처링으로 참여한 국내가수는 서른 살 차이가 나는 버벌진트가 유일했으며, 타이틀곡 〈Hello〉는 록 사운드에 기반을 둔 세련되고 트렌디한 음악으로 전 세대에게 다양한 사랑을 받았다. 조용필의 음악에 버벌진트가 피처링을 했듯, 20대의 전유물이었던 록페스티벌의 하이라이트 무대에서 '가왕' 조용필이 노래하고 다양한 연령대의 관객들은 환호했다. 아무리 〈Bounce〉나 〈Hello〉가 동시대적 감성이 있었다고 해도 조용필은 한 시대를 풍미했던 '과거의' 또는 '구식의' 가수라는 이미지가 강할 텐데, 젊은이들은 그의 노래를 듣고 따라 부르며 존경을 표했다. 조용필은 이로써 '세대통합가수'가 된 듯했다. 여기서 중요한 것은 조용필이 예전 그대로의 감성을 가져온 것이 아니라, 20대의 트렌디한 감성을 어필했다는 점이다. 그리고 20대는 이를 긍정적으로 받아들였다.

60대 조용필이 20대의 감성으로 20대에게 사랑을 받았다면, 20대 로이킴은 80년대 감성을 선보이며 대중들에게 사랑을 받았다. 오디션 프로그램 〈Mnet 슈퍼스타K 4〉 우승자였던 로이킴은 또래의 정준영과 함께 통기타를 들고 나와 1987년 이미키가 발표한 〈먼지가 되어〉(故김광석의 리메이크곡은 1996년 발표)를 노래하며 큰 화제가

용준형, 하연수 주연의 〈tvN 몬스타〉

되었다. 또한 그는 데뷔앨범의 타이틀곡으로 컨트리풍의 〈봄봄봄〉을 발표하며 20대뿐만 아니라 다양한 세대에게도 인기를 얻었다. 이러한 '세대통합음악'의 인기는 음악 프로그램이 큰 인기를 끈 데서 그 원인을 찾을 수 있다. 〈Mnet 슈퍼스타 K〉, 〈Mnet 보이스코리아〉, 〈SBS K-POP 스타〉 등의 오디션 프로그램과 〈MBC 나는 가수다〉, 〈KBS 불후의 명곡 – 전설을 노래하다〉 등의 리메이크 경연 프로그램들이 계속 등장하면서 세대를 아우르는 음악에 대한 관심과 접근성이 커졌다.

이런 트렌드를 타고 제작된 프로그램이 뮤직드라마 〈tvN 몬스타〉다. 10대 아이돌이 학교를 배경으로 음악을 한다는 이야기는 10대를 타깃으로 하는 것처럼 보이지만, 여기에 과거의 명곡들의 리메이크곡이 삽입되면서 20대까지 시청자로 끌어들이는 데 성공했다. 극중 주인공 팀인 '몬스타 칼라바'는 신승훈의 명곡 〈날 울리지마〉(검색어 1위)를 리메이크해 불렀고, 대표 왕따 박규동은 이소라의 〈바람이 분다〉(검색어 2위)를 불렀다. 김윤아의 〈야상곡夜想曲〉, 故김현식의 〈슬퍼하지 말아요〉, 김범수와 박정현의 〈사람, 사랑〉 등 이들이 부른 노래는 방송 직후 검색어 상위권에 자리 잡았고 주연이었던 하연수, 용준형 등은 스타덤에 올랐다.

취향의 공동체: '할배'와 '사나이'가 좋아

어느 평범한 20대의 TV 취향. TV 앞에 앉아 〈tvN 꽃보다 할배〉를 보면서 '구야 할배'의 자상함과 '섭 할배'의 막무가내에 웃는다. 〈MBC 아빠! 어디가?〉에서는 '후요미'의 귀여움에 감탄하고, 〈MBC 진짜 사나이〉에서는 '아기병사'가 어리바리하게 군생활에 적응하고 있는 모습을 보고 흐뭇해한다. 그러다 최근 인터넷에서도 판매되고 있는 군대 음식을 주문해 먹어 볼까 생각한다.

2013년 유행하는 예능 프로그램은 대부분 20대가 좋아하면서도 그들이 친근하게 여기는 주제에 보다 색다른 아이템을 추가하거나 흥미로운 콘셉트를 잡은 프로그램들이다. 〈tvN 꽃보다 할배〉의 경우, 시니어들은 패키지 여행이나 어울릴 것이라는 고정관념을 깨면서 시청자들에게 신선한 자극을 주었다. 젊은이들의 전유물로만 여겨졌던 배낭여행을 네 명의 할배들이 떠난다는 이른바 '막무가내' 설정뿐만 아니라, 할배들이 힘들게 찾아간 게스트하우스는 하나같이 불편하고 낯선 이국의 대중교통 시스템은 당연히 좌충우돌의 상황을 유도할 수밖에 없다. 비록 후배 연기자 한 명이 짐꾼과 가이드 역할을 하면서 그들을 돌보지만, 그 상황에서만큼은 결코 선후배적 위계질서를 가지고 이야기할 수는 없다. 오히려 같은 공간에서 고생과 기쁨을 함께 나누며 할배와 젊은 세대가 공감하는 모습을 어렵지 않게 발견할 수 있다. 바로 이 대목에서 우리는 세대 간 화합의 가능성을 읽을 수 있다. 그것이 보는 이로 하여금 잔잔한 감동을 얻게 한다. 이들이 좌충우돌하는 모습을 본 청년들은 그 안에서 동질감을 발견하며 어느새 나이와 세대를 잊고 응원했다.

20~30대 사이에서 선풍적인 인기를 끈 '캠핑'이라는 아이템을 부모와 자식 간의 여행이라는 고전적이고 대중적인 콘셉트로 조합한

〈MBC 아빠! 어디가?〉와 〈MBC 진짜 사나이〉의 약진이 두드러진 2013년

〈MBC 아빠! 어디가?〉도 2013년 한 해 큰 인기를 얻었다. 이전에도 부모와 자식이 함께 토크쇼에 출연하는 프로그램 등은 꽤 있었지만 이처럼 젊고 개성 있는 아빠들이 아이들과 캠핑을 떠나 하룻밤을 보내는 모습은 그만큼 젊고 흥미로운 감성을 그대로 대중들에게 전달해 큰 사랑을 받았다. 20대들의 '대표 소속'이라 해도 과언이 아닌 군대도 친근한 모습으로 대중들에게 다가왔다. 2013년 현재 군대의 모습을 '리얼버라이어티'라는 형식으로 다양한 세대의 연예인이 입대해 각종 군부대를 직접 체험하는 〈MBC 진짜 사나이〉가 바로 그것이다. 곧 입대를 앞둔 청년들이나 예비역들은 물론, 남자친구나 남동생을 군대로 보낸 젊은 여성들도 〈MBC 진짜 사나이〉를 통해 기존 고정된 이미지에서 벗어난 군대에 보다 친근하게 다가갈 수 있었다. 이처럼 2013년에 유행한 예능 프로그램들은 기존 익숙한 포맷에 20대의 감수성을 녹여 내면서 보다 신선해지고, 특정 세대뿐 아니라 전 연령이 선호하는 '국민예능'을 염두에 두고 제작된 프로그램들이다.

중, 고등학교 시절 의무적으로 좋아하고 우상시했던 아이돌에 대해서 요즘 대학생들 사이에서는 오히려 더 적극적으로 그 애정을 표현하고 있다. 특히 얼마 전까지 걸그룹 열풍이 남자 대학생 사이에 불었다면 최근에는 유독 EXO 등의 아이돌 그룹이 여대생 사이에서 큰 인기를 끄는 현상이 나타나고 있다. 결국 10대와 대학생의 문화적인 경계가 크게 드러나지 않고 있다는 이야기다.

모두의 소셜네트워크: 엄마가 쓴 글에 내가 '좋아요'

싸이월드는 10대와 20대의 전유물이었다. 이전의 세이클럽도 마찬가지. 그러나 카카오톡, 페이스북 등 최근 20대가 즐기는 소셜네트워크 서비스는 이제 전 세대가 이용한다. 1990년대 'X세대'로서 컴퓨터를 처음 사용하기 시작한 세대가 부모 세대가 되면서 이전 세대와는 다르게 온라인 커뮤니티나 문화에 거부감 없이 적응하고 있는 것이다. 번호 통합 이전, '011'은 중장년층이 선호하고 '016'은 청춘들이 많이 쓴다는 이미지가 있었다. 실제로 주력 서비스에도 차이가 있었던 것처럼 트렌드의 최전선이었던 통신과 온라인의 매개체인 스마트폰이나 온라인 커뮤니티마저 세대 구분이 사라지고 있다. 이전의 20대가 온라인 커뮤니티에서 '폐쇄성'을 중시하면서 친구들끼리의 취향 공유를 주로 했다면 지금의 20대는 혜민 스님을 '좋아요'하고 관심 있는 기업에 '좋아요'하는 것처럼 정보 공유를 주된 목적으로 이용하기 때문에 여기에 큰 거부감을 느끼지 않는 것이다.

스마트폰이 대중화되고 무료 메신저인 카카오톡을 사용하고, 〈애니팡〉, 〈모두의 게임〉처럼 쉽고 단순한 게임이 인기를 끌면서 부모와 자식 간에 서로 게임을 초대하는 풍경도 예사로 벌어진다. 물론 이 소셜네트워크를 가장 많이, 적극적으로 사용하는 세대는 단연 20대다. 정보통신정책연구원KISDI, Korea Information Society Development Institute은 2013년 「소셜네트워크 서비스(SNS) 이용 현황 조사」 보고서를 공개했다. 이 보고서는 2012년 한국 미디어 패널조사의 1만 319명과 미디어 다이어리 설문 9,768명의 결과를 바탕으로 분석한 것인데, 이용률을 보면 10대가 35.3%, 20대가 61%, 30대가 35.3%, 40대가 16.9%를 차지했다. 정보통신정책연구원 관계자는 "스마트기기의 확산으로 점점 더 SNS 사용량이 늘어날 것으로 예측된다"며 "최근에는 SNS 활용능력을 보고 채용하거나 SNS를 통해 직접 채용자에게 입사제안을 하는 경우도 있어 취직 및 구직 연령대인 20대의 SNS 이용률은 더 높아질 요인이 큰 것으로 보인다"고 말했다.[11]

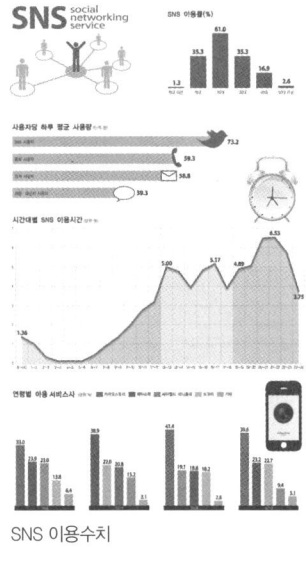

SNS 이용수치

 이처럼 다양한 연령대가 사용하는 소셜네트워크 서비스를 거부감 없이 사용하는 20대는 그 속에서 새로운 문화를 만들고 있다. 대표적인 것이 20대의 페이스북 페이지 운영 붐이다. 평소 관심 있는 분야의 페이지를 만드는 것인데, 책을 좋아하면 좋아하는 책의 문장을 올리고, 영화를 좋아하면 추천하는 영화의 장면을 올리는 식이다. 이를 통해 20대는 취향을 공유하는 커뮤니티를 키우고 있다. 포토샵으로 우스꽝스러운 사진을 만들어 주는 '포토샵해 드립니다' 같은 놀이문화도 커지고 있다. 수다자리 농담 장전이 필요할 땐 깨알 같은 유머 페이지, 지하철에서 나만의 짧은 영화 감상을 하고 싶을 땐 영화 소개 페이지, 나를 다이어트 실패로 이끌지만 초행길 맛집 선정에 톡톡히 기여하는 맛집 소개 페이지, 그리고 대학생활에

---

[11] "SNS 1일 평균 이용 73분… 20대는 페이스북", 「경향신문」, 2013.04.29.

「대학내일」에서 다룬 페이스북 '님이 미쳐 날뛰고 있습니다',
'대학의 정석', '신촌이대likeholic', '영화는 방울방울' 페이지

필요한 정보를 알려주는 알찬 정보성 페이지까지 20대가 사랑하는 페이스북 문화는 계속해 커지고 있다. 개인이 운영하는 스타 페이지는 '좋아요' 수가 대부분 10만이 훌쩍 넘는다. '영화는 방울방울', '님이 미쳐 날뛰고 있습니다', '신촌이대likeholic', '대학의 정석' 등이 특히 유명하다.

연애는 모두에게 숙제: 20대 연애는 마케팅 대상

한국고용정보원KEIS, Korea Employment Information Service에 따르면 '연애코치'라는 직업이 2013년 직종별 직업사전에 등록됐다. 말하자면 '연애 붐' 현상은 2000년 초중반부터 열이 오르기 시작해 현재는 팔팔 끓고 있는 상태다. 지극히 사적인 영역이었던 연애가 왜 이렇게 보편적인 영역으로 옮겨온 것일까.

경희대학교 글로벌커뮤니케이션학부 이택광 교수는 20~30대 젊은 세대들이 형제나 자매 없이 혼자 자란 경우가 많은데다 개인주의 문화에 익숙해서 관계 맺기에 서툴고 그에 따라 관계 맺기의 정점인 연애에도 서투를 수밖에 없다고 지적했다. 젊은 세대가 연애에 서툰 까닭에는, 협동보다는 경쟁이 우선시되는 사회구조 속에서 소통하는 방법보다는 싸워서 이기는 방법을 배우고 익혀 왔다는 점도 한몫한다. 이런 시점에서 연애 상대를 유혹하고 관계를 만들어 나가는 과정을 마치 남들과 경쟁해서 쟁취해야 할 목표쯤으로 여기는 것이다. 게다가 우리는 대부분 중, 고등학생 때부터 학원생활을 경험했다. 그러다 보니 무엇이든 빠르고 쉽게 배우는 것에 익숙해져 연애나 대인관계도 전문가에게 속성으로 배우고자 하는 경향이 있다는 시각도 있다.

지금은 바야흐로 '연애학습시대'다. 그러다 보니 관계 맺기에 큰 고민을 가진 요즘 20대들의 관심을 끄는 것은 그들의 연애에 집중한 대중매체들이다. 기성세대들이 청춘에게 연애하는 기술을 가르치는 연애법 관련 도서나 방송 프로그램이 쏟아지고, 대학이나 강연에서는 교수나 강사들이 20대에게 연애를 강의한다. 이제 20대의 연애는 전 세대에게 마케팅 대상으로 지목되었다.

대형 서점에는 '한국소설', '자기계발'처럼 '연애' 섹션이 아예 따로 마련됐다. 2010년쯤부터 『유혹의 달인』(팬케익 저, 해피트리, 2009), 『미친 연애: 연애를 잘하려면 진심을 버려라』(최정 저, 좋은날들, 2011), 『연애의 신: 그와 그녀를 끌어당기는 사랑의 기술』(송창민 저, 해냄출판사, 2011) 등이 출간되기 시작해 최근에는 『하고 싶다, 연애: 놀아도 보고 아파도 본 선영 언니의 개념연애사전』(안선영 저, 북노마드, 2013)가 베스트셀러에 오르기도 했다. 인터넷 블로그 '감자의 친구들은 연애를 하지'는 개설 1년 만에 방문자 500만 명을 넘었고 하루에도 수백 개의 댓글이 달리는 유명 연애 블로그다. 뿐만 아니라 '최정의 미친 연애', '무한의 노멀로그' 역시 20대에 인기 있는 연애 블로그들이다.

2013년 8월 첫 방송을 시작한 〈JTBC 마녀사냥: 남자들의 여자 이야기〉는 시청자들의 사연을 주제로 솔직하고 대담한 얘기를 나누고 각종 영화나 드라마 속의 '마녀', '마법사'들의 연애 스킬을 분석하는 본격 연애 프로그램이다. 예컨대 영화 〈아내가 결혼했다〉(2008)의 손예진(주인아 역)이 어떤 마성으로 이성을 유혹했는지에 대해 야하지만 심도 있는 토크를 나누는 식이다. 얼마 전 방영한 〈KBS2 드라마스페셜 – 연애를 기대해〉는 '요즘 연애'를 대놓고 내세워 20대 초반이라면 무한공감할 얘기들을 '식상한 척' 새롭게 그려냈다. 연애에 임하는 남녀의 고민과 심리를 꽤나 솔직하고 리얼하게 드러내 시청자들의 많은 공감을 받았다. "여자가 한밤중에 풀메이크업으로 나타나는 거 진짜 별로인데", "덕지덕지 갖다 붙인다고 다 되는 게 아니거든요. 매력적이지 않은 부분을 덜어내는 게 가장 중요한 거야" 등 극 중에서 연애상담사를 연기하는 최다니엘의 조언은 적지 않은 20대들에게 현실적인 조언이라는 평가를 받았다.

팟캐스트계에서도 연애 장르는 단연 독보적인 인기를 누리고 있

블로그 '감자의 친구들은 연애를 하지', 책 『미친 연애』, TV 프로그램 〈JTBC 마녀사냥〉, 팟캐스트 〈LBC의 닥치고 연애〉

다. 현재 방송 중인 연애 프로그램만 해도 〈남자를 말해주마, 순정마초〉, 〈이게 연애다〉 등 30개를 훌쩍 넘는다. 그중에서도 두드러지는 두 가지 방송을 소개하자면, 먼저 〈LBC의 닥치고 연애〉다. 이 방송은 2012년부터 방송을 시작했고 회당 다운로드가 8만 건이 넘는다. MC자아, 철철교주라는 이름부터 의심스러운 두 남자가 대본도 없이 거칠고 날카롭게 상담을 진행한다.

서울대학교 대학생활문화원에서는 2009년부터 매학기 연애코칭 프로그램이 열리고 있다. 문화원은 "이 프로그램을 기획하게 된 것은 요즘 '솔로', '커플', '연애', '피상적 작업의 기술' 등의 주제가 부상하는 데에 비해 연애관계 형성에 필요한 기본적인 요소들은 충분히 강조되지 않는 것처럼 보였기 때문" 이라며 "연애도 결국은 깊은 인간관계이기 때문에, 관계에서 필요한 '나'에 대한 충분한 인식과 통찰, '상대'에 대한 이해, 솔직한 상호작용과 소통 등 기본적인 부분이 중

「대학내일」의 '연애 권하는 사회', '연애 관찰' 기사

요하다는 것을 전달해 주고 싶었다. 프로그램 자체를 실험의 장으로 활용하고 연애에서 필요한 친밀감 형성과 지지를 체험할 수 있도록 의도했다"고 말했다. 서울대 외에도 중앙대, 성균관대, 숙명여대, 성신여대 등 많은 대학에서 연애를 가르치는 강좌나, 인간관계를 가르치는 커리큘럼을 인기리에 진행하고 있다.

한국을 알리는 대학생: 한국을 알리는 쿨한 방식

최근 '세계에 한국을 알리는 대학생'은 트렌드로 자리 잡았다. 지금의 대학생들 사이에서는 배낭여행, 워킹홀리데이 등의 목적으로 해외에 나가 1~2년 현지생활을 경험하고 오는 것들이 당연해진 풍경이기 때문에 세계 속의 한국인으로서 정체성을 느끼는 것도 자연스럽다. 이들은 한식, 한복, 국악 전파에서부터 독도, 위안부 문제 등 중대한 사회적 사안까지 한반도를 벗어난 세계로 활동무대를 넓히며 한국을 알리고 있다.

지난 몇 년간 정부 주도 하에 '한식 세계화' 열풍이 불었고, '세계의 수도'라는 뉴욕에서도 국내 대형 기획사의 주도로 '모바일(이동식) 한식 트럭', '무료 한식 도시락 배달 이벤트' 등 다양한 체험형 행사를 개최했다. 정부부처뿐 아니라 국내 기업에서도 세계에 한국을 알리는 대학생들을 타깃으로 하는 사업이 증가하고 있다. '대장정', '해외봉사', '한국 알리기', '서포터즈' 등의 타이틀로 대학생들을 모집해, 각 활동사업의 경제적인 부분을 지원하고 있는 추세다.

전 세계에 한국을 알리는 대학생들을 살펴보면, 애국심이라는 큰 명분으로 활동하는 사람도 존재하지만, 개인적인 보람을 찾는 하나의 수단으로서 한국 콘텐츠를 활용하기도 한다. 『코리아 브랜드, 세계를 매혹시키다: 한국의 얼과 꿈을 세상에 펼친 사람들』(명인문화사, 2012)의 저자 김지윤 씨는 "한국 홍보활동의 원동력은 사명감이나 소명의식, 대의명분이 아니라 대부분 즐거움, 재미, 기쁨에서 기인한다"고 말했다. 이처럼 '한국 홍보'라는 민족주의적인 주제는 그동안 20대들이 세련되지 못한 것으로 느꼈으나, 이제는 유튜브를 통해 〈강남스타일〉로 일약 '월드스타'가 된 싸이처럼 쿨하며 트렌디하게 느끼고 있다는 것이 특기할 현상이다.

책 『비빔밥 유랑단』, 『400일간의 김치버스 세계일주』

대학생들의 최근 해외활동 영역을 보면 김치, 한복, 국악, 한글, 진실(역사), 건축물 등으로 크게 나눠 볼 수 있다. 한식 분야에서 가장 오래된 활동은 단연 2011년에 만들어진 '비빔밥 유랑단'인데, 이들은 2013년까지 총 세 차례의 유랑을 통해 3만 명 이상의 외국인에게 비빔밥을 선보였다. 최근에는 '김치버스'의 활동도 주목 받고 있다. 경희대학교 조리학과 선후배 사이인 요리사 세 명이 캠핑카를 타고 러시아 블라디보스토크를 시작으로 30개국을 돌며 김치를 홍보한다. 이들은 각 나라의 가장 흔한 음식에 김치를 접목한 새로운 레시피를 개발하여 전파하고 있다. 현재 '김치버스 시즌2'가 프로젝트 진행 중이며, 지난 2013년 10월 '제20회 광주 세계 김치문화축제Gwangju World Kimchi Culture Festival 2013'에도 참가했다. 한편 미국 노스다코타 대학교University of North Dakota에서 수학 중인 한국항공대학교 교환학생 6명은 'KFTCKorean Food Teaching Club' 동아리를 구성해 교내 학생들을 대상으로 비빔밥, 김치찌개, 불고기 등 한국 대표 음식의 조리법을 강의하고 실습 및 시식 체험을 통해 한국음식을 적극적으로 알리고 있다.

한복 분야에서는 가장 유명한 것이 '독도소녀'다. 명지대학교 이주영 씨는 미국과 캐나다의 대도시를 돌며 한복을 홍보한다. 지난 2013년 4월 중순 요세미티를 시작으로 약 3개월에 걸쳐 캐나다 4개 도시 및 시카고, 보스턴, 뉴욕, 필라델피아, 워싱턴D.C, LA 등지를 돌며 홍보활동을 펼쳤다. '알프스 한복아가씨'로 불리는 계명대학교 광고홍보학과 4학년 이미소 씨는 또래 대학생들과 함께 스위스 배낭여행을 떠나 융프라우, 인터라켄, 체어마트 등 알프스 산맥을 한복을 입은 채로 총 40여㎞를 트레킹하는 데 성공했다. 트레킹 내내 외국인 관광객들의 시선을 사로잡은 이씨는 한국에 관한 영문 홍보물을 건네며, 한국에서 가져간 약과와 부채 등을 나누어 주는 활동을 벌였다. 반면 많은 이들이 동참하는 '한복놀이단' 프로젝트도 유명하다.

한국의 역사, 특히 독도 문제를 주로 홍보하는 청년들도 많다. 자전거로 북미 대륙 횡단에 도전한 송근녕, 송근우 형제는 지난 2013년 6월 24일 로스앤젤레스를 출발, 9월 3일 뉴욕 맨해튼 타임스스퀘어에 도착하며, 무려 72일간 7,200㎞의 대장정에 종지부를 찍었다. 영남대학교 특수체육교육학과 3학년 송근녕 씨와 기계공학부 2학년 송근우 씨. 일명 '쏭브라더스'는 가는 곳마다 독도와 아리랑, 비빔밥을 홍보하는 대형 배너를 펴 들고 400명이 넘는 이들의 사인과 메시지를 받았다. 반면 서울대학교 도전동아리 'G.T' 멤버들로 구성된 '독도레이서'는 총 173일간 북미, 남미, 유럽, 아시아 26개국을 돌며 독도 알리기 활동을 벌였다. 2011년 독도레이서 1기의 매니저였던 연세대학교 기계공학과 김영주 씨가 리더를 맡았고, 서울대학교 사회교육과 김은열, 간호학과 김연아, 경제학과 최병길, 국악과 김지예 씨가 합류했다. 이들은 미국 로스앤젤레스를 시작으로 멕시코, 페루, 볼리비아, 아르헨티나, 브라질, 스페인, 프랑스, 이탈리아, 독일, 터키, 아제르바이잔, 투르크메니스탄, 우즈베키스탄, 카자흐스탄, 중국 등을 거쳐 마지막으로 일본까지 전 세계에 독도를 알리기 위해 노력했다.

'하이! 서울 프로젝트'는 한글의 독창성과 우수성을 알리기 위해 캐나다의 한인 대학생 20명이 2012년 10월 9일 한글날, '하이! 한글'이라는 이름 아래 모인 것으로 시작되었다. '하이! 한글'은 세계인과 함께 한글의 가치를 인정하고 즐기며, 동시에 재능 나눔을 통해 우리의 자산을 알리려는 '사회적 무료봉사 Social Pro bono' 프로그램이다. 국악을 알리는 움직임도 있다. 세계에 아리랑을 알리기 위해 대학생들이 자체 제작한 플래시몹 UCC 〈This is Arirang〉은 유튜브를 통해 빠르게 전파되며 큰 반응을 얻었으며, 한옥과 전주를 홍보하는 플래시몹 등 다양한 UCC들도 인기를 끈 바 있다.

열려 있고
신중한 오픈 레이트어답터

Acceptant Eyes – 양육문화의 중심에 서다

지금 한국의 20대는 계속된 세대론에 지쳐 있다. 그들은 그동안 세대로 묶여 부당하게 비난 받은 적이 너무 많다. '청춘'은 버겁다. '20대', 그 자체가 준거집단인 시대는 지났다. 그래서 2013년의 20대는 '20대'라는 이름을 내놓고 그들만의 문화를 만들기보다 타 세대가 함께 공감하고 '웰메이드wellmade'라고 검증된 것들을 함께 선호하는 경향을 보인다. 이런 큰 영향에 따른 선택 속에서 다시 20대만의 고유한 문화와 개성을 자연스럽게 보여주는 것이다. 예전 20대 문화가 새로운 것, 반대되는 것으로 대표되었다면 2013년의 20대는 세대별로 강화되는 개성들을 관찰하고 향유하며 그 속의 장점은 취하고 단점은 버리는 방식을 택한다. 다시 말해 20대는 '얼리어답터early adopter'적 경향보다, 반대로 느긋하게 제품을 꼼꼼히 살펴보고 결함은 없는지 다른 이들(얼리어답터)의 사용 후기를 충분히 검토한 후, 적정 가격으로 제품을 구매하는 '레이트어답터late adopter'적 경향이 두드러진다.

혜민 스님의 『멈추면 비로소 보이는 것들』(쌤앤파커스, 2012), 무라카미 하루키의 『색채가 없는 다자키 쓰쿠루와 그가 순례를 떠난 해』(민음사, 2013), 조정래의 『정글만리』(해냄출판사, 2013) 등이 2013 상반기 베스트셀러에 올랐는데, 20대는 이처럼 합리성을 매우 중시하기 때문에 이미 검증된 것에 대한 욕구를 매우 크게 생각하고 있다. 책뿐 아니라 문화계 전반에서도 '검증 받은' 고전계의 작품이 꾸준히 인기를 끌고 있다. 얼마 전 개봉한 〈레 미제라블Les Miserables〉(2012)이 흥행하자 20대 사이에서 〈레 밀리터리블〉처럼 고퀄리티 패러디 영상이 등장해 흥행이 가속화되기도 했다. 20대들 사이에서는 이미 패러디 문화가 익숙하기 때문에 매혹적인 아이템을 발견하면 가차 없이 그것을 재조합하고 새로운 콘텐츠로 재생산해 내는 수준에 이른다.

웹툰의 영화화도 같은 맥락에서 볼 수 있다. 2013년은 웹툰계에서 중요한 해다. 〈은밀하게 위대하게〉(2013)가 크게 흥행했기 때문이다. 인기 원작에 힘입어 개봉된 작품들은 어느 정도 작품성과 흥행성을 보장 받기 때문에 관객들의 사랑을 받을 확률이 높다. 그러나 이전까지 웹툰 원작 영화가 〈은밀하게 위대하게〉처럼 대히트한 경우는 없었다. 웹툰의 인기는 20대 사이에서 이미 검증되었다. 2012년 12월 「대학내일」 설문조사에 의하면 웹툰을 챙겨 본다는 대학생은 무려 75.4%였다. 더구나 매주 고정적으로 챙겨 보는 웹툰의 수도 7.76편에 달했다. 이렇게 검증된 인기 웹툰이 영화화되면 신선한 이야기와 함께 화제성까지 동시에 얻을 수 있는 큰 장점을 가진다. 그렇기 때문에 앞으로 웹툰의 영화화는 계속될 것으로 보인다. 얼마 전 김선아 주연의 〈더 파이브〉가 개봉했고, 조만간 서영희 주연의 〈스토커〉도 개봉할 예정이다. 최근에는 인기 웹툰작가 하일권의 〈목욕의 신〉 또한 영화화가 결정되면서 네티즌들의 관심이 높아지고 있다.

이처럼 2013년의 문화를 들여다보면, 한국의 20대는 현재 완전히 새로운 영역을 개척하거나 기성세대의 문화를 배타적으로 받아들이는 것이 아니다. 오히려 기성세대의 문화를 쿨하게 받아들이고, 그 속에서 흥미롭고 새로운 콘텐츠를 발견하여 재생산해 내고 있다. 앞으로 20대는 더욱 많은 사람들이 공감할 수 있는 콘텐츠에 반응하면서 이미 검증된 문화를 받아들일 것이다.

editor's
thought

이정섭 수석기자 munchi@univ.me (「대학내일」 편집팀)

솔직해진 20대?

아니

평판에 신경 쓰는 20대!

기성세대인 당신이 우연한 기회로 요즘 20대들과 술자리에서 만난다면 굉장히 솔직하다는 인상을 받을 것이다. 이를테면 "저는 예쁜 여자가 좋아요"라든가, "돈 많이 주는 직장이 최고죠"라는 대화들. 조금 더 친해지면 성인물 시청 소감까지 나올지도 모른다. "제가 어제 OOO 비디오를 봤는데 말이죠"라면서 말이다. 페이스북에서도 20대의 솔직함은 그대로 드러난다. 모 남자 연예인이 상의를 탈의한 사진 아래엔 "OOO 복근 최고. 가슴 떨려"란 문구가 적혀 있고, 취업 시즌에는 "아부해서라도 면접을 통과하고 말겠어"라는 대담한 글도 오른다.

2000년대 초반까지만 해도 20대는 관습적인 금기에 예민했다. 외모나 성, 돈에 대한 욕망을 밝히는 것을 꺼려했다. 속마음이야 다르겠지만 그것을 공개적인 장소에서 입 밖으로 내는 건 다른 문제였다. 그런 시절을 경험한 사람이면 이성, 금전, 취업 문제를 스스럼없이 거론하는 요즘 20대들을 보며 '오, 이렇게까지. 역시 신세대는 타인의 눈을 의식하지 않는구나'라고 생각할 수도 있겠다. 그렇다고 요즘 20대가 개성적이고 자기식대로 살아간다는 생각은 그들의 속마음을 들여다보지 못한 피상적인 평가일 뿐이다. 2010년대를 넘어서면서 20대는 오히려 타인의 눈을 더 의식하게 됐다. 다만 대응방식이 더 고도화됐을 뿐이다.

▍더 많은 지인 사이의 20대

시간을 2000년대 초반으로 돌려 보자. 당시 20대가 대학교 졸업 때까지 만나거나 대화할 수 있는 사람의 수는 한정되어 있었다. 같은 과 동기와 선후배, 동아리 친구가 20대의 인적 네트워크의 전부라고 무방하다. 아무리 외향적인 성격을 타고난 경우라도 50명 안쪽이면 대인관계의 범위가 꽤 넓은 편이었다. 휴대폰이 대중화되어 있긴 했지만 통화와 문자 기능 정도밖에 사용할 수 없는 피처폰feature phone이었다. 낯선 사람과 통화하는 건 불편했으며 잦은 문자메시지는 비용 문제와 직결됐다. 오프라인에서 아는 사람에 한정된 온라인 친교행위는 생각처럼 넓은 네트워크를 구성하는 데 큰 역할을 하지 못했다. 결과적으로 당시의 청춘들은 새롭게 만나는 사람도 특별히 멀어지는 사람도 적은 폐쇄적 네트워크 안에서 움직였다.

하지만 2013년의 상황은 다르다. 20대는 이제 거대한 인적 네트워크 안에서 활동한다. 대학교 강의에선 다양한 조모임을 통해 다른 과 학생들과 만난다. 대학 내 모임은 공모전 준비라든지 기업 스터디 모임 같은 목적 지향적이고 한시적인 모임이 많다. 동아리 활동이라고 해도 예전처럼 학창시절을 다 보내는 개념이 아니라 길어야 2학년까지만 하는 정도다. 동아리가 사라진 자리는 대학 외부의 참여 프로그램이 차지했다. 기업이나 공공기관의 홍보 서포터 프로그램, 다양한 자원봉사단체, 학생기자단 등. 보통 6개월가량 진행되는 참여 프로그램은 많은 시간을 빼앗지 않기에 사람에 따라서는 동시에 두세 프로그램에 참여하기도 한다. 자기 경험을 강조하는 요즘 취업 전형에서 이런 참여 프로그램은 객관적인 지표로 작용한다. 20대는 이제 전국 방방곡곡에서 모인 20대들과 거대한 네트워크를 형성한다.

아무리 자주 만나도 관계 유지에는 노력이 드는 법이다. 바쁜 20대들이 그 많은 관계마다 예전처럼 시간을 낼 수는 없다. 때문에 스마트폰이 적절한 아교 역할을 하고 있다. 스마트폰의 각종 메신저 앱은 한두 번 만난 이들의 관계를 이어준다. 카카오톡 대화방을 통해 별 노력 없이 일상적으로 대화를 나누고, 페이스북의 좋아요를 눌러 인연의 끈을 이어간다. 과거엔 친구의 생일을 기억하고 함께 만나 축하해줘야 했다면 요즘은 페이스북이 지인의 생일을 알려주며 상대의 타임라인에 생일 축하 메시지를 남길 수 있어 충분히 친분을 이어갈 수 있다.

그렇다면 인적 네트워크의 확대는 20대에게 어떻게 영향을 미칠까. 우선 네트워크가 인간에게 주는 효과에 대해 생각해 봐야 한다. 과학 저널리스트 존 휘트필드John Whitfield는 『무엇이 우리의 관계를 조정하는가』(생각연구소, 2012)에서 평판이 가져오는 인간의 행동 변화를 설명했다. 존 휘트필드의 조사 결과에 의하면 인간은 사회적 학습 능력이 뛰어나고 그 영향에 민감하게 반응한다. 즉 언제라도 남의 눈을 의식하는 존재다. 네트워크가 커지면 커질수록 신경 써야 할 눈들은 더욱 많아지며, 개개인의 반응은 고도화된다. 존 휘트필드는 평판을 눈치나 보는 부정적인 것으로 해석하지 않았다. 다양한 구성원과 커뮤니케이션이 잦아지면 소통 능력과 인격 성숙에 도움이 된다고 주장한다.

원래 20대는 이성, 우정, 직장 등 인적 네트워크를 형성하는 결정적인 시기다. 타인의 평가에 민감한 건 당연하다. 게다가 앞서 말했듯 사회 구조의 변화, 기술의 발전으로 네트워크가 비약적으로 확장됐다. 20대 타깃 매체의 기자로서 7년 동안 현장에서 본 20대들의 변화상은 눈부시다.

▍첫인상이 중요하다   가장 눈에 띄는 변화는 자신을 꾸미는 트렌드다. 젊은 시기에 꾸미는 거야 당연하겠지만 최근 우리나라 20대가 자신을 꾸민다는 것은 남다른 의미를 갖는다. 20대들의 경제 여력은 10년 사이 갈수록 나빠졌다. 부모 세대의 경제력 약화, 등록금 상승, 취업 준비비용 마련 등 다양한 이유에서다. 언론에선 불황 탓에 20대가 의류 소비마저 줄인다고 난리다. 하지만 자세히 살펴보면 이상하다. 아무리 봐도 백화점을 찾는 20대는 줄어든 기색이 없다. 게다가 거리에서 보이는 20대의 스타일은 직관적으로 평가해도 점점 좋아진다. 비밀은 소비 방식에 있다.

20대의 전체 의류비 지출 금액은 줄었거나 정체지만 의류 소비건수는 더 늘었다. SPA Specialty store retailer of Private label Apparel Brand의 최대 이용자는 여전히 20대다. 지난 2012년 10월 14일 대한상공회의소가 서울 및 수도권 소비자 500명을 대상으로 SPA브랜드 선호도를 조사한 바로는 20대가 선호도 50.5%로 모든 세대에서 가장 높았다. 예산이 부족하다는 이유로 소비 자체를 줄이는 게 아니라 저렴하되 꾸밀 수 있는 제품으로 갈아타는 것이다. 요즘 뜨는 소위 '쇼루밍showrooming족'은 '최소 예산 최대 효과'를 추구하는 20대의 특징을 그대로 나타낸다. 쇼루밍족은 제품의 실물은 매장에서 확인하되 인터넷 검색을 통해 최저가 구매를 하는 소비자를 일컫는다. 매장을 쇼룸show room처럼 활용한다고 해서 붙여진 명칭이다.

미용 분야에선 오히려 20대들의 소비 금액 자체도 늘어났다. 현대경제연구원HRI, Hyundai Research Institute이 지난 2013년 8월 14일부터 20일까지 전국 20세 이상 성인남녀 1,013명의 소비구조를 분석해 발표한 바에 따르면 피부과나 성형시술 등 미용 목적의 의료비 지출에 20대가 연간 76만 1,000원가량을 지출해 압도적인 1위를 기록했다. 30대는 53만 7,000원, 40대는 42만 원, 50대 이상은 57만 2,000원가량이었다. 이에 따라 남성의 꾸미기 열풍도 점점 거세졌다. 지난 2012년 12월 3일 영국 BBC방송은 한국 남성의 화장 열풍을 보도한 바 있다. 2012년 남성 화장품 시장규모는 약 6,300억 원이며, 기초화장품 매출은 약 455억 원으로 전 세계 1위를 기록했다. BBC는 외모가 경쟁력이라는 인식이 퍼지면서 경쟁우위를 갖기 위해 화장하는 남자들이 늘고 있기 때문이라는 분석을 내놓았다. LG생활건강이 추산한 바에 따르면 올해 국내 남성 화장품 시장규모는 1조 300억 원에 달할 전망이다.

전통적으로 신입생과 남자 복학생은 대학사회에서 패션 감각이 엉망인 집단으로 분류돼 우스갯소리의 단골 소재로 쓰였으나 이제는 완전히 바뀌었다. 복학생들은 제대 전부터 남성 패션 전문지를 정독하며 패션 감각을 키우고, 복학 후에는 누구보다 트렌디한 스타일로 자신을 포장한다. 동시에 낯선 학교생활에도 잘 적응하면서 성적까지 출중해 요즘은 복학생들이 어린 남학생들보다 더 인기라고 한다. 이처럼 20대가 적극적으로 자신을 꾸미는 데 나선 이유는 낯선 사람 위주의 짧은 만남을 지속해야 하는 최근의 라이프스타일을 반영하기 때문이다. 조모임부터 대외활동까지, 짧은 시간 안에 결정되는 첫인상은 그만큼 중요하다. 옷차림이 허름하거나 촌스러우면 대외활동 면접에서 떨어질 가능성이 높으며, 친분을 쌓기도 상대적으로 힘들다. 무엇보다 스타일은 자신의 정체성을 짧은 시간에 드러낼 수 있는 강력한 무기다. 실제로 광고회사 이노션의 '대학생-광고인 만남' 행사에 참여한 적이 있는데 학생들은 하나같이 자신을 창의적으로 보일 수 있도록 개성 있는 스타일로 등장했다. 심지어 현업 광고인들보다 학생들 쪽이 좀 더 광고인처럼 보였다고 해도 과언이 아니었다.

낯선 만남 속에서 자신을 드러내야 하는 20대들의 상황은 한동안 그대로일 것이다. 그런 이유로 외모에 신경 쓰는 20대는 점점 늘어날 것이며, 경제적으로 부족한 상황을 각종 할인 이벤트를 이용해 극복해 갈 것이다. 예전엔 "뭐 그렇게까지 해서 꾸며야 하느냐"라고 넘기던 20대 남성까지 합리적 소비 지향의 대열에 합류할 것이다. IT기기나 패션 아이템 등 겉으로 드러나는 소비재로 20대에게 다가설 기업이 있다면, 그들이 단순히 저렴한 것을 원하는 게 아니란 점을 인식하고 여러 가지 접근법을 짤 필요가 있다.

▎내 '개념'을 드러내는 SNS

1년 전쯤부터 20대와 소통하는 데 페이스북을 활용하고 있다. 20대들의 생각이나 관심사를 들여다볼 수 있어 꽤 유용한 도구라고 생각한다. 그런데 언젠가부터 그들의 페이스북에서 특이한 점을 발견했다. 페이스북은 자기 마음을 털어 놓고 소통하는 공간, 혹은 자신의 관심사항을 공유하는 공간이라고 생각했는데 그뿐만이 아니었다. '내가 이런 존재'라고 자신을 홍보하는 기능도 하고 있었다. 이런 사실은 20대가 한창 '좋아요'를 누르는 게시물들에서 드러난다. 웃긴 게시물에 반응하는 거야 당연한 일이다. "너 이거 봤어? 재밌어"라는 댓글과 함께 태깅tagging하는 행위는 일반적인 친교행위에서도 얼마든지 일어난다. 특이한 점은 옳음에 대해 설교하는 글, 소위 '개념글'에 대한 20대의 열광적인 반응이다. 불우한 이웃의 감동적 스토리, '독도는 우리 땅'이라는 애국적인 메시지, 사회적 부당함에 대한 분노 등이 20대의 페이스북 뉴스피드에 종종 등장한다.

그런데 이상한 건 SNS 세계에 비해 오프라인에서는 그런 20대의 열의가 크게 보이지 않는다. 정권이나 기업에 대한 비난, 약자에 대한 공감은 대부분 온라인에서만 이뤄진다. 예전과 달리 시위 현장에는 20대 비율이 그리 높지 않다. 10년 전엔 현장의 대부분이 20대였다. 20대면서 왜 시위하러 나가지 않느냐는 비판이 아니다. '개념글'에 그토록 공감하는 것치곤 행동으로 이어지는 모습이 너무 적다는 모순을 이야기하는 것이다. 또 하나 눈에 띄는 건 예전과 달리 요즘 20대는 도덕과 욕망을 한꺼번에 표현한다는 점이다. 예를 들면 '어린 여자가 좋다'와 '한글을 사랑하자'가 공존한다는 의미다.

여기서 20대의 '솔직함'을 좀 더 자세히 살펴봐야 상황을 제대로 이해할 수 있다. 도덕성을 따지는 태도가 촌스러웠던 예전과 달리 요즘은 도덕성도 잘만 하면 쿨한 요소로 취급된다. 보통 그 롤모델은 TV에 등장하는 스타들인 경우가 많다. 이효리, 서인영 등 TV 속 연예인들은 이제 스스럼없이 욕망을 드러낸다. "난 어린 남자가 좋아"나 "돈요? 많으면 좋죠"라든지, 남자든 여자든 소위 '섹드립'을 치는 것도 쿨하게 보인다. 단 이런 욕망과 더불어 선량한 모습도 함께 보여줘야 한다. 이효리가 유기동물 보호에 나서거나 아이돌들이 트위터에 자신의 헌혈 사실, 혹은 일본 만행과 관련한 비난글을 올리는 것이 그 예다. 패리스 힐튼 Paris Whitney Hilton처럼 그저 욕망만 드러내는 태도는 우리나라에선 먹히지 않는다. 섹시해도 착해야 한다는 말이다. 20대들은 이런 사회의 경향을 그대로 받아들여 본인의 윤리성을 타인에게 열심히 어필하려 한다.

내가 직접 독자 이벤트를 진행했을 때의 경험도 이와 일치한다. 2013년 4월 어버이날을 맞아 외식상품권 몇 장을 걸고 독자 참여 이벤트를 실시했다. 부모님이 보내신 코믹한 문자메시지, 혹은 카카오톡 대화창을 캡처해 보내 달라는 이벤트였다. 원래 재미있는 대화만 뽑겠다고 마음먹었지만 곧 20대 직원과 이야기를 나누고 선정방식을 바꾸었다. 20대 직원 말로는 재미있는 대화도 좋지만 감동 콘셉트가 가미된 것을 선정해 보는 게 아마 20대들로선 훨씬 지원하기 편할 것이라는 거다. 왜냐고 묻자 명쾌한 답변이 돌아왔다. 재미있는 대화로 응모할 땐 부모님을 팔아먹는 게 아니냐는 걱정이 있는데, 감동적인 대화로 응모하라고 하면 좀 더 착한 느낌이어서 부담이 없다고 한다. 그래서 재미있는 대화와 감동적인 대화를 모두 받기로 했다. 더불어 외식상품권을 4인 기준으로 확대함으로써 당첨된다면 부모님께 대접해 보라는 느낌의 카피를 내걸었다. 반응은 매우 좋았다. 「대학내일」 지면과 당시로선 팔로워 수가 수천 명 수준이던 「대학내일」 페이스북에만 홍보했음에도 600명이 넘는 지원자가 참여했다.

그 후 SNS와 관련된 사항은 20대에게 직접 묻는 방식을 취했고, 그 과정에서 20대들이 이벤트 응모 같은 작은 일에도 타인의 눈을 의식하고 있다는 사실을 알게 됐다. 페이스북 이벤트의 경우 해당 글에 '좋아요'를 누르거나 댓글을 다는 방식으로 진행되는데, 20대 중 상당수는 친구들의 뉴스피드에 이벤트 응모 사실이 자동으로 뜨는 시스템을 부담스러워 하기도 한다. 혹시라도 자신이 탐욕스러워 보이진 않을까 노파심 때문이기도 하지만, 무엇보다 이런 이벤트나 하고 있을 만큼 할 일이 없는 사람으로 비쳐질까 걱정된다고 한다. 그래서인지 이벤트를 주최하는 기업의 이미지가 평범할수록, 이벤트 내용이 지루할수록 응모 사실이 드러나는 것을 싫어했다. 반면 이벤트 자체가 독특하거나 신선한 요소가 있을 경우 20대들은 이벤트에 참여하는 걸 '멋진 일'로 생각하고 있었다. '시간이 남아돌아 이런 이벤트에 응모하는 게 아니라 이 이벤트가 재미있어 보여 일부러 지원하는 것이다'라는 뉘앙스를 풍기기 때문이다. 나쁘게 보면 자기 합리화일 수도 있지만 20대들에겐 이 또한 매우 중요한 일이다. 이들에게 SNS는 자기 존재를 뽐내는 장이기 때문이다.

▌힘들더라도 허세는 부려야 해

20대들이 자주 찾는 대표 '핫 플레이스hot place'인 홍대 앞과 신사동 가로수길에는 이제 '소주 호프' 집을 찾기 힘들다. 원래 젊은 세대들이 많이 오가는 거리에는 20대를 주 타깃으로 그들의 얄팍한 지갑 사정을 반영한 저가 술집들이 많았지만 지금은 상황이 변했다. 20대들은 술을 적게 마실지라도 폼 나게 마셔야 한다고 믿는다. 이러한 경향을 반영하듯 홍대 앞과 신사동엔 와인바, 일식 주점, 칵테일 바 등이 주를 이루기 시작했다. 신사동 가로수길은 원래 고가 제품을 판매하는 점포들이 많았다. 의류, 주류, 음식 등 여러 분야에서 우리나라에서 가장 핫한 아이템을 타 지역에 비해 비싼 가격으로 판다는 인식이 많았다. 손님 역시 경제적으로 여유가 좀 있는 30대가 다수였다. 그러나 요즘은 20대가 더 많이 찾는다. BC카드가 2013년 9월 11일 카드 사용량으로 신사동 가로수길과 세로수길 상권을 분석한 결과 지출이 가장 많은 연령층은 20대(38.4%)로 나타났다. 뒤이어 30대(32.6%), 40대(14.8%), 50대(9.9%) 순이었다. 이러한 변화를 감지한 듯 신사동 점포들도 고가 브랜드가 아닌 중간 가격의 로드숍과 편집숍 위주로 점점 바뀌고 있다. 술집이나 음식점도 예전보단 가격을 내렸다. 고급스러운 이미지는 유지하되 20대가 도저히 감당하지 못할 고가 서비스는 피하는 식이었다.

    그런가 하면 보통 티켓 가격이 10만 원이 넘는 록페스티벌의 부흥을 이끈 것도 20대다. 〈지산 월드 록페스티벌〉의 경우 20대가 59%, 〈안산 밸리 록페스티벌〉 역시 20대 미만이 84.8%를 차지하여 20대가 여전히 주 고객임이 드러났다. 뮤지컬이나 콘서트 역시 20대가 주 고객이다. 일부 언론에선 문화 콘텐츠의 주류는 이제 20대가 아니라는 식으로 말하며 20대 소비자 비율의 하락을 보여주기도 하는데 이는 잘못된 평가다. 젊은 시절 문화 콘텐츠를 풍부하게 소비한 30대 소비자가 많아지는 건 사실이지만 20대 고객의 절대량이 줄어드는 것은 아니다. 20대 절대 수가 줄어드는 걸 고려한다면 오히려 문화 콘텐츠를 즐기는 20대 비율은 늘어났다고 봐도 무방하다.

    20대의 수입차에 관심도 크게 높아졌다. 한국수입자동차협회KAIDA, Korea Automobile Importers & Distributors Association에 따르면 2012년 20대 수입차 구매는 7,176대로 2011년 4,801대의 두 배 가까이 늘었다. 높은 가격 탓에 30~40대보다는 구매량이 적지만 꾸준히 늘어나는 추세다. 20대 중엔 초기에 적은 금액만 내고 나중에 큰 이자 비용을 감당하는 '리스lease 프로그램'을 이용하는 경우도 많다고 한다. 「동아일보」가 2013년 대홍기획, 동국대학교 경영학과 여준상 교수와 온라인 리서치 전문업체인 마크로밀엠브레인에 공동으로 의뢰한 수입차 관련 의식조사가 흥미롭다. 전국 성인남녀 1,000명을 대상으로 한 이 조사에서 20대들이 수입차에 많은 관심을 나타내고 있다는 사실을 알 수 있다. '자동차를 산다면 어떤 차를 사겠는가'라는 질문에 20대의 22.3%가 수입차를 사겠다고 답해 평균 15.3%를 넘어섰다. 수입차의 장점에 대한 질문에서 전체 응답자의 38.3%가 안정성을 택한 반면, 20대 응답자의 경우 41.2%가 브랜드 이미지를 택했다.

    그렇다면 이렇게 와인 바를 찾고, 뮤지컬을 관람하고, 수입차에 관심 두는 이들이 모두 부유한 이들일까? 지켜본 바로 전혀 그렇지 않다. 학생기자단이나 취재원으로 만난 20대 중 상당수는 간헐적으로 높은 지출을 하고 그 경험을 SNS를 통해 공유한다. 그런데 이들은 평소엔 음식점 아르바이트나 편의점 아르바이트로 열심히 돈을 벌며 일상의 고단함을 토로하던 친구들이다. 쉽게 말해 20대들은 기를 쓰고 돈을 모은 후 고가의 콘텐츠를 소비한다는 뜻이 되겠다. 그 이유를 요즘 유행하는 말로 '허세'라 부를 수도 있다. 그런데 20대들은 이 허세라는 말조차 과거 세대와는 달리 긍정적으로 해석한다. 폼 내는 건 인간의 당연한 욕구이니 허세가 뭐 어떠냐고 이들은 반문한다. 게다가 고가의 콘텐츠들을 소비하는 건 이들에게 일종의 문화적 경험이다. 이런 경험을 한다는 건 자신이 활동적이고 앞서 나가는 사람이란 강력한 메시지다.

우리 역사상 가장 사회적인 20대

지금까지 설명이 20대를 겉과 속이 다른 허영덩어리라 느껴지게 했다면 필자의 잘못이다. 2013년의 20대는 아마 우리 역사상 가장 사회적이고 경험이 많은 세대일 것이다. 곁에서 소통한 20대는 10년 전, 아니 5년 전과 비교해 놀라울 정도로 사회성이 높고 협업에 능하다. 직접 겪은 학생기자단의 경우, 예전엔 원고 마감을 어기는 일이 종종 있었지만 요즘 학생기자단은 대부분 원고 마감 기한을 잘 지킨다. 다른 업무 처리 역시 예전보다 잘해 내며 함께 토론하기도 편하다. 학교 안팎에서 이미 다양한 사람과 협업해 본 경험 덕이다.

20대의 약점은 허영이 아닌 그들의 조급함에서 찾아야 한다. 커다란 인적 네트워크에서 산다는 건 관계를 끝없이 관리하며 그들에게 보여줄 내 모습 또한 가꿔 가야 한다는 의미다. 저 친구들이 저만치 해낼 때 나 역시 뭔가를 이뤄 놓아야 네트워크 속에서 내 자리가 생긴다. 학교생활을 하면서 여러 가지 성과를 많이 이뤄 낸 이들 중에는 취업 시즌에 남들보다 더 심한 불안감에 휩싸이는 경우가 종종 있다. 서류전형에 한두 번 떨어진 것만으로도 그들은 커다란 절망감을 맛본다. 지금은 다행히 방송국 아나운서가 된 어떤 친구는 그때의 기억을 이렇게 이야기했다. "후배들이나 친구들이 보기에 전 언제나 잘해 내는 사람이었거든요. 그런데 제가 서류전형에서 떨어지면 얼마나 수군대겠어요. '저 언니도 떨어질 때가 있구나'하겠지요." '만인의 만인에 대한 관찰 상태'가 이어지며 20대들은 스트레스에 시달린다. 자기를 꾸밀 경험이나 소비에 더 매달리기도 한다.

만약 20대와 소통하려는 기업 혹은 사람이라면 20대가 남에게 비쳐지는 자아에 꽤 예민하다는 것을 바탕으로 계획을 짜야 할 것이다. 어떤 기업이 대학생 모델 프로그램을 만들고 참가자에게 각종 혜택을 준다고 치자. 그렇더라도 그 프로그램이 '폼이 나지 않을' 경우 실제 참여하는 이들은 혜택만 보고 온 '체리피커 cherry picker'일 가능성이 크다. 능력 있고 외모도 출중한 친구들은 프로그램 자체가 쿨하게 보이지 않는다면 냉정하게 피해 버릴 것이다. 하지만 별 혜택이 없어도 '멋진 경험'이라는 확신을 제공할 프로그램이라면 그 멋진 친구들도 서로 참여하고 싶어 안달 날 가능성이 높다. 덩달아 그들 사이에서 입소문이 퍼질 수도 있고 말이다.

최근 「대학내일」 지면 안에 'OPEN YOUR FACEBOOK'이라는 독자 코너를 만들었다. 독자들이 페이스북 속에 모아 놓은 본인 사진을 응모하면 함께 소개해 주는 코너다. 최초 기획 단계에서 걱정했던 요소는, 과연 자기 사생활을 공개하려고 할지와 요즘 이벤트가 넘치고 넘치는데 어떻게 독자의 관심을 유발할지였다. 외식상품권을 경품으로 걸고 코믹한 이미지와 함께 '사생활을 팔아 외식하라'라는 카피를 내걸었다. '그래, 이 정도 먹으려면 사생활 정도는 팔 수 있지!'라는 식으로, 외식상품권을 향한 '탐욕(?)'을 웃음 코드로 풀어 보려는 의도였다. 그리고 일부러 초반 2회는 감성적인 사진을 찍는 귀여운 대학생과 음악을 하는 예쁜 여학생을 섭외해 내보냈다. 이 코너는 이런 사람들이 참여하는 쿨한 공간이라는 메시지였다. 그 후로 미대, 패션학과, 시각디자인과 재학생들 위주로 많은 독자가 지원하기 시작했다. 당신이 20대와 소통하려면 무조건 혜택을 주거나 돕겠다는 메시지만 외쳐선 안 된다. 그들과 만나는 접점을 잘 다듬어서 당신과의 소통이 멋진 경험이라고 믿게 만들어야 한다.

Clip Syndrome

강렬한 핵심만 오려내다

정보의 홍수에 둘러싸인 사람들은 자신에게 필요한 내용을 골라내는 데 있어
'구두쇠'가 되어 가고 있다.
볼거리, 읽을거리, 즐길거리가 넘쳐나는 시대에 최대한 효율성을 높이려면
검증되지 않은 정보에 많은 시간을 할애할 여유가 없기 때문이다.
따라서 일상에서 스마트폰을 활용해 많고 다양한 정보를
빠른 속도로 접하는 SNS 세대들에게는 자신에게 유용한 정보를
잘 선별해 '클리핑'하고,
또 잘 클리핑된 정보를 수용하는 것이 무엇보다 중요한 화두가 되었다.
그리고 이러한 젊은 세대들의 취향에 맞춰
그들의 눈과 귀를 사로잡을 수 있는 새로운 유형의 콘텐츠와
플랫폼들이 하나둘 탄생하기 시작했다.

내게 세 줄로 말해 봐,
'클리핑 신드롬'

Clip Syndrome - 간결한 핵심만 오려내다

우리는 언제 어디서든 간단한 몇 번의 터치만으로 다양한 유형의 미디어와 콘텐츠에 접근할 수 있는 시대를 살고 있다. IT산업이 발전하면서 모바일기기가 일상의 필수품이 되었고, 각종 SNS의 발달로 다양한 채널의 정보가 손쉽게 공유되기 때문이다. 그리고 정보의 홍수에 둘러싸인 사람들은 자신에게 필요한 내용을 골라내는 데 있어 '구두쇠'가 되어 가고 있다. 볼거리, 읽을거리, 즐길거리가 넘쳐나는 시대에 최대한 효율성을 높이려면 검증되지 않은 정보에 많은 시간을 할애할 여유가 없기 때문이다.

바쁜 현대사회에서 사람들은 누군가 먼저 의미 있는 정보를 골라내 주고, 요약해 주고, 발췌해 주길 원한다. 요약본이 마음에 들고 흥미가 생기면 그때 가서 콘텐츠의 처음부터 끝까지를 소비해도 늦지 않는다. 또 누군가 요약해 주고, 발췌해 놓은 콘텐츠를 소비하면 그 콘텐츠의 전체를 모두 소비하지 않아도 쉽게 '대세'에 낄 수 있다. 직접 읽지 않고 보지 않아도 핵심 내용만 파악하고 있으면 사람들과의 대화에서 '아는 척' 정도는 할 수 있다. 이렇듯 정보의 핵심 내용을 선별하고 발췌하는 '큐레이션Curation'[12]과 '클리핑Clipping'은 많은 정보가 쉽고 빠르게 주어지는 시대에 자신에게 필요한 정보를 효율적으로 소비하기 위한 필수방식이 되어 버렸다. 원래 클리핑의 사전적 의미는 신문이나 잡지 등에서 참고할 만한 기사를 오려 내는 것이지만 요즘에는 의미 있는 내용을 선별하는 큐레이션의 의미와 더불어 요약되거나 발췌한 콘텐츠를 모두 포괄하는 광의를 담고 있다.

요즘 젊은 세대들의 성향을 단적으로 보여주는 예가 있다. 바로 '세 줄 요약'이다. 세 줄 요약은 인터넷 게시글 맨 마지막이나 첫 부분에 핵심 내용을 세 줄로 요약, 정리하는 것을 말한다. 지면이나 시간 제약이 있는 신문, 잡지, 방송 등의 매체와는 달리 인터넷상에서는 자신이 하고 싶은 말들을 원하는 만큼 길게 작성할 수 있기 때문에 종종 글이 장황해질 때가 있다. 하지만 일상에서 모바일 기기를 사용해 엄청난 양의 정보를 접하는 사람들은 긴 글을 자세히 읽을 집중력과 여유가 없다. 따라서 작성자들은 글의 핵심 내용을 세 줄로 요약해 사람들의 눈길을 마지막까지 붙잡아 자신이 전하고 싶은 핵심 메시지를 전한다. 세 줄 요약은 게시글을 읽을지 말지 결정하는 판단 기준이 될 때도 있다. 게시글 처음이나 마지막에 정리된 세 줄 요약을 먼저 읽고 흥미롭거나 시선을 끄는 내용이 있으면 그때부터 글을 읽기 시작하는 것이다. 세 줄 요약이 없는 글에 대해서는 읽는 사람들이 댓글로 '세 줄 요약'해 줄 것을 요청하기도 하고, '추천'을 누르지 않는 방식으로 일종의 '항의'를 표출하기도 한다.

이처럼 요약이나 발췌를 통한 클리핑 콘텐츠에 익숙한 젊은 세대

---

[12] 인터넷상의 정보 가운데 이용자 개인에게 필요한 검증된 콘텐츠를 골라주는 서비스.

들은 몇 가지 특징적인 양상을 보인다. 먼저 위에서도 언급했듯 하나의 콘텐츠를 처음부터 끝까지 완전히 소비하는 경우가 드물다. 텍스트의 경우 요약본을 읽거나 필요한 부분만을 발췌해 읽고, 동영상의 경우 하이라이트 부분만 짧게 편집된 영상을 찾아 시청한다. 요즘에는 동영상의 하이라이트 부분을 이미지로 캡처해 그 위에 주요 대사와 내용을 텍스트로 삽입, 내용만 함축적으로 소화할 수 있도록 정리해 놓은 콘텐츠도 생겨났다.

요약된 것이 아니라면, 이왕이면 내용이 짧은 콘텐츠를 선호하는 경향도 나타난다. 강렬하고 위트 있는 메시지를 함축적으로 담는 작가나 시인들이 인기를 얻는 이유가 바로 여기에 있다.

또 SNS 내 지인들 사이에서 활발히 공유되거나, 그들이 추천해주는 콘텐츠가 소비의 주요 기준이 된다. 모바일기기를 사용해 장소와 시간에 구애 받지 않고 짧은 시간 안에 핵심 내용만 소비하려면 그것을 미리 검증할 수 있는 잣대가 필요하기 때문이다.

이처럼 모바일기기가 일상의 필수품이 되고, 스마트폰과 SNS의 확산 등으로 개인이 접하는 데이터와 정보의 양이 폭주하면서 클리핑에 대한 관심도 그 어느 때보다 높아졌다. 그리고 콘텐츠 산업계에서는 젊은 세대들의 눈과 귀를 사로잡을 수 있는 새로운 유형의 미디어 플랫폼과 콘텐츠를 만들어 내는 데 총력을 기울이기 시작했다.

클리핑 세대가
콘텐츠를 소비하는 방식

문학, 이젠 종이가 아닌 SNS로 즐긴다

　2013년 6월, 한 일간지에 '「책 읽으면 상품 줍니다」, 대학도서관 슬픈 이벤트'라는 제목의 기사가 실렸다. 내용인즉슨 요즘 대학 도서관 내 도서 대출이용이 줄어 각 대학들이 책을 대출해 가는 학생들의 유치를 위해 이벤트를 열기 바쁘다는 것이었다. 성균관대학교 학술정보통계 시스템에 따르면 이 대학 대출도서 수는 2008년 56만여 권에서 2012년 44만여 권으로 4년 새 12만여 권이나 줄었다.
　다른 대학들도 사정은 비슷하다. 학생들의 도서관 도서 대출이용이 줄자 각 대학들은 학생들을 끌어 모으기 위해 각종 이벤트를 열기 시작했다. 성균관대학교의 경우 이벤트 기간 내 첫 대출을 하는 학생들에게 16GB의 USB를 증정했고, 연세대학교는 도서관 출입을 많이 한 '문턱왕', 대출을 많이 한 '다독왕' 등을 선발하는 '라이브러리 어워즈'를 열었다. 또 고려대학교는 도서관 출입을 50회 이상 하면 스탬프를 찍어 인근 카페의 음료를 증정하는 이벤트를 진행했다.[13]

---

[13] "「책 읽으면 상품 줍니다」, 대학도서관 슬픈 이벤트", 「동아일보」, 2013.06.30.

상아탑이었던 대학이 어쩌다 이렇게 '슬픈' 이벤트까지 열게 된 걸까? 그 이유는 명확하다. 스마트폰, 태블릿 PC 등 각종 모바일기기 이용량이 늘면서 책 이외의 다양한 콘텐츠로의 접근이 용이해졌고, 취업난 때문에 영어 점수 취득, 각종 대외활동 경험 등의 스펙 쌓기에 독서가 밀리면서 독서량이 자연스레 줄어든 것이다. 그렇다면 20대는 정말 소설 한 권, 시 한 편 안 읽고 각박하게 살고 있는 것일까? 여가시간에 즐길 만한 콘텐츠가 책과 TV가 전부였던 과거에 비하면 절대적인 독서량이 줄어든 것은 사실이지만, SNS 세대는 사실 종이책 대신 다른 방식으로 여전히 문학을 접하고 있다.

어떤 내용이든 140자 단문 안에 압축적으로 표현해 내야 하는 트위터는 SNS 시대 글쓰기와 글 읽기를 상징적으로 보여준다. 그리고 이를 잘 보여

트위터로 다시 쓴 세계 명작 『트위터러처』

주는 신조어가 있으니, 바로 '트위터러처twitterature'다. '트위터twitter'와 '문학literature'의 합성어인 트위터러처는 트위터를 통해 즐기는 문학, 또는 트위터를 통해 압축시킨 새로운 형태의 문학 작품을 일컫는다. 다른 말로 '140자로 즐기는 문학'이라고도 한다.[14]

'트위터러처'라는 단어는 2009년에 처음 생겼다. 당시 미국 시카고 대학교The University of Chicago에 다니던 알렉스 애시먼Alexander Aciman과 에메트 렌신Emmett Rensin이 단테Durante degli Alighieri, 셰익스피

---

[14] '트위터러처[twitterature]', 〈네이버 지식백과〉, 〈모바일 앱 박문각 시사상식사전〉.

어William Shakespeare, 조앤 롤링Joan K. Rowling 등과 같은 유명 작가들의 문학 작품들을 철자 140자 이내의 문장 20개로 요약해서 책을 한 권 출판했다. 트위터로 다시 쓴 세계 명작인 셈인데, 이 책의 제목이 『트위터러처Twitterature』(Penguin Books, 2010)였다. 이후 트위터를 활용한 문학 활동을 트위터러처라고 부르기 시작했다.

트위터 '시봇'과 '현대시봇'

현재 국내 트위터러처는 주로 '봇bot'이라는 형태로 공유되는데, 봇이란 데이터베이스에 미리 저장해 놓은 글을 특정 시간마다 자동으로 트위터에 올릴 수 있게 만든 프로그램을 말한다.[15] 문학을 다루는 문학 봇은 특정 작가의 작품 중에 일부를 발췌하여 발송하거나 작품 중 일부를 요약해 발송한다. 최근 인기를 끌고 있는 대표 문학 봇으로는 '기형도봇(@KiHyungDo_Bot)', '이육사봇(@LeeYuksa)', '괴테봇(@GoetheBot_kr)', '하루키봇(@Haruki_essay)', '황석영봇(@Hsokyong)' 등이 있다. 또 '시봇(@poeme_bot)', '현대시봇(@poetrybot_kr)', '장르소설봇(@GenreFictionBot)', '소설봇(@fiction_bot)' 등은 문학 작품을 장르별로 골라 그 일부를 자동 발송해 주는 장르 봇이다.

「조선일보」와 예스24가 2013년 7월 29일부터 8월 2일까지 예스24

---

[15] 주기적으로 상식을 알려주는 '상식봇', 유머 이야기들을 들려주는 '개그봇', 영화나 드라마 속 명대사를 알려주는 '명대사봇', 아름다운 노랫말을 알려주는 '노랫말봇' 등 특정 콘텐츠를 담고 있는 봇들이 대표적인 예다. 또 대학원생이나 연구원들을 대상으로 논문을 쓰라고 닦달하는 봇, 매시간 정각마다 '딩'이라는 글자의 개수로 시간을 알려 주는 봇, 애인이 생길 거라고 기대해도 안 생긴다고 솔로들의 염장을 지르는 멘트만 지속적으로 올리는 봇 등 소소한 재미를 추구하는 봇까지 그 장르도 다양하다.

회원 1,863명을 대상으로 트위터 봇 문화를 집중해부한 설문조사에 따르면 '시봇'은 '가장 마음에 드는 봇', '추천하고 싶은 봇' 부문에서 1위를 휩쓸었다.[16] 짧은 문장으로 함축적 의미 전달이 가능한 시의 특성이 140자 제한이 있는 트위터에서 장점으로 작용했다는 해석이다. 2013년 10월 현재 '시봇'의 팔로워 수는 36,445명에 달한다.

이처럼 짧은 텍스트가 대중에게 소구하면서 젊은 세대의 니즈와 취향에 맞게 자신만의 영역을 구축하는 작가들도 나타나기 시작했다. 트위터를 통해 인기를 얻은 대표작가는 소설가 이외수다. 그는 트위터에 직접 올린 글들 중에서도 호응이 좋은 글들만 선별해 에세이집을 출판하기도 했다. 그중에서도 『아불류 시불류』(해냄출판사, 2010)는 어플리케이션으로도 개발되어 스마트폰을 통해서도 읽을 수 있다. 140자의 짧은 글 속에 깊이 있는 내용을 함축시켜 담아내어, 젊은 독자들의 많은 호응을 얻었다. 이외수는 한 매체와의 인터뷰에서 트위터에 대해 "습작공간이자 정보공간이며 소통공간이다. 트위터에 올리는 글은 140자로 제한된다. 어떤 땐 한 시간씩 씨름한다. 살코기만 사악 발라내 접시에 올리는 그런 매력이 있다. 또 산골 사는 내게 SNS는 세상을 보는 창이기도 하다. 내게 매일 최소 10만 건의 트윗들이 올라오는데 하나도 안 빼놓고 다 읽는다"며 트위터 활용에 대한 생각을 밝힌 바 있다.[17]

이외수 작가가 트위터라는 뉴미디어를 활용해 기존의 인지도를 한층 더 굳건히 다진 케이스라면, 짧고 강렬한 메시지를 선호하는 SNS 세대의 취향에 맞춘 새로운 형식의 콘텐츠로 인지도를 얻게 된

---

[16] "詩는 죽었다? '봇' 안에 살아있네", 「조선일보」, 2013.08.09.
[17] "[허문명 기자의 사람이야기] '트위터 팔로어 130만 명' 작가 이외수", 「동아일보」, 2012.04.30.

케이스도 있다. 바로 「서울 시」 시리즈로 유명한 하상욱 시인이다. 하상욱 시인은 〈애니팡〉이 '국민게임'으로 불리며 대유행했던 2012년, 〈애니팡〉과 관련한 위트 있는 시 한 편으로 트위터리안twitterian 사이에서 회자되었고, '애니팡 시인'이라는 별명까지 얻으며 유명세를 탔다. 그의 시는 짧고 간결하다. 시인 듯 카피인 듯 길어야 네 줄, 25자를 넘지 않는다. 때문에 짧고 핵심을 좋아하는 SNS 세대의 니즈를 충족시킨다. 또 〈애니팡〉, 카카오톡, 포토샵 등 젊은 층의 트렌드와 더불어 일상 속에서 누구나 한 번쯤 느껴 봤을 만한 감정의 포인트를 잡아내 촌철살인의 메시지를 담는다. 주로 SNS를 통해 공유되고 읽히는 그의 시는 언제나 웃음과 공감을 불러일으킨다. 그의 시집은 전자책으로 무료 출간돼 많은 인기를 얻었고, 종이책 『서울시 1, 2』(중앙북스, 2013)로 출간되어 시 부문 베스트셀러에 오르는 기염을 토하기도 했다.

동영상은 좋아하는 부분만 골라 스트리밍으로

IT기기의 발전과 더불어 미디어 환경이 다양해지면서 굳이 본방송 시간에 TV 앞에 앉아 프로그램을 시청하지 않아도 원하는 건 언제든 찾아볼 수 있는 세상이 왔다. 그리고 프로그램 다운로드는 물론 인터넷 다시보기, 케이블 채널의 재방송, 모바일 다시보기 등의 방송수신 경로가 다양해지면서 TV 시청률은 점점 떨어지기 시작했다. 드라마를 예로 들면 2003년 6월 3일 지상파 3사 월화드라마 시청률 합계는 50%였던 반면, 2013년 6월 3일 지상파 3사 월화드라마 시청률 합계는 23%로 하락했다. 이를 두고 드라마 평론가이자 충남대학교 국어국문학과 교수인 윤석진 교수는 "매체 환경의 변화로 10대, 20대 젊은 층의 '본방사수'가 없어지면서 드라마 전반이 늙어 가는 경향으로 흐르고 있다"고 진단했다.[18]

드라마뿐만이 아니다. 10~20대가 주 시청자층인 음악 프로그램들도 시청률 고전을 면치 못하고 있다. 한때 음악 프로그램들이 높은 인기를 얻던 시절, 〈SBS 인기가요〉는 14.1%의 시청률(2009년 8월, TnmS·전국 기준)을 기록하기도 했다. 하지만 2013년 9월의 시청률은 2.2%대로 하락했다. 유튜브를 통해 좋아하는 가수의 무대만 골라 소비할 수 있게 된 뉴미디어 환경의 변화 덕분이다. 최근 동영상 콘텐츠가 소비되는 방식에 있어 주목할 만한 조사 결과가 발표돼 눈길을 끈다. 2013년 9월에 에릭슨 컨슈머랩이 발표한 소비자 인사이트 요약 보고서 「TV and Media 연구 2013」에 의하면 방송을 보기 위해 콘텐츠를 '다운로드'하는 이들이 부쩍 줄고 있다고 한다. 파일 전체를 다운로드해 감상하기보다는 유튜브, 넷플릭스Netflix, 티빙tving, 푹pooq 등의 사이트에서 '스트리밍'으로 보는 것이 보편화되고 있다는 것이다. 세계적인 추세로도 다운로드 비율은 2년 전 38%에 이르던 것이 2012년 35%로, 올해는 다시 29%로 줄었다. 국내는 더 가파르게 떨어지고 있다. 영상을 다운로드해 보던 44~45%의 이용자가 올해 들어 17%로 눈에 띄게 줄었다.[19]

이러한 수치는 요즘 젊은 세대들이 특정 프로그램을 처음부터 끝까지 모두 집중하여 시청하지 않는다는 것을 의미한다. 그들은 이

---

[18] "갈수록 초라해지는 시청률 왜?", 「문화일보」, 2013.06.24.
[19] "방송 유통의 새 흐름, 스트리밍과 VOD", 「블로터닷넷」, 2013.10.01.

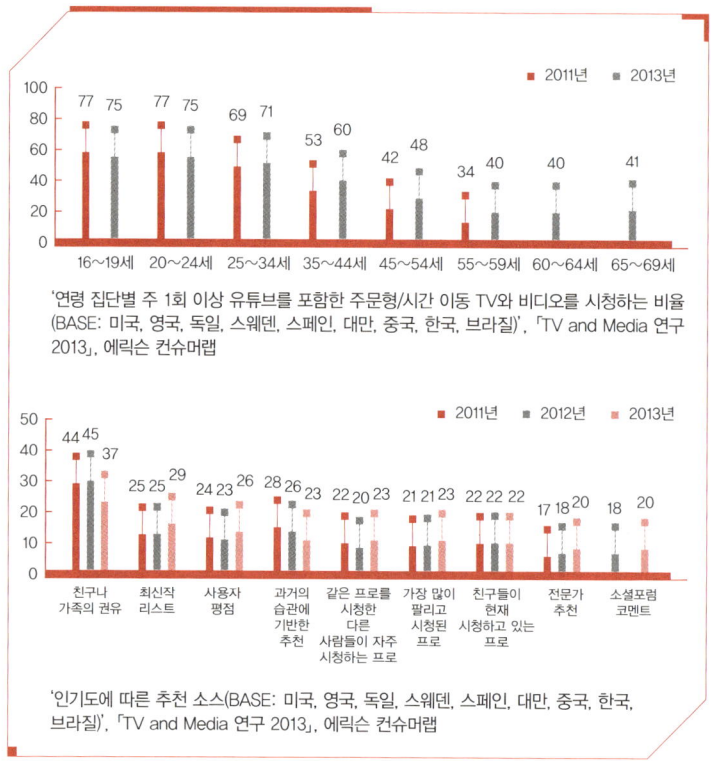

'연령 집단별 주 1회 이상 유튜브를 포함한 주문형/시간 이동 TV와 비디오를 시청하는 비율(BASE: 미국, 영국, 독일, 스웨덴, 스페인, 대만, 중국, 한국, 브라질)', 「TV and Media 연구 2013」, 에릭슨 컨슈머랩

'인기도에 따른 추천 소스(BASE: 미국, 영국, 독일, 스웨덴, 스페인, 대만, 중국, 한국, 브라질)', 「TV and Media 연구 2013」, 에릭슨 컨슈머랩

동시간이나 여가시간을 이용하여 스마트폰 등으로 자신이 선호하는 특정 장면만을 찾아 시청한다. 〈KBS2 개그 콘서트〉, 〈tvN SNL KOREA〉 등처럼 코너가 나뉜 프로그램일수록 클리핑된 영상을 찾는 현상은 심화된다. 시청자들은 더 이상 재미있다고 느끼는 코너와 흥미가 떨어지는 코너를 처음부터 끝까지 모두 시청할 필요를 느끼지 못하는 것이다. 특정 코너에 관심 있는 게스트가 나왔을 때, 혹은 주변의 친구나 가족 등의 지인들로부터 어떤 코너가 재미있다고 추천 받았을 때 TV 방영이 끝난 후 그 부분만 편집된 부분을 유튜브 등에서 찾아보면 더 효율적이기 때문이다. 매회 다른 게스트가

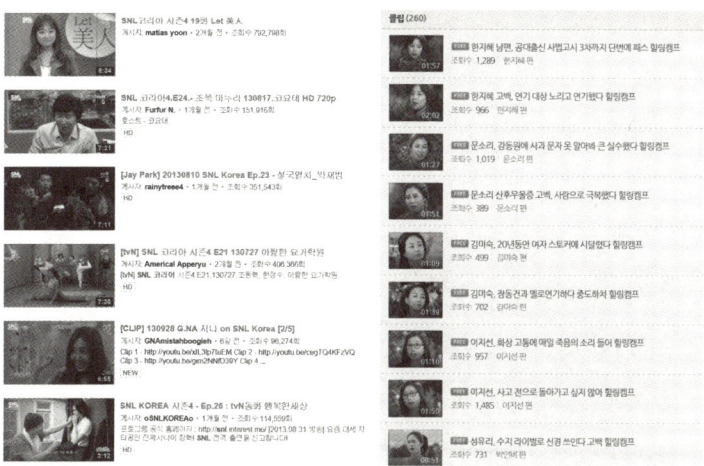

스트리밍 사이트 유튜브와 티빙에 올라온 예능 프로그램의 클립 영상들

출연하는 예능 프로그램 〈MBC 황금어장 - 라디오 스타〉나 〈SBS 힐링캠프, 기쁘지 아니한가〉 같은 토크쇼의 경우에도 스트리밍 사이트 이용률이 높다. 게스트가 이야기하는 내용 중에서도 특정 부분을 골라 10분 내외로 클리핑된 동영상들이 인터넷에 빠르게 업로드되기 때문이다. 클리핑된 편집본의 제목만 보고 끌리는 내용만 선택해 볼 수 있기 때문에 이들 편집본들은 전체 영상보다 조회 수가 더 높을 때가 많다. 때문에 인기 있는 TV 프로그램들의 경우 실제 시청률이 낮더라도 SNS상에서는 인기를 얻고 널리 공유될 때도 있다.[20]

---

[20] "2013년 10월, 닐슨은 트위터 사용자들의 트윗(언급) 빈도와 이들 트윗의 가독성 등을 평가해 7일 미국 TV 프로그램들에 대한 새로운 순위를 선보였다. 그 결과 기존 시청률 조사에서 수위를 차지했던 프로그램과 온라인 '입소문'이 많이 난 프로그램 사이에는 차이가 있는 것으로 나타났다. 인기 드라마 〈브레이킹 배드(Breaking Bad)〉의 마지막 회에 대한 트윗들은 930만 명이 읽은 것으로 나타나 트위터 인기순위 1위를 차지했다. 하지만 이 드라마의 TV 시청률은 6위에 그쳤다. …트위터나 페이스북 같은 SNS가 미디어 소비행태에도 영향을 미친다는 것은 알려져 있지만, 주요 조사기관이 트위터 같은 SNS를 기반으로 TV 프로그램을 평가하는 것은 처음이다.… 이번 조사 결과는 온라인에서의 입소문도 프로그램의 인기를 평가하는 데 중요한 지수가 될 수 있음을 보여준다고 「월스트리트 저널」 등은 전했다.", "미국 TV 프로그램 평가에 트위터 첫 반영", 「경향신문」, 2013.10.08.

일상의 공유에서 콘텐츠 놀이터로, 페이스북

　페이스북에서도 특정 글이나 동영상들의 발췌와 요약을 주 콘텐츠로 하는 페이지가 인기를 얻고 있다. 스마트폰이 보편화되고 사람들이 커뮤니티보다는 SNS를 주로 사용하면서 원래 인터넷 커뮤니티 게시판에 게재되던 내용들이 페이스북으로 넘어오게 된 것이다. 이 페이지들은 기업이 마케팅 용도로 사용하기도 하고, 개인이 취미로 운영하기도 하는 것들인데 짧은 유머 글이나 재미있는 이미지, TV 프로그램이나 영화 등의 하이라이트 장면에 이르기까지 그 종류도 다양하다. 그리고 웹상의 게시판에서 페이스북으로 넘어오는 과정에서 콘텐츠들은 좀 더 짧아지고 압축적인 양상을 띠게 되었다.

　트위터가 140자의 텍스트를 통해서만 표현해야 하는 한계가 있다면 페이스북은 좀 더 긴 텍스트와 사진, 동영상을 추가할 수 있어 다양한 유형과 양상을 띤다. 처음엔 주로 맛집, 미술관이나 전시회, 행사장 등 자신의 소소한 개인의 일상을 기록하고 공유하는 용도로 사용되었던 페이스북의 뉴스피드는 언제부턴가 콘텐츠들을 클리핑해 보여주는 페이지들로 뒤덮이기 시작했다. 인터넷 게시판이 특정 마니아 취향을 가진 사람들이 모여 끼리끼리의 커뮤니티 문화를 형성하는 추세로 변화되고 있는 반면, 페이스북은 특별한 취향 없이도 누구나 쉽게 공감하고 편하게 즐길 수 있는 콘텐츠 놀이터로 거듭나고 있는 것이다.

　페이스북 내 클리핑된 콘텐츠를 주로 게시하는 대표적인 페이지로는 영화의 명장면이나 명대사, OST, 영화 예고편 등을 소개하는 '영화는 방울방울'과 '영화공장', 가슴을 울리는 책 속, 영화 속 한 마디와 감동적인 명언과 글귀를 클리핑해 올리는 '내 꿈아', '밑줄' 같은 페이지들이 있다. 또 유머러스한 사진이나 동영상 등을 올리는

'님이 미쳐 날뛰고 있습니다', '세상에서 가장 웃긴 동영상' 등의 페이지들과 대학생이라면 누구나 공감할 만한 콘텐츠가 올라오는 '대학의 정석', '여대생의 정석' 등도 20대 사이에서 인기를 얻고 있다. 이들 페이지에 '좋아요'를 누른 사람들은 각 페이지마다 적게는 3만 명부터 많게는 130만 명 정도 된다.

페이스북은 요즘 젊은 층들에게 있어 어떤 문화 코드가 인기를 끌고 있는지, 나와 비슷한 취향을 가진 지인들은 요즘 어떤 콘텐츠들을 보면서 지내는지 가늠하는 중요한 잣대로 작

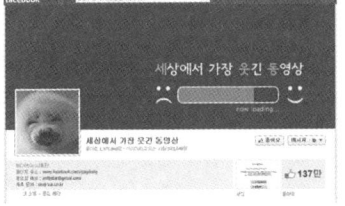

20대 사이에서 인기를 얻고 있는 페이스북 '영화는 방울방울'과 '세상에서 가장 웃긴 동영상' 페이지

용한다. 내 친구가 '좋아요'를 누른 페이지나 '공유'를 누른 페이지는 한 번쯤 관심을 가지고 보게 되는 것이다. SNS 세대들은 '좋아요'와 '공유'뿐 아니라 댓글에 '좋아요', '태그', '체크인', '친구 소환' 등 다양한 기능들을 통해 적극적으로 콘텐츠를 소비하고 공유한다. 특히 예전에는 한 번의 포스팅에 하나의 사진과 텍스트만 올리는 것이 가능했던 반면 최근엔 한 번의 포스팅에도 여러 개의 사진을 업로드할 수 있게 되어 여러 장의 사진을 오른쪽에서 왼쪽으로 밀면서 넘겨 볼 수 있다. 기능이 개선된 이후 최근에는 스토리가 연결되는 다양한 이미지들을 넘겨 볼 수 있는 콘텐츠도 하나둘 제작되기 시작

했다. 이는 흡사 짧은 그림책 같은 느낌을 주는데, 이 기능을 이용해 드라마나 영화의 하이라이트 장면을 이미지 몇 장으로 재구성한 콘텐츠도 인기를 끌고 있다.

클리핑 세대를 사로잡기 위한 움직임들

각 기업과 미디어들은 날이 갈수록 클리핑된 콘텐츠에 익숙해지는 젊은 세대들을 사로잡기 위해 다양한 노력을 하고 있다. 클리핑과 관련된 새로운 서비스들을 출시하는가 하면 짧고 강력한 메시지를 전달하는 다양한 마케팅 방식을 선보이기도 한다. 정보의 홍수 속에서 개개인이 관심 있는 양질의 콘텐츠들만 선별해 제공하는 큐레이팅 서비스들과 맥락을 같이 한다고 볼 수 있다.

한 번 써 볼까? 클리핑 서비스

클리핑 서비스 중 대표적인 유형은 PC와 스마트폰에서 얻은 정보들 중에 원하는 정보만 간추려 저장하고 공유함으로써 나중에 참고할 수 있도록 만든 정보관리 서비스들이다. 클라우드 기반[21] 메모 앱이나 서비스들 중 가장 널리 쓰이는 것은 '에버노트Evernote'다. 에버노트에는 '웹 클리퍼Web Clipper'라는 기능이 있는데 말 그대로 웹에 있는 정보들을 클리핑해서 저장할 수 있는 도구다. 웹 콘텐츠를 섹션별로 나누어 저장하거나 URL을 담을 수 있는 것은 물론 스

---

[21] 스마트폰, PC 등 한 기기에서 메모를 작성할 경우 다른 플랫폼과도 동기화가 가능한 기술.

크린 캡처 및 간단한 이미지 편집, 마킹까지 가능하다.

국내에서도 다양한 종류와 기능의 자료 정리 앱들이 속속 개발되고 있다. '클립클립 ClipClip'은 PC 및 모바일 화면에서 원하는 텍스트나 이미지를 드래그해 저장하면 스마트폰에서 확인할 수 있는 서비스다. 웹페이지뿐만 아니라 워드프로세서나 파워포인트 등 모든 PC 자료를 깔끔하게 클리핑할 수 있고, 클리핑한 내용을 친구에게 보낼 수도 있다. '클립픽 ClipPick'은 '카피&페이스트 Copy&Paste' 서비스로 PC나 스마트폰에서 원하는 글이나 이미지를 복사하면 앱이 설치된 다른 기기에서 바로 '붙여넣기'할 수 있다. 유용한 정보가 있는 웹사이트의 원하는 위치에 포스트잇처럼 메모를 붙이는 '메모디스 MemoThis'는 친구와 공유하고 대화할 수 있는 서비스다. 나중에 해당 웹페이지를 방문하면 메모가 나타나 기억을 되살린다.

유저가 직접 중요한 정보를 클리핑할 수 있는 서비스 외에 특정 콘텐츠에서 핵심 내용을 간추려 주는 서비스도 생겨나고 있다. 무료로 다

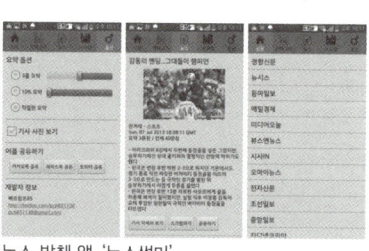

뉴스 발췌 앱 '뉴스썸머'

운 받을 수 있는 앱 '뉴스썸머 Newsummer'는 2013년 한 국내 개발자가 만든 앱이다. 국내 약 20여 개 신문매체를 카테고리별로 정리하고 발췌해 주며, 요약 옵션에서 자신의 취향에 따라 '세 줄 요약', '10% 요약', '적절한 요약'을 선택해서 볼 수 있다. '텍스트랭크 TextRank' 알고리즘으로 문장별로 점수를 매겨서 핵심 문장을 골라내는 시스템이기 때문에 '요약'이라기보다는 '발췌'에 가깝다. 사람이 직접 발췌하는 것에 비하면 완성도는 낮지만 앞으로의 발전 가능성 때문에 기대를 얻고 있다.

또 트위터가 1월에 출시한 비디오 클리핑 서비스 '바인vine'도 흥미로운 앱이다. 바인은 유저가 스마트폰으로 직접 찍은 동영상을 공유하는 SNS인데, 동영상 하나당 6초라는 시간제한이 있다. 바인은 화면에 손가락을 터치하고 있는 동안만 촬영이 된다는 게 특징이다. 화면에서 손을 떼면 촬영이 정지되기 때문에 유저는 손가락을 뗐다 붙였다 하며 6초 안에 여러 장면을 촬영, 연결하여 별다른 기술 없이도 편집 작업이 완료된 동영상을 완성할 수 있다. 현재 바인은 전 세계 이용자 수가 4천만 명을 넘어선 상태다.

동영상 촬영 및 공유 SNS '바인'

이 밖에도 구글, 페이스북, 유튜브 등이 동영상과 관련된 신규 서비스들을 잇따라 발표했다. SNS 업체들은 텍스트에서 이미지로, 이제는 다시 이미지에서 동영상에 주목하며 사용자들이 좀 더 쉽고 편리하게 사용 가능한 여러 서비스들을 개발하는 중이다.

귀로 듣는 책과 10분짜리 드라마, 실험적인 콘텐츠들의 등장

모바일 사용량의 증가와 더불어 달라지는 취향의 20대의 눈과 귀를 사로잡기 위한 실험적인 콘텐츠들도 많이 생기고 있다. 그중 2013년에 가장 눈에 띄는 것은 '책 소개 팟캐스트'[22]와 'SNS 드라마'다.

책과 멀어지는 독자들을 불러 세우기 위해 출판사들은 '귀로 들

---

[22] 팟캐스트는 인터넷망을 통해 제공되는 오디오, 비디오 방송이다. 제작자가 녹음한 내용을 올리면 관심 있는 사람들이 스마트폰이나 컴퓨터를 통해 내려받은 후 아무 때나 들을 수 있다. 방송시간에 맞춰 들을 필요가 없는 것이 장점이다.

   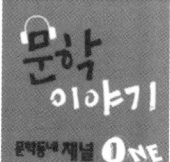

책을 '들려주는' 팟캐스트들

는 책'의 가능성에 주목하기 시작했다. 책 소개 팟캐스트의 선두주자는 이동진 영화평론가가 진행하는 〈빨간 책방〉이다. 출판사 위즈덤하우스에서 지원해 2012년 처음 선보인 이 팟캐스트는 2013년 7월 현재 다운로드 횟수 1,540만을 돌파했다. 진행자인 이동진 영화평론가와 고정 게스트인 김중혁 작가가 회마다 특정 책을 선정, 자유롭게 주고받는 찰진 수다가 이 팟캐스트의 인기 비결이다. 기존의 책 관련 방송들이 대부분 엄숙하거나 진지했던 반면 〈빨간 책방〉에서 이루어지는 두 남자의 수다는 형식과 내용 면에서 모두 경쾌하고 듣는 재미를 준다. 대본에 따르지 않고 각자가 책을 읽고 와서 감상 포인트를 나누는 식이다. 특정 출판사의 신간 홍보에 얽매이지 않고 진행자의 취향에 따라 다양한 영역의 책을 소개해 주는 것도 매력적이다.

〈빨간 책방〉이 큰 인기를 끌면서 다른 출판사들도 팟캐스트 제작에 뛰어들었다. 창비는 2월부터 경북대학교 법학부 김두식 교수와 황정은 작가가 진행하는 〈라디오 책다방〉을 시작했고, 문학동네는 7월부터 〈문학동네 채널1〉에서 신형철 문학평론가가 고른 문학 작품을 소개하고 있다. 포맷은 모두 비슷하다. 진행자가 책을 선정해 자유롭게 소개하고, 작가나 문화계 인사들이 초대 손님으로 나와 함께 소감을 나누기도 한다.

출판사의 팟캐스트 외에 작가나 독자가 직접 운영하는 팟캐스트도 인기다. 비교적 제작비가 적게 들고, 자유로운 형식으로 만들 수 있어 제작의 진입장벽이 낮다는 점도 팟캐스트 제작 열풍을 부추겼다. 김영하 작가의 〈책 읽는 시간〉, 책 전문 인터넷 방송 북디오의 〈책 읽는 라디오〉, 북카페 주인이 운영하는 〈꿈타장의 유혹하는 책읽기〉도 예술 분야 팟캐스트의 순위권 내에 포진해 있다. 이 같은 책 관련 팟캐스트들의 등장에 대해 한양대학교 기초·융합교육원 이권우 특임교수는 "팟캐스트는 계몽하거나 권위를 내세우지 않고 동의를 구하는 매체라는 점에서 젊은 세대의 문화의식과 통한다"며 "카메라 앞에 서는 훈련이 필요하고 형식적 제약이 있는 텔레비전보다는 자유롭게 이야기할 수 있는 팟캐스트가 저자, 편집자 등 책과 관계된 사람에게 훨씬 친숙한 매체"라고 말했다.[23]

이처럼 듣는 책이 생기는가 하면 새로운 형식의 드라마도 등장했다. 'SNS 드라마'는 TV가 아닌 유튜브, 페이스북, 포털사이트 등에서 SNS 환경을 통해 전달되는 드라마다. 광고나 홍보 영상으로 제작 예정이었던 아이템들이 드라마 형태로 영상화되었고, 이것이 점차 확대돼 SNS 드라마라는 형태의 새로운 장르로 탄생했다.[24] SNS 드라마는 회당 10분 내외, 총 6부작 내외로 짧게 진행되는 것이 특징이다. 짧은 방송시간 덕에 사전제작되고, 그만큼 완성도도 높다. 2013년 2~3월에는 조윤희, 정겨운, 최원영 주연의 〈러브 인 메모리〉가, 7월에는 한재석, 가희, 이완 주연의 〈아직 헤어지지 않았기 때문에〉가 네이버 TV캐스트를 통해 방영되며 시청자들의 관심을 받았다.

연예기획사 판타지오가 제작한 〈방과후 복불복〉은 '드라마툰'이

---

[23] "[책과 삶] 듣는 맛의 '팟캐스트', 책 읽는 맛을 돋울까", 「경향신문」, 2013.02.15.
[24] "TV에선 못 보는 SNS 드라마 아세요", 「이투데이」, 2013.07.23.

SNS 드라마 〈러브 인 메모리〉

SNS 드라마 〈아직 헤어지지 않았기 때문에〉

드라마툰 〈방과후 복불복〉

라는 독특한 장르를 내세웠다. 드라마와 웹툰의 합성어인 '드라마툰'은 정통 드라마하고는 다르게 색다른 재미를 추구하는 웹툰의 성격에 무게를 두는 것이다. 〈방과후 복불복〉은 얼떨결에 '뽑기부'에 초대돼 부장 완장을 차게 된 김소은과 재기발랄한 다섯 명의 꽃미남 뽑기부원 멤버들이 벌이는 좌충우돌 미션 수행기를 담았다. 황당하면서도 독창적인 설정과 B급 '병맛 코드'로 인기를 얻은 이 작품은 2013년 9월 한 달간 월, 수, 금 오전 8시에 네이트와 모바일 채널 티스토어, 호핀, Btv 등을 통해 방영되어 45만 뷰를 넘기기까지 했다. 또 중국의 유튜브라 불리는 포털사이트 소후닷컴에서도 공개됐는데 약 600만 뷰를 기록하며 한류 드라마 부분 시청률 1위를 석권하기도 했다. TV 드라마가 아닌 SNS 드라마가 이루어 낸 이례적인 성과이기에 각 미디어 업계의 관심이 쏠렸음은 당연하다.

이들 방송의 가장 큰 장점은 바쁜 현대인들이 원하는 시간대에 원하는 단말기로 편하게 방송을 시청할 수 있도록 제작, 방영된다는 것이다. 뿐만 아니라 짧은 러닝타임의 장점과 함께 지상파 TV에 비해 독특하고 참신한 설정과 높은 완성도도 인기를 얻는 데 한몫하고 있다.

SNS 드라마 유통채널 네이버 TV캐스트 담당자는 "국내에서도 소규모 또는 독립제작사들이 영상을 만들어 온라인을 통해 전파, 공유하는 사례가 빈번해지고 있다"며 "스마트폰의 대중화로 시간과 공간의 제약이 없는 온라인 환경에서의 영상 소비가 높아졌다. 특히 드라마 장르는 일반인에게 다가서기 쉽기 때문에 확산이 용이한 SNS를 타깃 삼아 온라인 전용으로 제작하는 것으로 보인다"고 현상에 대해 설명했다.[25]

없는 게 없는 장터! 새로운 콘텐츠 플랫폼의 탄생

2013년에 나타난 콘텐츠 산업계의 가장 큰 변화 중 하나는 새로운 콘텐츠 유통 플랫폼의 출현이다. 기존에 종이책을 읽거나 TV 앞에 앉아 있기만 했던 세대들이 좀 더 빠르고,

SK플래닛의 T스토어 연재소설 서비스

간편하게 콘텐츠를 접할 수 있는 새로운 플랫폼에 대한 니즈가 반영된 결과다. 2013년 8월, 연재소설 서비스를 시작한 SK플래닛 T스토어에서는 기존 작가들의 신작과 장르소설 작가들이 쓴 소설들을 읽

---

[25] "TV에선 못 보는 SNS 드라마 아세요", 「이투데이」, 2013.07.23.

을 수 있다. 작가와 작품을 섭외하기 위해 SK플래닛은 자음과모음, 바로북과 제휴를 맺었다. 작품당 일주일에 한 번 A4 3~4장 분량이 올라가고, 연재가 끝난 작품은 전자책과 종이책으로 출간되는 형식이다. 이재환 SK플래닛 플랫폼비즈니스사업본부장은 "T스토어 '연재소설' 서비스는 이용자에게 다양한 콘텐츠를 제공하고, 중견작가에게는 스마트기기를 쓰는 독자와 실시간으로 소통하는 새로운 플랫폼을 제공한다는 데 의미가 있다"라고 말했다.[26]

다음의 모바일콘텐츠 서비스 '스토리볼'

새로운 플랫폼은 국경의 장벽도 초월한다. 프랑스보다 한국에서 더 유명한 프랑스 작가 베르나르 베르베르Bernard Werber는 신작소설 『제3인류 1, 2』(열린책들, 2013) 연재를 한국에서 최초로 시작했다. 이 소설은 다음의 모바일콘텐츠 서비스 '스토리볼'과 예스24 'e연재'에서 10월 7일부터 20일간 매일 한 편씩 연재됐다. 스토리볼은 모바일 전용 콘텐츠 서비스로 신진작가와 각 분야 전문가들이 기획, 제작한 콘텐츠를 연재한다. 별도의 다운로드 없이 다음 앱과 모바일 웹에서 감상할 수 있다.

마지막으로 카카오톡이 론칭한 '카카오 페이지'는 누구나 자유롭게 콘텐츠를 만들어 사고파는 '개방형 장터'를 표방한다. 문학, 텍스트, 웹툰 이미지, 오디오 등 약 8,000여 편의 디지털 콘텐츠가 모여 있다. 일반인은 연회비 5만 원, 법인은 10만 원을 결제하면 판매자로 등록되며, 수익의 50%는 창작자가, 20%는 주식회사 카카오가 가진

[26] "T스토어, 요일별 소설 연재 시작", 「블로터닷넷」, 2013.08.29.

개방형 콘텐츠 장터 '카카오 페이지'

다. 모바일 북은 대부분 이미지들로 채워져 있어 지겹지 않게 읽을 수 있으며 때로는 동영상과 일러스트, 배경음악까지 곁들여진다. 스마트폰에 최적화된 사용자 UI를 구현해 장편소설도 읽기에 부담이 없으며, 팟캐스트처럼 보관함에 담아두고 일정기간 대여 형태로도 구독 가능하다. 내가 구매한 소설을 카톡 친구와 함께 읽을 수도 있다.[27] 카카오 페이지는 아마추어 작가들에게도 열려 있다는 점에서 다른 플랫폼과 차별화된다. 등단이나 오프라인 출간 대신 전자책으로 등단하려는 아마추어 작가들이 카카오 페이지의 입성을 노리고 있다.

---

[27] "포털에 신간 연재한 조정래… 터치세대 열광 소설가들은 왜 모바일로 갔을까?", 「매일경제 Citylife」, 제378호 2013.05.15.

클리핑 신드롬,
또 다른 창작과 재생산을 꿈꾸다

2012년에 큐레이션 서비스들이 등장하고 각광 받기 시작했다면 2013년에는 선별된 콘텐츠를 발췌, 요약하는 클리핑이 중요한 키워드로 등장한 한 해였다. 스마트폰이나 태블릿 PC 등을 사용해 언제 어디서나 쉽게 접근할 수 있는 콘텐츠, 바쁜 일상 속에서 빠르게 즐길 수 있도록 핵심만 골라 압축된 콘텐츠, 주변 지인들을 통해 재미가 검증된 콘텐츠 등 클리핑 콘텐츠를 선호하는 경향은 젊은 세대로 내려갈수록 뚜렷해지고 있다.

클리핑의 중요성이 부각된 환경에는 크게 두 가지 요인이 있다. 첫 번째는 자신에게 무용한 정보의 홍수 속에서 검증된 양질의 정보를 골라내야 할 필요성이 생겼다는 것과 두 번째로 정보들을 접하게 되는 주 경로가 모바일기기에 집중되기 시작했다는 것이다. 일상에서 스마트폰을 활용해 다양한 정보를 빠른 속도로 접하는 SNS 세대들에게는 자신에게 유용한 정보를 잘 클리핑하고, 그렇게 모인 정보들을 잘 수용하는 것이 무엇보다 중요한 화두가 되었다. 이에 따라 효율적으로 클리핑할 수 있는 각종 서비스와 앱들이 속속 론칭되고, SNS 드라마처럼 기획 단계부터 젊은 세대들을 고려해 제작되는 콘텐츠들도 새롭게 만들어지고 있다. '인포그래픽 Infographics'처럼 많은 정보를 한눈에 보기 쉽게 표현한 이미지 콘텐츠도 점차 그 영역을 넓혀 가고 있다.

클리핑은 많은 것이 복잡하고 빠르게 돌아가는 사회에서 효율성을 극대화하기 위해 드러나는 현상이다. 그리고 그 이면엔 아직 드러내기 조심스러운 부분이 있는 것도 사실이다. 전반의 맥락은 이해하지 않은 채 일부분만 소비되는 콘텐츠는 의미 전달에 한계가 있기 때문이다. 또 짧고 강렬한 메시지의 선호 현상은 자칫 자극적인 콘텐츠 위주의 시장이 형성되고 유통되는 흐름을 만들 가능성도 내포하고 있다. 짧은 시간 안에 조금이라도 더 자극적인 내용을 표출해야 사람들의 시선을 사로잡을 수 있기 때문이다. 또 저작권 문제도 해결되어야 할 문제 중 하나다. 한때 '좋아요' 100만 명을 넘으며 대한민국 전체 페이스북 페이지 5위, 엔터테인먼트 페이스북 페이지 중 1위에 랭크되기도 했던 '피키캐스트'의 경우 2회에 걸쳐 삭제 및 비공개 전환 조치되며 저작권 관련 논란에 휩싸이기도 했다.

그럼에도 불구하고 이미 젊은 세대들에게 있어 클리핑은 IT기기의 발전과 뉴미디어 산업의 확장에 따라 자연스럽게 체득하는 하나의 생활방식이 되었다. 이로 인해 창작에서 유통까지의 과정이 길고 복잡했던 과거에 비해 콘텐츠 창작자와 소비자가 보다 빠르게 양 방향으로 소통할 수 있게 되었고, 새로운 플랫폼을 통해 저변에 있던 작가들에게 재능을 발휘할 수 있는 기회가 주어질 수 있었다. 2014년에는 클리핑 신드롬을 활용한 다양한 콘텐츠 생산과 더불어 광고와 마케팅 등 홍보의 장을 개척하는 것이야말로 기업들이 당면한 숙제가 될 것이다. 더불어 클리핑이 단순한 현상으로 끝나는 것이 아니라 다른 콘텐츠로의 창작과 소비, 재생산으로 이어지는 가교로 발전하기 위해서는 콘텐츠 제작자와 수용자 모두의 노력이 필요할 것이다.

Ego Mirroring

리얼하게 나와 맞서다

아직도 힐링healing은 여전히 20대의 불안한 마음을 감싸 안고 있지만,
이미 힐링으로 마음의 안정을 되찾은 청춘들은
다음 액션을 위한 준비운동을 시작했다.
어디론가 발걸음을 떼기 전에 지도를 보고 방향을 잡는 것처럼
자신을 들여다보고 본인이 무엇을 원하는지,
나의 장단점은 무엇인지 현재 내 상태를 파악하기 위해 움직였다.

긍정적인 힐링 메시지에 취해 있기보다 좀 더 현실적이고
냉정한 충고를 찾아 듣기 시작했으며,
자기 자신에 대한 믿음을 키워 나갈 수 있는
익스트림 스포츠Extreme Sports에 대한 관심이 증가했다.
또 다른 사람들에게 보여주는 허세 덩어리 '나'를 버리고,
좀 더 솔직하고 나의 가치로 소통할 수 있는 커뮤니케이션 방법을 찾았다.
힐링의 메시지로 얻은 긍정적인 기운을 가슴에 품고,
일상에서도 행복의 기운을 이어 나가며 미래를 바라보았다.
내가 나를 만나고 나서야 진짜 도전을 시작할 수 있다.

힐링과 도전 사이 '나'

'캥거루족', '연어족', '헬리콥터족', '이태백', '88만 원 세대', '삼포 세대' 등 2000년대에 접어들어 청년실업문제가 사회문제로 심각하게 대두되면서 2030세대를 지칭하는 신조어들이 많이 탄생했다. 이 신조어들은 취업난으로 인해 부모로부터 경제적 독립을 하지 못하거나, 아르바이트나 계약직을 전전하며 저임금을 받고 있는 세태가 반영된 슬픈 별명들이다. 2000년대 초반부터 시작된 청년실업문제는 10여 년이 지나도록 크게 달라지지 않고 오히려 더 극심해졌다. 요즘 대학생들은 천정부지로 치솟은 등록금을 벌기 위해 아르바이트 전선을 떠날 수 없고, 이 와중에도 취업용 스펙 쌓기를 위한 온갖 자격증과 어학연수, 공모전 참가 경험을 만들어야 한다. 이런 노력에도 불구하고 여전히 현실은 취업난에서 벗어나지 못하고 있는 것이 사실이다.

이렇게 패배주의와 불안감이 팽배해진 사회에 위로 메시지를 던지는 힐링의 등장은 당연하듯 보인다. 서울대학교 소비자아동학부 김난도 교수가 집필한 『아프니까 청춘이다: 인생 앞에 홀로 선 젊은 그대에게』(쌤앤파커스, 2010)를 필두로 2011년쯤부터 청춘을 위로하는 바람은 대한민국을 뒤덮었다. 늦어도 괜찮다, 지금 잘하고 있다며 심리적 안정을 주입하고자 하는 메시지들이 사회 전반에 확산되었다. 캠퍼스는 물론 출판계, 문화계, 기업 마케팅 등 사회 전반적으로 청춘을 향한 힐링이 대세였다. 2012년 『20대를 읽어야 트렌드가 보인다: 그들을 사로잡는 9가지 트렌드』(대학내일20대연구소 저, 도서출판 하다, 2012)에서도 「Where is healing, All that healing: 청춘힐링의 모든 것」이라는 제목으로 힐링에 대해 다룬 바 있다.

하지만 막상 힐링은 아무것도 해결해 주지 못했다. 힐링 바람에도 시대는 변하지 않았고 현실에 처한 문제점은 계속 청춘들의 어깨를 짓눌렀다. 일단 힐링으로 위안 받긴 했지만 당장 현실을 극복해야 하는 숙제는 결국 각자의 몫으로 고스란히 남아 있었다. 그러다 보니 힐링으로 마음의 안정을 되찾은 청춘들은 다시 현실로 눈을 돌렸고, 힐링에서 얻은 메시지를 발판 삼아 현실적으로 내가 해야 할 일, 내가 하고 싶은 일을 찾기 위해 자신을 진단하며 당장 직면한 활동을 시작했다. 꿈을 찾고 도전하기 위한 숨 고르기로 '나'를 돌아보는 것이다. 있는 그대로의 자신을 인정하고, 자신이 원하는 것을 찾고, 자신의 가능성과 한계에 대한 진단에 나선 것이다.

20대가 자신을 점검하는 이른바 '자기직면활동'을 시작한 이유에는 채용시장 변화라는 영향도 있다. 2013년 국민은행 채용에서는 학력, 전공, 연령에 제한을 두지 않았을 뿐 아니라 자격증, 해외연수 입력란 등도 입사지원서에서 삭제했다. 공공기관들도 스펙보다는 능력을 중심으로 인재를 선발하는 문화를 이끌고 있다. SK그룹은 오디션 방식의 채용제도인 '바이킹 챌린지'를 선보였고, 한국마사회, 한국산업인력관리공단 등 공공기관에도 오픈 채용 대열에 합류했다. 채용 트렌드가 성적, 영어능력 같은 스펙 중심에서 개인의 능력, 역량, 경험을 중시하는 방향으로의 전환은 '스펙 파괴'로 이어졌고, 스펙의 빈자리는 진짜 자신의 이야기로 채울 수밖에 없어졌다. 이제 취업을 위해서는 내가 어떤 가치관을 가지고 있는지, 그림을 그리고 있는 꿈은 무엇인지 보여줘야 한다. 이런 채용시장의 대세에 맞춰 20대는 자신이 진짜 무엇을 원하는지 찾고, 자신만의 이야기를 만들기 위해 나 자신에 더욱 집중할 수밖에 없다.

수전 케인Susan Cain의 『콰이어트: 시끄러운 세상에서 조용히 세상을 움직이는 힘, Quiet』(알에이치코리아, 2012)는 간디Mahatma

Gandhi, 로자 파크스Rosa Parks, 워런 버핏Warren Buffett, 앨 고어Al Gore 등 중대한 발자취를 남긴 사람들이 가진 내향성이 사회와 만날 때 어떤 성과를 냈는지 분석했다. 잘 놀고, 말 잘하고, 사교적이고, 리더십 있는 외향적인 인간이 우월하다는 인식에 돌을 던지며 내향적인 성격이 가진 경쟁력에 집중했다. 사회가 추구하는 외향적인 성향을 갖추려고 자신의 본능(?)까지 고치려 했던 청춘들에게 그 부담감에서 벗어나도 충분히 경쟁력이 있다고 이 책은 말한다. 현실적인 조건과 환경 때문에 자신에 대한 믿음을 온전히 가질 수 없었던 청춘들은 이로써 다시 한 번 자신에게 보다 집중해야 한다는 사실을 깨달았다.

독설이 돌아왔다

20대 젊은이들은 냉정한 현실 속에서 힐링이라는 따뜻한 엄마 손길로 위로를 받고, 다시 마음을 다잡아 살벌한 생존 경쟁에 뛰어들었다. 엄마 같은 따스함보다는 현실적인 충고와 내면을 자극하는 아빠 같은 멘토mentor를 찾았다. 힐링의 다음 주자로 '독설'이 배턴을 이어받은 것이다. 유수연, 석지영, 김미경 등 그간 힐링에 익숙했던 청춘들에게 주저 없이 독설을 날리는 이들이 2013년 시대적 멘토로 떠올랐다.

연봉 10억의 스타강사 유수연은 청춘들에게 이미 독설을 날리는 멘토로 유명하다. 2012년 〈tvN 스타특강쇼〉 2회에 등장해 청춘들에게 거침없이 독설을 퍼부은 토익강사 유수연은 『유수연의 독설: 홀로 독(獨) 불사를 설(爇), 가장 나답게 뜨겁게 화려하게』(위즈덤하우스, 2012)라는 책을 내놓으며 청

책 『유수연의 독설』

춘들에게 독설을 퍼부었다. 유수연은 2013년 6월에 다시 한 번 〈tvN 스타특강쇼〉에 출연하면서 확실한 청춘멘토로 등극했다. 그녀는 우울한 현실을 사회와 시대 탓으로만 생각하는 20대들의 안일한 태도를 따끔하게 야단친다. 대한민국에서 기본 스펙으로 통하는 토익을 가르치는 강사로서, 20대의 현실을 가장 가까이 지켜보고 그 중압감을 누구보다 잘 아는 선배의 입장에서 독하게 충고했다. 그녀 역시 세상의 들러리였던 경험을 딛고 세상의 중심에 다시 섰기에 청춘들은 그 쓴소리에 귀를 더 기울인다. 위로와 힐링에 익숙했던 20대에게 그녀의 독설은 오히려 신선했다. 20대들은 찬물을 맞은 듯 현실을 부정하고 안일했던 태도를 되돌아보기 시작했다. 자신을 객관적으로 바라보며 어느 때보다 깊은 고민을 시작했다.

하버드 대학교Harvard University 법학전문대학원Law School 종신교수로서 20대 젊은이들의 멘토로 자리매김한 석지영의 『내가 보고 싶었던 세계: 하버드대 종신교수 석지영의 예술·인생·법』(북하우스, 2013)도 주목 받았다. 이 책은 출간 한 달 만에 인터파크 도서에서만 7,000부 이상이 판매될 정도로 많은 관심을 받았다. 석지영은 2006년 한국계 최초로 하버드 법대 교수로 임용, 2010년 아시아 여성 최초로 하버드 법대 종신교수로 선출되어 세간의 화제가 되었다. 석지영은 이 책에서 날카로운 독설로 청춘들의 도전과 발전을 일깨운다.

책 『내가 보고 싶었던 세계』

2013년 2월 〈KBS2 이야기쇼 두드림〉에 출연해 기회를 놓치지 말고 자신이 좋아하는 일을 찾아야 한다는 메시지도 전했다. 그리고 "모두가 김연아 장영주가 될 수는 없다"며 청춘들에게 '돌직구'를 날리기도 했다. 덧붙여 "올바른 길은 한 가지만 있는 게 아니기 때문에 젊은이들은 자기가 좋아하는 일을 찾아야 할 필요가 있다"고 말하면서 "열린 마음으로 새로운 것에 도전한다면 멋진 인생이 펼쳐질 것"이라고 충고했다. 자신의 내면을 들여다보고 내가 진정으로 기쁨을 찾을 수 있는 일을 찾으라는 진심과 애정이 묻어나는 충고였다.

'독설 멘토'는 캠퍼스를 넘어 3040세대에게도 인기를 끌었다. 스타강사 김미경의 『언니의 독설 1, 2』(21세기 북스, 2012)와 『김미경의 드림 온: 드림워커로 살아라』(쌤앤파커스, 2013)는 2013년 2월 기준으로 각각 종합 베스트셀러 2위, 5위에 오르며 주목 받았고, 김성호의 『답을 내는 조직: 방법이 없는 것이 아니라 생각이 없는 것이다』 (쌤앤파커스, 2012)는 현실에 안주하기 급급한 현대 직장인을 따끔하게 비판하며 2013년 2월 기준 경제경영 분야 10위권을 차지하기도 했다. 이외에도 '총각네 야채가게' 이영석 대표의 『인생에 변명하지 마라: 돈도 빽도 스펙도 없는 당신에게 바치는 '이영석' 성공 수업!』(쌤앤파커스, 2012), 다양한 유명인사들의 독설을 모은 『청춘 고민상담소: 청춘이 버려야 할 10가지』(엘도라도, 2012)는 2012년에 출간되어 2013년까지 꾸준히 인기를 끌었다. 인터파크 '나만의 #검색어'[28] 서비스에서도 '#나를 깨워줄 독설', '#독설지존', '#멘토들이 말하는 청춘', '#꿈을 위한 멘토 김미경의 책', '#여자들만의 멘토가 필요할 때' 등 최근 '독설멘토'들의 서적 트렌드를 반영한 키워드가 속속 등장했다.[29]

이러한 멘토들이 공통적으로 하는 이야기는 현실을 남 탓, 시대 탓으로 돌리지 말고 자신의 내면에서 가장 뜨거운 것을 찾아 움

---

[28] 인터넷서점 인터파크도서에서 2012년 12월 출시한 책 추천서비스. '나만의 #검색어' 서비스는 일반인들이 자신이 읽은 책 중 추천하고 싶은 책을 하나의 검색어로 묶어 주변 사람들과 공유하는 검색 서비스다.
[29] "힐링은 이제 그만, 이제는 독설이다", 〈인터파크 도서〉 보도자료, 2013.02.15.

직이라고 말하고 있다. 공감과 위로를 넘어 도전의 가치를 공유하고 응원하고 있는 것이다. 자신을 다른 사람과 비교하고 사회의 잣대에 맞추기보다는, 자신의 가치와 능력을 믿고 진짜 '나'를 찾는 것이 2013년의 청춘을 바라보는 '독설멘토'들의 공통된 바람이다.

오롯이 나로 도전하는
익스트림 스포츠

2013년 20대는 자기직면의 수단으로 익스트림 스포츠를 활용하고 있었다. 익스트림 스포츠는 온전히 자신에게만 의지해야 하는 상황에서 자립심과 도전정신을 키울 수 있고, 스스로에게 몰입하면서 자신의 한계를 진단할 수 있는 스포츠다. 동경의 대상, 공포의 대상을 스릴과 성취감으로 바꿔 보려는 도전을 통해 자신의 정체성을 찾고자 하는 것이다.

몇 해 전부터 등산, 트래킹, 캠핑, 마라톤 등 아웃도어 스포츠가 인기를 끌기 시작했다. 캠핑이나 마라톤처럼 자신을 돌아보는 시

쿠팡의 스카이패러글라이딩 상품 판매 페이지

간을 가질 수 있는 아웃도어 스포츠가 유행했다면 2013년은 좀 더 자신을 극한 상황까지 몰고 가 두려움을 극복하고 한계를 뛰어넘을 수 있는 익스트림 스포츠로 20대들의 관심이 확장되었다. 소셜 커머스 업계에서는 스카이 패러글라이딩이나 익스트림 스포츠 체험 상품을 꾸준히 판매했고, 아웃도어 시장에서는 익스트림 스포츠 관련 용품 판매가 상승했다.

오픈마켓인 G마켓 발표에 따르면 2013년 8월 11일부터 9월 10일까지 한 달 동안 수상스키·웨이크보드 이용권 판매량이 2012년 같은 기간과 비교해 267%나 늘었다고 밝혔다. 같은 기간 래프팅 체험권은 345%, 웨이크보드복·래시가드는 229% 증가했으며 스킨스쿠버 잠수경(183%), 잠수복(141%), 액세서리(416%) 등도 100~400%가량 급증했다. 또 다른 오픈마켓 11번가에서도 1970~1980년대 인기를 끌었던 스케이트보드도 최근 익스트림 스포츠로 다시 각광 받으면서 어린이를 비롯한 젊은 층이 구매에 적극 나서 2012년 같은 기간보다 매출이 무려 500% 치솟았다고 밝혔다.[30]

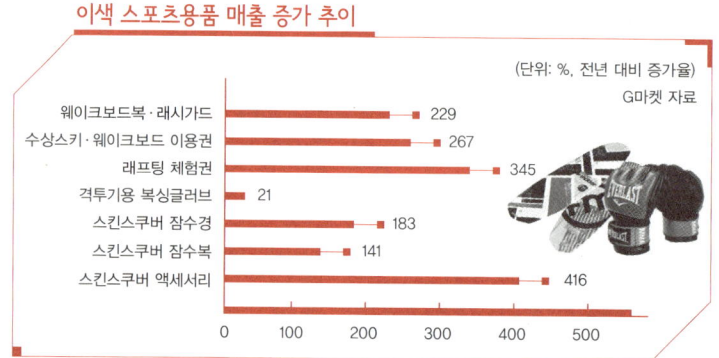

이색 스포츠용품 매출 증가 추이

---

[30] "등산만 하는 건 지겨워, 레저족 이색스포츠 눈길", 「서울경제」, 2013.09.13.

실제로 통계청이 발표한 2013년 2/4분기 전자상거래·사이버쇼핑 동향을 보면 상품군별 거래금액에서 스포츠·레저용품이 2012년 같은 기간보다 24.1% 증가하는 등 다른 상품들에 비해 압도적인 성장률을 나타내고 있다.

상품군별 거래액

(단위: 십억 원, %)

구 분	2012년 2/4분기	구성비	2013년 1/4분기	구성비	2013년 2/4분기	구성비	증감률 전분기비	전년동분기비
총 거래액	8,217	100.0	8,966	100.0	9,182	100.0	2.4	11.7
여행 및 예약 서비스	1,387	16.9	1,497	16.7	1,528	16.6	2.1	10.2
의류·패션 및 관련 상품	1,294	15.7	1,428	15.9	1,506	16.4	5.4	16.4
가정·전자·통신 기기	897	10.9	892	9.9	1,027	11.2	15.2	14.5
생활·자동차 용품	882	10.7	1,020	11.4	1,027	11.5	0.8	16.5
음·식료품	694	8.4	785	8.8	751	8.2	-4.3	8.2
컴퓨터 및 주변기기	750	9.1	830	9.3	719	7.8	-13.4	-4.2
화장품	453	5.5	492	5.5	505	5.5	2.6	11.4
아동·유아 용품	418	5.1	416	4.6	479	5.2	15.0	14.5
스포츠·레저 용품	353	4.3	312	3.5	438	4.8	40.4	24.1
서적	276	3.4	353	3.9	255	2.8	-27.7	-7.4
농수산물	222	2.7	288	3.2	247	2.7	-14.3	11.4
사무·문구	103	1.3	129	1.4	123	1.3	-4.9	18.9
음반·비디오·악기	32	0.4	37	0.4	37	0.4	-1.8	13.4
소프트웨어	21	0.3	22	0.2	19	0.2	-13.2	-9.1
꽃	13	0.2	12	0.1	15	0.2	23.6	10.1
각종 서비스 및 기타	421	5.1	453	5.1	507	5.5	11.9	20.4

통계청이 펴낸 「2013년 2분기 전자상거래 및 사이버쇼핑동향」 중

20대들이 익스트림 스포츠에 관심을 갖는 이유는 소비패턴의 변화와 다양한 환경적인 변화가 있겠지만, 자기진단을 위한 활동에 많은 시간을 투자하고 있다는 평가다. 익스트림 스포츠 활동으로 두려움과 한계를 극복한 경험을 통해 현실을 헤쳐 나갈 용기를 얻고, 누군가에게 의지하기보다는 자신을 믿는 법부터 배우려 하는 것이다.

익스트림 스포츠에 관심이 높아지면서 대학생 대외활동에도 변화가 감지되었다. 2013년 여름, 뉴트리라이트 대학생 기자단 3기는 번지점프, 암벽등반, 웨이크보드, 스피드민턴, ATV 등 다양한 익스트림 스포츠에 도전했다. 뉴트리라이트 대학생 기자단은 취업 준비 및

실내암벽등반에 도전한 뉴트리라이트 대학생 기자단 3기 퍼플팀

성적관리로 건강관리에 소홀해질 수 있는 또래 학생들에게 건강과 관련된 콘텐츠를 제작하여 뉴트리라이트의 슬로건인 '건강이 진짜 스펙이다'를 알리는 활동을 한다. 학업과 취업 스트레스에 지친 대학생들에게 신체 및 정신 건강을 단련할 수 있는 방법으로 익스트림 스포츠를 직접 경험하여 이를 소개한 셈이다. 익스트림 스포츠라는 소재에 관심이 많은 대학생들의 니즈를 잘 반영하며, 대학생들에게 '휴식과 건강'이라는 메시지를 주는 동시에 도전 정신과 성취 욕구를 전달했다.

아이더 프렌즈 7기 모집 포스터

아웃도어 브랜드 아이더가 운영하고 있는 대학생 홍보단 '아이더 프렌즈'에서도 2013년부터 운영방식을 바꿨다. '익스플로어'라는 이름으로 아웃도어 및 익스트림 스포츠 체험과 함께 리포터 역할도 함께 해야 했던 활동을 '아이더 리포터'와 '아이더 챌린저'로 이름을 바꿔 영역을 나눴다. 아이더

리포터는 아이더 프렌즈 전반의 활동 내용을 취재하는 역할을 하고 아이더 챌린저는 참여 학생 스스로가 트래킹, 등산, 클라이밍 등 익스트림 스포츠 종목과 해당 스포츠의 도전 목표를 직접 설정해 그 목표를 6개월간 달성하는 도전을 한다. 스포츠 경험에 더 집중하고 더 많은 것을 체험할 수 있는 기회를 주고자 한 것이다. 역할이 분담 되면서 아이더 챌린저는 좀 더 도전적인 목표를 설정하여 스포츠 활동에 더 집중할 수 있었다. 아웃도어 및 익스트림 스포츠에 대한 대학생들의 니즈를 파악하고 발맞춰 나가는 아이더 챌린저는 꾸준히 인기를 얻으며 모집 때마다 지원 경쟁률이 상승하고 있다.

2013 데상트 트레일 레이스 온라인 페이지

2013년 5월 청계산, 스포츠브랜드 데상트는 익스트림 스포츠 대회 '2013 데상트 트레일 레이스'를 진행했다. 총 11km의 청계산 트레일 러닝코스를 남자는 네 시간, 여자는 다섯 시간 내에 완주해야 하는 트레일 러닝 대회다. 젊은 세대들에게 인기를 끌고 있는 트레일 러닝은 '산악 마라톤'이라고도 불리며 짜릿한 성취감과 한계를 뛰어넘는 도전 정신을 체험할 수 있다. '데상트 트레일 레이스'는 40~50대 연령층을 타깃으로 한 기존의 마라톤 대회와는 다르게 20대 젊은 층을 타깃으로 하며 폭발적인 참여율을 기록했다. 완주를 향한 20대의 열정적인 도전 정신과 익스트림 스포츠에 대한 관심을 엿볼 수 있는 대회였다는 평가를 받으며 성공적으로 마무리되었다.[31]

---

[31] "데상트, 25일 청계산서 익스트림 스포츠 대회 개최", 「한국경제」, 2013.05.24.

모두가 아닌
나와 너만 보는 SNS

남들에게 나는 어떻게 보일까. 마냥 나를 깊은 생각을 하는 사람이나 다양한 경험을 하고 새로운 것을 즐기는 트렌드 세터trend-setter처럼 보여야만 할 것 같은 SNS. 너무 많은 사이버 친구들, 타인의 시선과 반응 때문에 일말의 '허세'를 부렸던 SNS. 진짜 '나'를 보여주기보다 세상이 원하는 그럴듯한 '나'로 꾸몄던 SNS. 이 공간을 떠나는 사람들이 늘고 있다.

알바몬이 569명을 대상으로 실시한 'SNS 이용 설문조사'에 따르면 대학생 91.4%가 SNS를 이용해 본 적이 있으며 1인당 평균 2.3개의 SNS 계정을 사용하는 것으로 나타났다. 'SNS에 피로감 또는 부담감을 느낀 적이 있는가?'라는 질문에 대해서 63.1%가 그렇다고 대답했고, '더 이상 SNS를 이용하지 않는다'는 답변자는 15.2%로 나타났다.[32] SNS를 떠나는 이유로 개인정보 과다 유출, 사생활 노출, 인맥관리의 피로감 등 여러 가지가 있지만, 자신의 진정한 목소리를 내기 위해 떠나기도 한다. SNS가 생각의 깊이를 제약하고 삶의 고요함을 파괴한다고 생각하기 때문이다. 타인의 시선과 반응

---

[32] "대학생 63.% SNS, 피곤하고 부담스러워", 「머니투데이」, 2013.08.01.

폐쇄형 SNS 앱, '밴드', '피플게이트', '카카오 그룹'

에 일희일비—喜—悲하면서 타인에게 보여지는 삶에서 벗어나려는 것이다.

이러한 변화 때문인지 이제 20대의 SNS 활용은 개방형 SNS에서 폐쇄형 SNS로 이동하고 있다. 폐쇄형 SNS는 페이스북이나 트위터 등이 불특정 다수와 무제한 친구를 맺고 누구나 쉽게 게시물에 접근할 수 있는 것과 달리 한정된 소규모 그룹과 소통하는 것이 특징이다. 아는 사람끼리 관계를 맺기 때문에 상대적으로 SNS 스트레스가 덜하다. 국내 대표적 폐쇄형 SNS인 '밴드Band'는 2013년 9월 기준으로 1,600만 건의 누적 다운로드를 기록했다. 서비스가 론칭된 지 약 1년 만의 일이다. 밴드 안에 개설된 모임만 700만 개에 달한다. 밴드는 지인끼리 온라인 모임을 만들고, 그 안에서 글과 사진을 주고받을 수 있는 서비스다. 소규모 그룹 간 소통하는 SNS 인기로 SK커뮤니케이션즈는 진짜 친한 친구들을 위한 모바일 SNS '데이비Daybe'를 출시했다. 데이비는 최대 친구 수가 50명에 불과해 친구를 선택하는 데도 고민이 필요하다. 연락을 자주 하고 친한 친구일수록 화면 상단에 나타나도록 설정할 수 있고, 친구 소식을 일일이 찾지 않아도 된다. 데이비는 출시 한 달 만에 70만 건 정도의 다운로드를 달성했다. 주식회사 카카오도 2013년 9월 '카카오그룹Kakao Group'이라는 서비스를 선보였다. 기존 카카오톡 채팅방과 연동, 자신의 지인으로 최대 500명까지 그룹을 만들 수 있다. 카카오그룹은 출시 6일 만

에 가입자 수가 500만 명을 넘었다.[33]

관심사 중심의 소셜네트워크 '피플게이트People GATE'도 등장했다. 피플게이트는 내가 지정한 관심사를 재능기부라는 형태로 풀어내면서 주목 받은 모바일 SNS다. 가입할 때 자기 관심사와 재능, 자신이 필요로 하는 재능 등을 입력하면 제한된 관심사 내에서 적절한 친구를 추천해준다. 관심사가 맞는 사람들과 심도 있는 대화를 나눌 수 있고, 자신이 배우고 싶거나 필요로 하는 재능을 가진 사람과 연결해 도움을 받을 수도 있다. 자신이 가진 재능으로 소통하고, 그 가치를 인정받고 공유하고 싶은 욕구를 적절히 반영한 SNS 형태인 것이다.

주요 폐쇄형 소셜네트워킹 서비스 (자료: 각 사 제공)

서비스명	기업	특징	가입자 수	출시일
패스	패스	최대 150명까지 친구 제한	2,000만 명	2010.11
밴드	캠프모바일	지인끼리 다양한 모임공간(밴드)결성	1,600만 명	2012.08
데이비	SK커뮤니케이션즈	최대 50명까지 친구 제한	70만 명	2013.08
카카오 그룹	카카오	카카오톡 채팅방과 연동. 최대 500명까지 친구 제한	500만 명	2013.09

그동안 양적 성장을 해왔던 SNS 시장이 질적 성장을 꾀하고 있는 양상이다. 무분별하게 과다 소통에 노출되어 있었던 환경에 염증을 느낀 사람들에게 폐쇄형 SNS가 돌파구가 되고 있다. SNS가 좀 더 '나'를 중심으로, 인맥과 정보를 선택적으로 활용하고 소통하는 방향으로 진화하고 있다.

---

[33] "끼리끼리 뭉치는 요즘 사람들… 폐쇄형 SNS가 뜬다", 「조선비즈」, 2013.09.27.

인디, 병맛, B급

내가 '나'일 때 곧 문화가 된다

　자신을 있는 그대로 인정하고, 자신이 원하는 것을 꾸밈없이 드러내는 20대들은 몇 해 전부터 자신들이 처한 상황을 하나의 문화로 만들어 가기 시작했다. 88만 원 세대를 사회의 잉여로 표현하여 이들의 솔직한 현실과 심경을 글로 담아내는 독립잡지 「월간잉여」가 2012년에 출간되며 꾸준히 주목 받고 있다. 2013년 초에는 연애를 권하는 사회에서 연애하지 않는 삶의 다양하고 풍요로운 모습을 조명한 계간 「홀로」라는 1인 잡지도 탄생했다. 잡지뿐 아니라 '나만의 책'을 펴내는 독립출판도 인기다. 서울 홍익대학교 인근에는 독립출판된 책만을 파는 '인디 서점'들이 자리를 잡고 있다. 집필과 편집, 인쇄 작업까지 스스로 진행하는 독립출판의 저자들은 대부분 20~30대 젊은이들이다. 더북소사이어티 임경용 대표는 "주류와는 다른 독특한 취향을 갖고 있는 젊은이들이 일종의 자기만족의 수단으로 책을 내는 것 같다"며 젊은이들이 취업 등 각종 경쟁에 시달리다 보니 자신을 노출, 표현하려는 욕망이 강해지는 것 같다고 해석했다.[34]

　20대들은 인디 콘텐츠 생산하면서 자신들의 목소리를 꾸준히

---

[34] "젊은이들, 독립출판 러시… 경쟁사회 속 자기표현·노출 욕구 담아", 「국민일보」, 2013.10.11.

내고 있다. 『B급 문화, 대한민국을 습격하다: 기성의 권위를 비웃다』 (북오션, 2013)의 저자 이형석은 "정치권에서 보여준 각종 병폐와 폐단에 일침을 가하는 골방토크 〈나는 꼼수다〉와 대중문화를 독하게 썰어 준다며 최근 신드롬을 일으킨 〈JTBC 썰전〉 등 비주류 사회 현상들이 대중들을 사로잡았다"고 진단하면서 "B급 문화는 우리 사회의 소외된 욕망의 목소리, 1% 승자 독식의 사회에서 나머지 99%의 희로애락을 담아냄으로써 변화와 개혁의 열망을 드러낸 것"이라고 말했다.

〈강남스타일〉의 싸이, 19금 전문 개그 프로그램 〈tvN SNL KOREA〉, '직렬5기통 춤'의 크레용팝

자신의 내면을 솔직하고 직관적으로 드러내며 트렌드로 만들어 가는 20대의 흐름을 읽고, 기업 마케팅이나 미디어에서도 일명 '병맛'[35] 스러운 콘텐츠를 생산하며 'B급 문화'를 확장시켜 나갔다. 병맛 코드가 대중문화로 거듭날 수 있었던 견인차 역할은 〈tvN SNL KOREA〉가 주도했다고 할 수 있다. 몇 년 전부터 시사풍자 코미디 위주로 진행해 오던 〈tvN SNL KOREA〉는 기존 제도권 방송에서는 볼 수 없었던 거침없는 풍자와 패러디, 그리고 19금 섹시유머 코드를 보여주며 폭발적인 인기와 호응을 얻고 있다. 그리고 2013년 세계를 사로잡은 싸이의 〈강남스타일〉의 인기는 병맛 코드가 본격적인 문화 코드로 자리 잡게 했다. 병맛 코드는 인터넷 미디어, 영화, 웹툰 등 다양한 채널로 퍼져 나갔고 그중 크레용팝의 등장은 2013년 가장 대표적인 병맛 코드 사례로

---

[35] "어떤 대상이 '맥락 없고 형편없으며 어이없음'을 뜻하는 신조어. '병신 같은 맛'의 줄임말로 받아들여지고 있으며, 주로 대상에 대한 조롱의 의미를 내포하고 있다", 〈위키피디아〉.

꼽을 수 있다. 크레용팝은 기존 걸그룹 아이돌처럼 예쁜 척이나 섹시한 척을 하지 않고 '직렬 5기통 춤', 트레이닝복과 헬멧 착용 등 원초적인 웃음을 자극하며 신선한 트렌드를 만들었다.

고양시 시청, 또래오래, 한국민속촌
페이스북 페이지

미디어뿐만이 아니라 마케팅에서도 사회적 지위나 기업의 이미지를 내려놓고 드립과 병맛 코드를 첨가해 커뮤니케이션을 시도했다. '아씨 마스코트'와 '개드립 작명'으로 유명한 한국민속촌, '닭체'를 사용하는 또래오래, 고양이 캐릭터를 앞세워 유행 코드에 맞게 다양한 홍보물 제작을 하는 고양시청의 페이스북이 대표적인 사례다. 특히 고양시청 페이스북은 광역 포함 전국 지자체 최초로 페이스북 팔로워 수가 2013년 9월 기준으로 5만 명을 돌파하며 공공기관 공식 SNS 계정으로는 보기 드문 사례를 만들었다. 기업 및 공공기관 페이스북 운영에서 기존에 딱딱한 틀에서 벗어나 직관적이고 솔직한 모습으로 대중과 소통하며 폭발적인 인기를 끌어냈다.

병맛스러운 콘텐츠에 열광하는 이유는 '동질감'일 것이다. 나조차 감추고 싶었던 진짜 모습을 타인에게서도 발견하며 함께 향유할수록 즐겁기 때문이다. 어떤 목적에 기준을 둔 커뮤니케이션이 아니라 있는 그대로의 '날 것'으로 소통하며 오히려 진정성에 더 가까이 다가설 수 있다. 자신이 가진 본능에 충실할 때 더 강한 장점을 만드는 법이다.

현실의 **불안**과 즐겁게 **맞서다**

2013년 20대는 운동장 한구석에서 조용히 운동화 끈을 꿰고 단단히 조이는 시간인 듯했다. 이제 곧 출발선상에 서서 자기 페이스에 맞게 달리는 일을 앞두고 있다. '나도 그 과정 다 겪었어. 너무 걱정하지 마. 다 잘될 거야!'라는 메시지로 위로 받고, 격려 받고, 응원까지 다 받은 청춘들이 해야 할 일은 이제 진짜 달리는 일이다. 운동화 끈을 조이고 거친 모래벌판에서 목표를 향해 달려야 한다. 잠시 덮어 두었던 현실의 고단함 속에 다시 뛰어들어야 하며, 인생의 고비를 넘어야 한다.

사실 20대들이 자신의 내면에 집중하고, 자기진단을 하는 움직임이 꼭 새로운 현상은 아닐 수 있다. 왜냐하면 인간은 자기성찰이든 자기반성이든 자신에 대해 끊임없이 생각하고 있기 때문이다. 그럼에도 2013년 20대 트렌드로 '자기직면'을 얘기하며 많은 페이지를 할애한 것은 20대들에게 '자기직면'이란 다른 세대와 달리 많은 의미를 가지고 있다고 판단했기 때문이다. 특히 2013년 대한민국에서 살아가는 20대에게서 감지된 자기진단활동은 인간이 갖는 보편적인 것이라기보다 2013년 대한민국 20대이기에 할 수밖에 없는 움직임이다. 20대는 지금 자신과 직면한 것처럼 보이지만 사실은 현실의 '불안'과 직면한 것이다. 취업난, 등록금 등 냉혹한 현실의 불안감을 '힐링'이라는 거대한 흐름에 잠시 덮어 두고 지친 마음을 달랬다가 결국 다시 현실과 맞설 준비를 하고 있는 것이다.

다시 현실과 마주선 20대는 여전히 불안하긴 하다. 『20대의 심리학: 미래의 나를 완성해주는, 20대를 위한 인생강의』(곽금주 저, 랜덤하우스코리아, 2008)에 따르면 20대의 불안은 순환고리를 형성하고 있어서 하나의 불안이 또 다른 불안을 야기하고, 그 불안이 다시 역으로 작용하여 불안을 증폭시킨다고 한다. 어느 쪽에도 발을 담그지 못하고 뭔가 중요한 일을 잊어버리고 있는 것처럼 불안한 것이 20대 청년기의 특성이다. 이 책에서는, 20대는 불안한 것이 당연한 시기인데 그것을 부정하려 애를 쓰다 보면 더욱 불안해질 수 있다고 말하며 차라리 불안을 받아들이고 그 위에서 시작하는 것이 가장 좋은 방법이 될 수 있다고 말한다.

현재 20대들은 힐링과 자기진단을 거치며 불안한 현실 자체를 있는 그대로 받아들이기 시작했다. 피할 수 없으면 즐기라고 했듯 20대들은 불안한 현실 상황을 하나의 '문화'로 승화시키고 있는 것이다. 불안을 즐겁게 견딜 수 있는 콘텐츠를 스스로 찾고 생산하며 소비하고 있다. 그리고 스스로 성장을 모색하고 있다. 이런 불안을 승화시킬 수 있는 기회와 장을 마련해 준다면 20대는 스스로 건강하고 지혜로운 세대로 거듭날 수 있을 것이다.

Tag Consumer
태그에 살고 태그에 죽다

페이스북을 비롯해 최근 많은 SNS들이
자신의 위치와 함께 있는 사람을 태그tag할 수 있도록 서비스하고 있고,
유저들은 이를 다양하게 활용하고 있다.
때문에 SNS 게시물들은 '지금을 업로드한다'는 개념으로
즉각성을 확보하게 되었다.
그리고 그 특징은 한정된 시간과 장소에 일어나는 이벤트에 있어서
더욱 효과적으로 발휘된다.
그래서 20대들은 음악페스티벌이나 축제, 마라톤 등
문화 이벤트에 참여해 관련 게시물을 자신의 페이스북에 업로드한다.
이러한 게시물은 일종의 문화 스펙으로 작용하며
글쓴이의 문화적 취향에 관해 어떤 이미지를 형성한다.

또한 기술적 태그가 아닌, 그 사람을 나타내는 '꼬리표'로서의 태그에는
동영상이나 뉴스 링크, 페이스북에 공유되는 어플 등이 작용한다.
어떤 동영상을 즐겨 올리는지, 어떤 뉴스를 즐겨 링크하는지,
그리고 그와 함께 어떤 내용의 댓글을 다는지는 그 사람의 이미지를 조성하는
중요한 열쇠가 된다.

태그의 등장

스마트폰의 등장은 IT 분야뿐만 아니라 경제, 사회, 정치 등 다양한 분야에서 많은 변화를 일으켰다. 특히 20대에게 있어 스마트폰의 영향은 막대하다. 2013년 5월 25일에 발행된 정보통신정책연구원의 「스마트세대 20대의 미디어 이용 행태」에[36] 따르면 20대의 스마트폰 보유 비율은 무려 93.5%다.

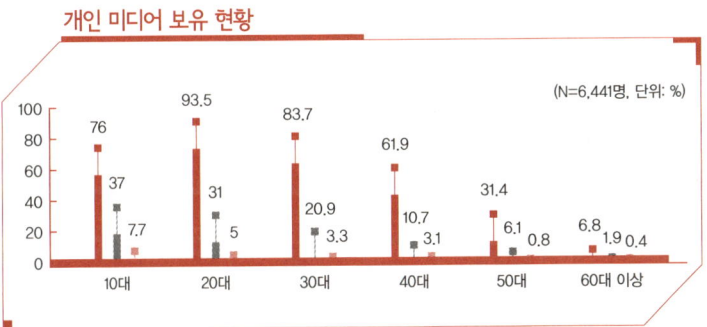

개인 미디어 보유 현황

열 명 중 아홉 명은 스마트폰을 사용하고 있다. 게다가 일상생활에 없어서는 안 된다고 생각하는 매체 중 스마트폰을 선택한 20대는 50.2%로 다른 연령대에 비해 훨씬 많다. 이는 많은 20대들이 스마트폰을 가장 중요한 매체로 여기며 일상생활에 사용하고 있다는

---

[36] 정용찬, 「스마트세대 20대의 미디어 이용 행태」, 정보통신정책연구원, 2013.05.25. p.3.

뜻이다. 스마트폰의 어떤 부분이 20대들에게 중요한 '매체'로서 인식되도록 만들었을까? DMB? 인터넷 포털사이트의 뉴스? 스마트폰 보유가 보편적이 되면서 빠른 성장세를 보인 것은 소셜네트워크 서비스SNS, Social Networking Service들이다. 다양한 채널들이 나타났다가 사라지거나 마니아층만을 남겼다. 싸이월드처럼 고전적인 SNS가 있는가 하면, 트위터처럼 사용방식부터 낯선 SNS도 있다. 인스타그램처럼 이미지를 중심으로 하는 SNS부터 음악이나 패션 등 한 가지의 분야에만 특화되어 있는 SNS들도 생겨나기 시작했다. 그리고 20대들은 이런 SNS에 대해 다른 연령층보다 큰 반응을 보였다. 2013년 4월 25일에 발행된 정보통신정책연구원의 「SNS 이용 현황」에 따르면 20대의 SNS 이용률은 61%이다. 35.5%의 이용률을 보이는 30대, 35.3%의 이용률을 보이는 10대와 두 배 정도의 차이를 보였다. 50대는 2.6%, 10대 미만은 1.3%로 20대에 비하면 SNS에 익숙해지지 않은 상태다.[37] 특이한 것은, SNS 서비스사별 이용률이다. 카카오톡을 기반으로 하는 카카오스토리Kakao Story를 가장 많이 이용한다고 답한 10대(33%), 30대(41.4%), 40대(39.6%)와 달리 20대는 페이스북을 가장 많이 이용한다(38.9%)고 답했다.[38]

　페이스북은 기본적으로 글과 사진을 게시할 수 있으며 자신이 있는 장소와 함께 있는 사람을 태그할 수 있다. 뿐만 아니라 유튜브 영상이나 웹페이지를 링크할 수 있고, 다른 소셜네트워크 채널과도 폭넓게 연동된다. 때문에 20대들은 지금 자신이 하는 일, 있는 장소, 구매한 물건, 함께 있는 사람 등을 그때그때 태그하거나 링크해

---

[37] 신선, 「SNS 이용 현황」, 정보통신정책연구원, 2013.04.25, p.12.
[38] 신선, 「SNS 이용 현황」, 정보통신정책연구원, 2013.04.25, p.14.

서 페이스북에 업로드한다. 페이스북은 2006년에 처음으로 '뉴스피드'라는 서비스를 도입했다. 트위터, 카카오스토리도 비슷한 방식으로 운영되고 있다. 이는 새로 올라온 친구들의 게시물을 종합하여 다른 친구들의 페이지에 업데이트하는 서비스다. 각자가 올린 정보들이 하나로 취합되어 한자리에 모이게 되는 것이다. 지금 페이스북 유저들은 자신이 올린 게시물이나 댓글로 나눈 대화가 마치 뉴스처럼 다른 친구들에게 전달되는 것에 익숙해져 있다. 관계를 기반으로 한 새로운 뉴스 서비스가 된 것이다. 이것은 일종의 새로운 공공화이다. 그리고 30, 40대보다 디지털에 익숙하고 10대보다 정보생산능력이 뛰어난 20대들에게 이것은 이미 당연한 일상으로 자리 잡았다.

에릭 퀄먼Erik Gualman은 저서 『소셜노믹스: 세상을 바꾼 SNS 혁명』 (에이콘출판, 2012)에서 "대부분의 젊은이는 일대 다수 커뮤니케이션을 선호한다. 이메일은, 이들이 보기에는 시대에 뒤떨어진 수단"이라고 한 인터넷 시장조사기관 히트와이즈의 글로벌리서치 총책임자 빌 탠서Bill Tancer의 말을 인용했다.[39] 그리고 "사람들은 '지금 우울함' 또는 '직장 옮겼음' 등 단문으로 내용을 전달한다. 누군가 잘 지내는지, 요새 뭐하고 지내는지를 묻는 여러 개의 이메일을 보내는 것보다 이 편이 훨씬 읽기 쉽고 전달력도 빠르다"고 말했다. 물론 빠른 전달력도 장점이다. 하지만 지금의 20대는 10대 이전부터 컴퓨터를 다뤄온 '디지털 네이티브Digital Native'[40] 세대이기 때문에 단순한 소통의 편리함보다는 복합적인 이유로 페이스북 같은 SNS를 즐긴다.

---

[39] 에릭 퀄먼, 『소셜노믹스: 세상을 바꾼 SNS 혁명』, 에이콘출판, 2012.
[40] "디지털 원어민을 말하는 것으로 디지털 생활환경의 급속한 변화에 따라 디지털 언어를 자유자재로 사용하는 새로운 세대를 지칭하는 용어다. 이 세대를 인스턴트 메신저 세대, 디지털 키드(kid), 키보드(keyboard) 세대 등으로도 부르는데, 디지털 언어와 장비를 마치 특정 언어의 원어민처럼 자연스럽게 사용한다는 의미에서 붙여진 것이다.", 미래경영연구소, 『NEW 경제용어사전』, 미래와경영, 2006.

사례들에 대해
태그로 자신의 **취향**을 표현

지금을 업로드한다

　페이스북이 기존 블로그나 다른 SNS와 다른 점은 '즉각성'이다. 20대들은 페이스북에 '지금'을 업로드한다. 점심 때 찍은 사진은 점심시간이 끝나기 전에 올린다. 저녁에 있었던 술자리 이야기는 그날 밤 안에 올린다. 그 이유는, 동시간대에 있었던 일들을 서로 공유하기 위함이다. 저녁식사를 하기 전에 사진을 찍어 올리면, 식사하는 동안 달리는 댓글을 확인하며 반응을 알 수 있다. 주말 밤, 페이스북에는 온갖 술자리 사진과 이야기들이 올라온다. 게시물을 보고 가까운 지역에 있는 사람이 댓글을 남겨서 급작스러운 만남이 이어지는 경우도 흔하다.

　또한 영화를 보기 전에 사진을 찍거나 장소를 태그해 올리면, 영화를 보고 난 후 그 영화를 봤던 사람, 혹은 보고 싶어 하는 사람들의 댓글을 확인할 수 있다. 소셜네트워크에서만 가능한, 일종의 1대 다수의 대화인 것이다. 이런 종류의 대화는 단편적이긴 하지만 손쉽게 외로움에서 벗어날 수 있다. 사회학자 지그문트 바우만Zygmunt Bauman은 저서 『리퀴드 러브: 사랑하지 않을 권리, 현대의 우울과 고통의 원천에 대하여』(새물결, 2013)에서 "일단 휴대폰이 있다면 당신은 결코 멀리 떨어져 있는 사람일 수 없다. 항상 안에 있는 것이다 – 다만 한 장소에 갇혀 있지는 않다. (중략) 당신을 둘러싸고 있는 사람들은 '당신'을 왕따시킬 수 없다"고 말했다.[41] 결국 휴대폰과 휴대폰 속 SNS는 소외감으로부터 도망칠 수 있는 탈출구를 마련해 주는 것이다. 게다가 자신의 글에 댓글을 단 상대가 10년 지기 친구든, 엊그제 만난 동아리 친구든 친밀도와 상관없이 일정한 주제로 대화를 나눌 수 있다는 것도 장점이다. 물론 이 대화가 현실에서 둘의 관계에 큰 영향을 미치지는 못한다. 하지만 기성세대가 예상하는 것과 달리, 20대들은 그에 대해 개의치 않는다. 페이스북에서 댓글로 이루어지는 대화는 관계보다는 정보에 중심을 두기 때문이다.

페이스북의 장점인 즉각성은 무엇보다 '태그'라는 기능 때문이다. 만약 대학로의 어떤 술집에서 다함께 모여 술을 마시고 있다면, 그 장소를 벗어나기 전에 태그해야 한다. 페이스북의 장소 태그는 GPS를 기반으로 검색되기 때문에, 그 지역을 벗어나면 태그할 수 있는 기회를 놓치게 된다. 그리고 만약 함께 있었던 사람을 태그한다면, 그 사람의 페이스북에도 동일한 정보가 업로드된다. 때문에 다른 사람을 태그한 게시물을 두세 시간 늦게 업로드하면, 오해를 불러일으킬 여지도 있다.

태그는 일시적 이벤트에 더 파워풀

이처럼 '즉각성'이라는 특징 때문에, 페이스북 태그는 한정된 시간과 공간에서 벌어지는 이벤트에 더욱 효과적이다. 장소 태그의 경우, 한시적으로 이벤트가 일어나는 장소를 본래의 명칭이 아닌 이벤

---

[41] 지그문트 바우만, 『리퀴드 러브: 사랑하지 않을 권리, 현대의 우울과 고통의 원천에 대하여』, 새물결, 2013.

트의 이름으로 업로드할 수도 있다. 가령 2013년 8월 14일과 15일, 양일간 올림픽공원에서 열린 〈슈퍼소닉 2013〉에 참가한 사람들은 여러 태그 목록 중 '올림픽공원'을 선택하는 것이 아니라 'Super Sonic 2013'을 선택해 태그했다. 이처럼 2013년 급격히 늘어난 음악페스티벌 같은 경우, 그 페스티벌에 직접 참가해 그 안에 있어야만 태그가 가능하다. 때문에 유저들은 굳이 'OO에서 열리는 OO 록페스티벌에 왔다'는 글을 쓰지 않는다. 태그 한 번이면 모두 표현할 수 있기 때문이다. 간단한 사진과 그 순간의 감상, 그리고 태그를 더할 뿐이다. 그래도 댓글에는 다른 사람들의 생각과 의견이 충분히 달린다.

만나는 사람들에게 일일이 "내가 OO 페스티벌에 다녀왔는데……"하고 운을 띄우지 않아도, 페이스북 친구라면 그 사람이 그 페스티벌에 다녀왔다는 것을 알 수 있다. 덕분에 대화 중 자연스레, "페이스북 보니까 너 OO 페스티벌에 다녀온 것 같더라. 어땠어?"하고 이야기를 이어 나갈 수 있다. 그리고 더 나아가, 사람들은 그 페스티벌에 갈 정도면 특정 뮤지션이나 특정 음악에 관심이 있는 사람일 거라 인식한다. 이런 현상이 반복되면, 사람들은 자연스레 그 사람의 이미지에 특정 음악 취향을 추가한다.

최근 젊은 층 사이에서 유행하고 있는 마라톤의 경우도 마찬가지다. 마라톤은 사실 취미라기보다 운동으로 여기는 인식이 많았다. 게다가 오랜 시간 충분한 연습이 필요한 운동이기도 하다. 하지만 나이키, 아디다스 등 유명 스포츠 브랜드들이 각각 개성 있는 마라톤 레이스를 기획하면서 마라톤 이벤트에 참여하는 것이 유행처럼 번지기 시작했다. 2012년 9월 24일 오전 11시에 진행된 '2012 나이키 위 런 서울 10K 2012 Nike We Run Seoul 10K'의 경우, 신청 시작 20분 만에 조기 마감된 것만 봐도 그 열기를 짐작할 수 있다. 때문에 2013년에도 수많은 마라톤 이벤트가 열렸으며, 심지어 '에너자이저 나이트 레이스 2013Energizer Night Race 2013' 같은 야간 마라톤이나 '2013 컬러 미 레드 5K2013 Color Me Rad 5K' 같이 흰 티셔츠를 입고 달리다가 색색의 컬러 폭탄을 맞는 이색 마라톤까지 성공적으로 열렸다.

하지만 마라톤에 참가하기 위해 오랫동안 준비하는 참가자들은 많지 않다. 단지 하나의 이벤트에 참여한다는 느낌이다. 때문에 많은 사람들이 마라톤 참여 소식을 페이스북에 게시한다. 특히 여성들만 참여할 수 있는 마라톤의 경우, 경치가 좋은 곳에선 잠시 멈춰 '인증샷'을 찍어 올리는 모습을 흔치 않게 발견할 수 있었다. 그들은 마라톤에 대해 관심이 있는 게 아니라 마라톤에 참여하는 것, 혹은 그 모습을 남에게 보이는 것에 관심이 있다. 왜일까. 일단 자신이 트렌디한 사람으로서 화제성 있는 이벤트에 참여하며 어떤 소속감을 얻고 싶거나 과시하고 싶은 욕구가 있기 때문일 수 있다. 그리고 이런 게시물로 인하여, 실제 본인이 꼭 그렇지 않더라도 액티브active한 이미지를 얻을 수 있다. 결국 자신의 이미지를 구성하는 하나의 요소로서 이런 태그를 사용하기도 하는 것이다.

태그, 문화 스펙으로 작용

페이스북의 게시물은 본인이 원하든, 원하지 않든 일종의 자기광고 역할을 한다. 어쩌면 가장 손쉬운 자기표현 방법일 수도 있다. 어떤 글을 쓰는지뿐만 아니라, 어디에서 무얼 먹는지 누구를 만나는지, 어떤 곳에 가는지 등 그 사람의 성향과 취향을 보여주기 때문이다. 그리고 이것은 특히 문화적인 부분에서 많은 작용을 한다.

영화를 보러 가서 영화관을 태그, 전시를 보러 가서 미술관을 태그, 음악을 들으러 가서 공연장을 태그, 식사하러 가서 음식점을 태그……. 그렇게 여러 태그들을 모아 보면 그 사람이 보인다. 영화관을 태그한 게시물을 보면 어떤 영화를 좋아하는지 알 수 있고, 미술관이나 공연장을 태그한 게시물의 개수를 보면 그 사람이 얼마나 자주 전시나 공연을 보는지 알 수 있다. 그리고 태그한 음식점과 음식 사진들을 보면 어떤 음식을 즐겨 먹는지도 알 수 있기 때문이다. 이것은 하나의 게시물이지만, 그것이 쌓이면서 그 사람에 대한 이미지를 형성한다.

그렇기 때문에 많은 20대들은 마치 스펙을 모으듯 태그를 모은다. 흔히 스펙은 토익 점수나 자격증처럼 어떤 능력에 대해 점수나 합격 여부로 결과를 보여준다. 하지만 문화에 대한 취향이나 소양은 이처럼 명확하게 계산하거나 수량화하는 것이 어렵다. 그것은 단편적으로 형성되는 것이 아니기 때문이다. 하지만 페이스북으로 자신이 참여하거나 실행한 문화 이벤트들을 게시할 수 있게 되면서 이것은 마치 어떤 증거처럼 활용되기 시작했다. 점수로 환산할 수는 없지만, 페이스북 글로 인해 획득하게 되는 어떤 '이미지'가 있기 때문이다.

물론 이것은 스펙이 취업활동에 쓰이는 것처럼 어떤 특정한 목적을 위해 만들어지는 것은 아니다. 어떤 결과를 만들어 내는 것도 아니다. 오히려 관계를 위해, 특히 페이스북 친구로 등록되어 있는 사람들의 시선을 의식해 만들어지기 때문에 스펙과는 달리 비실용적이고 사회적인 면이 있다. 스펙처럼 취업 시즌에만 용이한 것도 아니다. 무의식 중이긴 하지만 우리의 일상 전체에 광범위하게 영향을 미친다. 그렇기 때문에 사람들은 문화 스펙으로서 페이스북 게시물을 '관리'하는 것은 스펙을 쌓을 때처럼 '좀 더 나은 사람'이 되고 싶은 욕구에 기인한다. 하지만 스펙은 그 결과에만 의의가 있는 반면, 문화 스펙은 그 과정이 곧 결과로서의 의미라는 것이 큰 차이점이다.

꼬리표로서의 태그

온라인에서의 태그는 '어떠한 물체에 연관된 디지털 정보를 담고 있는 메타데이터의 한 종류'이다. 여기서 '메타데이터metadata'란 데이터를 위한 데이터로, '구조화된 정보를 분석, 분류하고 부가적 정보를 추가하기 위해 그 데이터 뒤에 따라가는 정보'를 말한다.[42] 하지만 태그의 사전적 의미는 '꼬리표'다. 페이스북에서 위치 정보, 주변인 정보는 전자의 태그에 속한다. 하지만 페이스북의 모든 게시물들은 그 사람의 이미지를 형성한다는 데에 있어서 후자의 태그에 속한다. 특히 다양한 링크와 사진 게시물, 그리고 페이스북과 연동되는 어플들은 그 작용을 더 효과적으로 도울 수 있다.

유튜브 영상은 페이스북에서 자주 사용되는 링크 중 하나다. 음악을 좋아하는 사람들은 현재 자신의 기분과 어울리는 노래의 동영상을 찾아 게시하거나, 좋아하는 뮤지션의 신곡 뮤직비디오를 게시한다. 예능 프로그램을 좋아하는 사람은 재미있었던 프로그램의 영상을 찾아 올리고, 동물을 좋아하는 사람은 귀여운 고양이가 나오는 동영상을 업로드한다. 어떤 동영상 링크를 즐겨 올리느냐에 따라 그 사람의 성향을 알 수 있다.

이것은 비단 동영상 게시물뿐만이 아니다. 처음 SNS가 발전하기 시작했을 때, 많은 전문가들은 SNS가 뉴스를 새로이 편집하는 하나의 채널이 되었다는 의견을 피력했다. 디지털 기술의 발전으로 인해 가늠할 수 없을 정도로 방대한 양의 정보가 생산되는 '빅데이터Big Data' 시대에, 관계를 기반으로 한 SNS가 필요한 뉴스만을 추려내 공유하고 있다고 생각한 것이다. 실제로 트위터처럼 좀 더 공적인 SNS

---

[42] 〈위키피디아〉.

에서는 이러한 기능이 활발히 작용하고 있는 편이다. 트위터리안에게는 포털사이트에 편집되어 올라오는 뉴스보다 트위터 팔로잉들이 올린 트윗을 통해 뉴스를 확인하는 것들이 자신의 성향에 더욱 잘 맞을 것이다. 결국 SNS 유저들이 뉴스를 편집하는 셈이다.

하지만 페이스북처럼 조금 더 개인적인 SNS에서는 이 같은 현상이 조금 다르게 일어난다. 페이스북에서 사람들은 자신이 반응하는 뉴스를 링크하고 그에 대한 의견을 글로 게시한다. 이 뉴스가 정치적인 것일 때는 자신의 정치 성향을 가감 없이 피력하게 된다. 그런 게시물에는 종종 댓글로 논쟁이 벌어지기도 한다. 반면 가십거리나 다소 가벼운 연예 뉴스를 자주 올린다면 사람들은 그를 가십에 민감한 사람이라고 생각할 것이고, IT 관련 뉴스에 관심이 많은 사람은 얼리어답터로 여길 것이다.

페이스북 특징 중 하나인, 어플리케이션 또한 하나의 이미지를 형성하는 태그(꼬리표)로서 활용할 수 있다. 페이스북은 '써드 파티 Third Party'[43] 서비스가 활성화되어 있어, 사람들은 자신이 사용하고 있는 어플리케이션의 활동을 페이스북에 노출할 수 있다. 그리고 이런 어플리케이션은 대부분 하나의 분야에 특화되어 있다. 이 중, '왓챠 watcha'는 영화 추천 서비스를 제공하는 곳으로 자신이 본 영화들의 평점을 매기면 취향을 분석하여 새로운 영화를 추천해 준다. 게다가 그 평점은 연동된 페이스북에 바로 게시되고, 그걸 본 사람들은 그 사람이 어떤 영화를 좋아한다는 사실을 알 수 있다. 이러한 정보로써 SF영화를 자주 보는 사람, 애니메이션을 좋아하는 사람

---

[43] 오리지널 서비스 제공자와 관련이 없는 개발자나 업체에서 오리지널 서비스에서 제공하는 인터페이스를 이용해 오리지널에서 제공하지 않는 특수 기능이나 확장 기능을 제공하는 서비스를 말한다. 써드 파티 개발자나 업체는 약관에 위배되지 않는 선에서 공개된 APL과 규약을 이용해 자유롭게 추가 서비스나 개선된 서비스를 만들어 제공하거나 판매할 수 있다.

등의 이미지를 형성할 수 있다.

다른 SNS 어플리케이션과의 연동은 의외의 효과를 가져 온다. 사진 이미지를 중심으로 소통하는 소셜네트워크 서비스 인스타그램의 경우, 카메라로 찍은 사진을 색다른 이미지로 만들 수 있기 때문에 사진에 관심이 있는 사람들이 많이 사용한다. 그래서 인스타그램으로 찍은 사진을 업로드하는 경우, 다른 사람들보다 이미지에 관심이 더 많은 사람이라고 여겨지기 쉽다. 또는 패션 중심의 SNS인 스타일쉐어도 비슷한 경우다. 주로 자신이 입은 옷이나 구매한 옷을 업로드하고 그 정보를 공유하는 서비스이기 때문에, 페이스북 등 다른 SNS에 연동되면 자연스레 패션에 대한 관심을 어필할 수 있다.

사실과 깊이의 차이

태그는 거짓말하지 않는다. 예를 들어 보자. 대학생 A군은 음대에 다니는 한 여학생을 마음에 두고 있다. A군은 그녀와의 대화 도중에 "내가 요즘 피아노 연주곡에 빠져 있어"라거나, 유명 피아니스트 이름을 거론하며 음악에 대한 특별한 관심을 표명한다. 하지만 이것은 호감을 얻기 위한 거짓말일 수도 있다. 인터넷 검색에 의존해, 관심을 가지려고 노력하는 정도일 수도 있다. 하지만 그의 페이스북에 공연장을 태그하고 피아노 연주회에 다녀왔다는 글이 올라온다면 어떨까? 오래전부터 종종 괜찮은 피아니스트의 동영상이나 정보를 올리고 자신의 생각을 적어 왔다면? 진짜 공연에 가지 않고는 태그를 할 수 없다. 지속적으로 관심사에 대한 링크를 걸고 글을 써오는 것은 시간과 진심이 필요한 일이다. 그 사실이 신빙성을 만들어 낸다. 결국 그에게는 '피아노 연주를 좋아하는 사람'이라는 꼬리표(태그)가 붙을 수 있다.

하지만 태그가 그 깊이를 보장하지는 않는다. 2013년 한 해, 음악 페스티벌이 성행하면서 많은 20대가 페스티벌에 다녀왔다는 '증거'들을 페이스북에 올렸다. 영화나 다른 문화생활에 비해 고가인 편이라 그 열기에 함께하지 못했던 사람들은 상대적으로 박탈감을 느끼기도 했다. 하지만 몇몇 사람들은 무대에서 공연하는 뮤지션보다는 그 페스티벌에 참여했다는 자체에 집중하는 것처럼 보였다. 그 자리에 있었다는 인증이 각 페스티벌의 특정 음악 스타일(록, 재즈, 클래식 등)에 대해 많이 알고, 깊이 즐긴다는 증거라고는 할 수 없다. 같은 의미로, 그런 음악 페스티벌에 가지 않는다고 해서 음악에 관심이 없다고도 할 수 없다. 모든 종류의 음악 페스티벌을 꼬박 챙겨 가는 사람보다, 집에서 주의를 기울여 음악을 듣고 그에 대해 나름의 공부를 한 사람이 음악적으로 더 풍부할 수 있다는 말이다.

물론 이것은 오프라인에서 스스로 채워야 할 부분으로 남아야 하는 것이 당연하다. 하지만 가족끼리, 연인끼리 마주 앉은 자리에서도 휴대폰만 들여다보는 것이 요즘이다. SNS에서 자신의 모습을 드러내는 횟수가 잦아지고 시간이 늘어날수록 오프라인에서보다 온라인에서 존재하는 자신에 대해 신경을 더 쓰게 될 수도 있다.

태그 소비 예측

SNS 아이덴티티의 발동

세계적인 IT 블로거이자 뉴욕 시립대학교CUNY, City University of New York 저널리즘 경영대학원 교수인 제프 자비스Jeff Jarvis는 저서 『공개하고 공유하라』(청림출판, 2013)에 이렇게 적었다. "우리는 개인적인 정체성을 공개적인 행동으로 옮긴다. 우리는 어떤 이슈에 대한 입장을 개인적으로 결정하지만, 그 입장을 공개하면 비슷한 생각을 하는 다른 사람들과 연결될 수도 있고 그들과 생각을 공유하거나 행동을 조직할 수도 있다. 동시에 다른 사람들과 함께 살아가는 공적인 생활, 즉 다른 사람들의 생각이나 주장, 근거 등을 듣는 것은 우리가 사적인 결정을 할 때 정보를 주기도 한다. 이처럼 공공성은 사생활에 의존한다."[44] 물론 우리는 이처럼, 페이스북을 통해 공공성을 사생활에 의존하기도 하고 사생활을 공공성에 의존하기도 한다. 하지만 이것이 100퍼센트의 사생활은 아니다.

사람들은 페이스북에 자신이 '보여주고 싶은' 면만 노출한다. 이에 대해 『빅데이터와 SNS 시대의 소셜 경험 전략: 서비스와 제품의 경쟁력을 높이는 비즈니스 큐레이션』(배성환 외, 에이콘출판, 2012)에

---

[44] 제프 자비스, 『공개하고 공유하라』, 청림출판, 2013.

서는 "소셜 미디어를 통해 교류되는 정보는 많은 경우 남들에게 보여주고 싶은 자신의 정보라는 특징을 지닌다. 이를 매슬로의 '욕구 5단계'에 비쳐보았을 때 3, 4단계에 해당하는 '사회적 욕구'와 '존경 욕구'가 적용되어 있다고 볼 수 있다"고 주장했다.[45] 사람들은 매일 먹는 김치찌개나 제육볶음 사진이 아니라 가끔 먹는 스테이크 사진만을, 자주 들르는 노래방보다는 가끔 들르는 서점만을, 매주 가는 술집보다는 처음 방문한 카페만을 게시한다. 그렇기 때문에 게시된 것만으로 누군가를 파악하는 것은 몹시 부정확한 일이다.

페이스북의 면면을 상세히 다룬 책 『페이스북 이펙트: 세계를 하나로 연결하는 힘』(이준구 저, 아라크네, 2010)에서는 "캐나다 요크대의 소라야 메디자데가 2010년 8월 16일에 「사이버 심리학, 행동과 사회망 형성 Cyberpsychology, Behavior and Social Networking」에 게재한 논문의 결과를 보자. 18~25세 남자 50명과 여자 50명을 설문조사하여 나르시시즘에 대한 심리 테스트를 한 결과 (중략) 나르시시즘이 심한 사람은 자존감이 낮은데 설문조사 결과 페이스북 페이지 체크를 자주 하는 사용자는 나르시시즘이 강하다는 것이다. 자기 자신을 남에게 잘 보이고 싶어서 스스로를 그럴 듯하게 포장하여 선전하는 사람이 페이스북을 보다 열성적으로 사용하는 경향을 보인다"고 말했다.[46]

더 나아가, Organic Media Lab의 윤지영 CEO는 이를 'SNS 허세 현상'이라고 표현했다. "어렵고 힘든 노력이나 의사결정보다는, 말로써 '보여지고', '드러나는' 것 중심으로 동일시와 차별화를 꾀하기 때문이다. 대부분의 소셜 서비스는 사용자가 생각과 생활을 노출

---

[45] 배성환·김동환·곽인호·송용근, 『빅데이터와 SNS 시대의 소셜 경험 전략: 서비스와 제품의 경쟁력을 높이는 비즈니스 큐레이션』, 에이콘출판, 2012.
[46] 이준구, 『페이스북 이펙트: 세계를 하나로 연결하는 힘』, 아라크네, 2010.

하고 그에 대해 지인이 반응하는 방식으로 이뤄져 있다. 이 구조도 SNS가 허세로 흐르는 현상과 무관하지 않다. 말이나 사진 같은 것들이 나를 대변하는 상징이자 기호임과 동시에 가장 손쉬운 방법이다 보니 이것이 과도화되어 '허세' 현상까지 도달하는 것은 자연스러운 수순이다."[47]

하지만 타인에게 좋은 이미지만 보여주고 싶은 것은 당연하기 때문에, 사람들은 앞으로도 그렇게 할 것이다. 그것이 반복적으로 이뤄지면서, 타인에게뿐만 아니라 스스로에게도 SNS를 통해 아이덴티티identity를 형성하게 될 가능성이 있다. 이것은 자신의 취향을 자주 확인하고 발전시키게 된다는 면에서 긍정적일 수 있다. 게다가 게시물의 댓글을 통해 자신이 알지 못했던 정보를 습득할 수 있으며, 비슷한 취향을 가진 사람들과 쉽게 자주 소통할 수 있다는 부분도 장점이다. 하지만 이 아이덴티티는 너무도 불안정하다. 외부에 보여지는 면에만 초점이 맞춰져 있기 때문이다. 그렇기 때문에 각자가 자신의 정체성을 견고히 하기 위해 나름의 노력을 할 필요가 있다.

매스미디어에 휩쓸리지 말 것

게다가 태그는 '많이 알려진' 것일수록 댓글이 많이 달리고 더 많은 반응을 이끌어 낼 수 있다. 가령, 진짜로 좋은 재료를 쓰고 훌륭한 맛을 내는 숨겨진 맛집보다 최근 케이블 방송에 노출된 가게를 태그하는 것이 더 많은 댓글을 유도할 수 있다. 인디 영화관을 태그한 글보다 마케팅이 잘된 상업 영화 글에 더 많은 댓글이 달릴 수 있다. 다른 사람들의 반응에 신경을 쓴다면, 결국 더 많은 댓글이

---

[47] http://organicmedialab.com/2013/05/01/user-identity-in-social-network-service/.

달릴 만한 선택을 하게 된다는 것이다. 혹 그런 댓글의 개수에 신경 쓰지 않는다고 해도, 반응이 많은 게시물이 더 많은 사람들에게 읽히고 인식된다는 점에서 전혀 영향을 받지 않을 수는 없다.

SNS가 유행처럼 퍼져 나가던 초기에는 SNS의 '집단 지성'[48]이 주목 받았다. 다수의 지성을 사용하여 옳은 결과물을 만들어 내거나, 옳지 않은 정보를 배제할 수 있다는 것이다. 하지만 스마트폰의 확산으로 SNS 이용자가 늘어나고 자정능력이 점차 떨어지게 되었다. 게다가 문화적 취향에 있어서는 '다수의 개체'를 활용하는 집단 지성의 개념이 오히려 역효과를 일으킬 수 있다. 물론 SNS를 통해 자신과 비슷한 취향을 가진 사람들과의 커뮤니티를 형성할 수도 있다. 하지만 페이스북과 같이 오프라인의 관계를 바탕으로 이루어지는 SNS를 사용하다 보면, 아무래도 주변 사람들이 가진 취향과 비슷한 취향을 갖도록 유도된다.

사람들은 기본적으로 소속감과 그로 인한 사회적 안정감을 얻고 싶어 하는 성향이 있다. 그 때문에 무의식중에 다른 사람들과 비슷한 선택을 하도록 유도되기도 한다. 만약 자신이 아이스하키를 좋아한다 하더라도, 유독 관련 글이 많이 올라오는 야구 시즌이 되면 하키 경기보다는 야구 경기 관람을 선택하게 되는 것이다. 다시 말하자면, 자신의 진짜 취향에 집중하기보다는 매스미디어나 다수의 대중에 의해 좌지우지될 가능성이 높다. 결국 SNS를 통한 집단 지성은 유의미한 결과를 만들어 내는 긍정적인 부분이 될 수 있지만, 그

---

[48] " '집단 지성(Collective Intelligence)'은 생태계에서 다수의 개체들이 협동하여 하나의 집합적인 지능을 만들고, 그것이 어떤 지능적인 활동과 역할을 수행하는 것을 말한다. 벌이나 개미, 떼 지어 이동하는 새나 물고기 등의 활동을 지칭하는 '떼 지성(Swarm Intelligence)'이란 용어도 있다. 집단 지성은 다수의 컴퓨터 이용자 간의 상호 협동적인 참여와 소통으로 만들어지는 결과물, 집합적 행위의 결과물, 판단과 지식의 축적물 혹은 그 과정을 말한다.", 백욱인, 「디지털 데이터 정보 지식」, 커뮤니케이션북스, 2013.

것이 '집단 취향'으로 이어진다면 개개인의 개성을 저하하는 부정적인 부분으로 발달될 수 있다.

editor's thought

육진아 기자 yook@univ.me (「대학내일」 캠퍼스커리어팀)

나는

지금 이상한 나라에

서 있다

    내가 이 책의 기획의도를 올바르게 이해한 것이라면, 지금 이 페이지를 펼쳐 놓은 독자는 분명 1994년부터 2004년까지 방영됐던 미드 〈NBC 프렌즈Friends〉를 아실 테다. 그중 에피소드 하나가 기억에 남는다. 극중 두 친구가 '이 세상에 완벽한 이타적 선의가 존재하는가, 아닌가'에 대해 내기를 걸었다. "내가 너를 위해 기도하는 것이 이타적 선의가 아니면 무엇이겠어?", "아니, 나를 위해 기도함으로써 너는 기분이 좋아질 테지. 한 마디로, 네 기분이 좋아지려 나를 위해 기도하는 거 아니겠어? 그거야 말로 이기적인 일이지"라고 하는 연역적 추리의 오류를 20분 내내 반복한다. 결론이 어떻게 났는지는 기억나지 않지만, 나는 저 첫바

퀴 자체가 인간의 이타성 논의에 대한 역사적 현장을 압축한 것 같다는, 말도 안 되게 멋있는 확대해석의 오류를 범하고 뿌듯해했다.

리처드 도킨스Richard Dawkins의 『이기적 유전자』(을유문화사, 1993)가 진화생물학계에서 주도권을 빼앗기게 된 결정적 사건은 매트 리들리Matt Ridley의 『이타적 유전자』(사이언스북스, 2001)라는 책의 등장이었다. 이 책은 "인간은 우주상 유일무이할 정도로 상호의존적 존재이며, 따라서 이기적 유전자 못지않게 이타성(호혜주의)은 인간의 강한 본능"이라고 주장한다. 물론 뒤이어 "그 따위 유전자는 별게 아니다"라는 훌륭한 주장도 나왔는데 인간의 유전자에 대해서는 더는 어려워서 못 쓰겠고, 이 글에서 쓸 필요도 없어 다행이다.

어쨌든 나는 「대학내일」에서 맞이하는 일곱 번째 여름방학이었던 지난 2013년 8월, 취재요청 메일 리스트를 아웃룩에 띄운 채 한참을 멍하게 앉아 있었다.

> [취재요청] _ 한국에서 지역과 대학생 모두를 위한 플리마켓을 진행했습니다. 그것을 이곳 런던에서도 하게 됐어요. 기사를 싣고 싶습니다.
>
> [취재요청] _ 안녕하세요. 청소년을 위한 수상한 오빠들의 미심쩍은 상담소입니다. 우리는 정말 멋진 일을 하고 있는데, 기자님도 아셔야 할 것 같아서요.
>
> [취재요청] _ 대학생이 직접 기획한 조혈모세포 기증릴레이, 기네스북 도전 프로젝트! 청계천 광장에서 열립니다. 사전 보도 가능할까요?
>
> [취재요청] _ 첫 직장을 잘 다니다 그만두고 대학생들과 함께하는 히말라야 등반 프로젝트를 기획하고 있습니다. 저도 젊지만, 제 후배들에게 알려 주고 싶은 것이 있습니다. 관심 있으시면 연락 부탁합니다.

숭실대학교 광고마케팅 동아리 'ACE'의 '[WE MAKE 1DAY]' 조혈모세포 기증 릴레이 기네스 기록 도전

'대학생들의 지역 살리기'를 목표로 고용노동부 창업 진흥 프로그램인 '창조캠퍼스팀'으로 선정되기도 했던 'Re:Feel'이 이번엔 플리마켓의 본고장 영국에서 열렸다!

 같은 지면을 담당하는 후배가 "이거 하나로 묶어서 내보내도 되겠는데요?"라고 명랑하게 말하는 동안, 나는 이상한 나라로 향하는 나무 아래 구멍이나, 거울 같은 것을 내 오랜 노트북 스크린에서 발견한 것이다.
 코미디가 아닌 이상, "어맛! 세상 사람들이 모두 착해졌나보앙!"하는 감탄을 하고 있는 것이 아니다. 사실 진짜 웃긴 건 그 정반대의 경우니까. 내가 느낀 이상한 기류를 그나마 납득할 수 있게 설명해 주는 것은 대형 문고의 '2030년 미래 보고서'류의 책들이 전시돼 있는 책장 한 면이다. 이들은 먼저 '더 이상 성장할 수 없는 세계경제가 어떻게 되겠는가?'를 물었다. '양극화 심화의 끝은 어디인가'라는 질문에 대한 답은 이미 월스트리트의 붕괴로 현현됐다고 말했다. '메리 크라이시스, 해피 뉴 피어Merry Crisis, Happy New Fear'라고 쓰인 화분을 모자처럼 뒤집어 쓴 얼핏 광대 모습의 노숙인이 앉아 있는 광장 한복판에서 "살기 위해 쓰레기통을 뒤지지 않으려면 존엄성 있는 죽음 이외에 다른 방법은 없다"며 권총 자살한 그리스인 디미트리스 흐리스툴라스 씨의 이야기는 실화다. 얼마 전 참가한 취업설명회에서 "옆 사람과 반갑게 인사도 하시고요, 인사하셨나요? 네… 이 중 한 명은 붙고, 한 명은 떨어집니다. (헐퀴덜퀴 넘아!)"라며 경쟁률을 체화시켜 준 일도 실화다.
 사실 나는 두 사건에서 똑같은 엄혹함을 느꼈다. 그렇다면 우리의 미래는 엄혹할 것이다. 이것이 나의 짧은 답이었는데, 문제는 모두 나와 같은 대답을 하지는 않을 것이라는 데 있다. 지구상에 존재하는 스위스란 나라에서는 이제 모든 성인이 매달 300만 원이라는, 인간적 삶을 영위하기 위한 돈을 '기본 소득'이란 이름으로 받게 될지도 모른다. "프랑스에서처럼 피를 흘리는 혁명이 아니라 세제 개편 등 다양한 혁신을 통해 변화하는 국가를 경험하게 될 거"라 말해준 사람의 국적은? 대한민국이었다. 이 '사단법인 복지국가 소사이어티'라는 정책연구단체에서도 대학생 집단이 활발한 리서치, 기획 활동을 하고 있다. 여기서 질문 한 가지를 하겠다. 일단, 당신이 2013년에 대학에 입학한 신입생이 돼야 한다.

> Q. 당신은 신입생입니다. 이번 겨울방학, 일정이 겹치는 바람에 1학점짜리 스노보드 교양 수업과 해외봉사 대외활동 중 한 가지를 선택해야 합니다. 당신은 어떤 것을 선택하겠습니까? (*단, 인격 및 심리 테스트 아님)

벌써 분석을 끝낸 분도 있겠지만, 이것은 감각적인 즐거움(쾌락)과 사회적 가치 추구를 비교하기 위한 질문이다. 내가 낸 질문은 아니고, 나와 아까 그 후배 기자, 그리고 6명의 대학생으로 구성된 「대학내일」 캠퍼스커리어팀 잡담 테이블에서 팀 막내인 찬희가 겪은 친구와의 일화에 등장한 질문이다. 찬희는 현대자동차그룹이 주관하는 '해피무브 글로벌 청년봉사단'에 다녀온 직후였고, 친구는 지원서를 내고 결과를 기다리는 중이었다. 찬희의 물음에 친구는 망설임 없이 '스노보드 교양'을 택했는데, 찬희는 이것을 "대외활동 경험이 없는 친구들의 일반적인 대답"이라 평했다. 그도 그럴 것이 즉각적인 선택을 받기에 쾌락만한 것이 없다는 것은 고대부터 내려온 정설이 아닌가! 다만 인간세계에서 이 쾌락의 추구와 만족은 결코 지속될 수 없기 때문에 우리는 지속가능하게 선택할 수 있는 다른 존재의 목적을 찾아야만 하는데, 이것이 바로 사회적 가치 추구다. 찬희는 말을 이었다. "하지만, 해외봉사나 유사한 대외활동을 해본 친구들은 그 경험 폭의 차이를 알기 때문에 당연히 해피무브를 택하죠." 옆에 있던 선우도 할 말이 많았다. 진로 탐색에 열정적인 선우는 진정으로 하고 싶은 일을 찾는 천직 찾기 프로젝트 '대안대학교 – 열정대학' 재학 당시의 경험을 떠올렸는데, '20대에 꼭 해야 할 일' 공모에서 최종으로 뽑힌 10개 팀 중 8개 팀이 사회공헌 아이디어를 제안했으며, 최종 선발된 팀도 사회공헌 성격을 가진 일을 기획했다는 것이다.

선우의 말을 듣자마자, 대구對句를 이룰 법한 책의 한 구절을 떠올랐다. 내가 한창 스타트업Startup을 취재하던 2010년에 출간된 도나 펜Donna Fenn의 저서 『젊은 창조자들: 스티브 잡스를 꿈꾸는 이들의 생존 보고서』(이상미디어, 2010)는 1977년에서 1997년 사이에 태어난 Y세대 중 스스로 고용을 창출한 63인의 젊은 CEO들을 심층 인터뷰하고 분석한 책이다.

'아이디어 블롭IdeaBlob'이라는 웹사이트는 매월 기업가들이 자신의 새로운 사업 아이디어를 겨룰 수 있는 대회를 운영하고 있으며, 10만 명의 회원이 참여하고 있다. 이 사이트의 디자인, 커뮤니티로서의 특징은 젊고, 컴퓨터에 정통한 기업가들이 선호한다는 것이다. 흥미로운 사실은 1년 동안 등록된 4,000개의 아이디어 중 35%가 사회적 벤처 기업으로 분류된다는 것이다. 훨씬 더 흥미로운 사실은 최종 결승까지 살아남은 사람들의 80%가 사회적 기업가 정신을 갖고 있다는 것이다. 이것은 아이디어 블롭에 참여하는 사람들이 이런 종류의 회사를 선호한다는 의미로 해석할 수 있다. 이들은 사회적 기업가 정신을 가진 더 많은 젊은이들에게 다가가기 위해 현재 아이디어 블롭을 변형한 사이트를 구상 중이라고 말한다. 이제 막 사업을 시작한 기업가들이 사회 환원에 참여하는 일은 거의 없다. 이들은 보통 사업으로 수익을 내는 데 초점을 맞춘다. 수익을 내고 난 다음에야 '환원'에 대해 생각하는 것이다. 하지만 Y세대는 사회 환원에 관한 한 참을성이 없는 세대다. 이들은 하루라도 빨리 사회에 영향을 미치고 싶어 한다. '대의명분 마케팅Cause Related Marketing' 역사에 관한 2008년 조사에 따르면 Y세대의 88%가 가격과 품질이 비슷하다면 '착한' 브랜드를 구매할 의사가 있는 것으로 나타났다. 조사 참가자 중 성인은 79%였는데, Y세대의 51%가 2008년에 '착한' 제품을 구매한 반면 성인의 38%만이 '착한' 제품을 구매한 것으로 나타났다. 또 다른 조사에서 Y세대 응답자의 62%가 '비영리조직을 위해 일할 기회를 제공하는 회사'에서 일하고 싶어 하는 것으로 나타났다. 그러니 Y세대가 회사를 시작할 때 선행을 앞세우는 것은 어쩌면 당연한 일이다."

매해 발행되는 트렌드 관련 책들을 종합하는 작업을 하면서 미국의 트렌드가 4~5년이라는 시간차를 두고 우리나라에 착륙한다는 것을 알 수 있었다. 어찌 보면 직관에 가까운 추측이지만, 라이프스타일에 크게 영향을 미치는 미국 제품들이 2~3년 뒤에 국내에 유통돼 비슷한 환경을 조성하는 것을 보면 전혀 근거 없는 얘기는 아닌 것 같다. 페이스북, 에어비앤비airbnb 같은 IT 서비스들이 한국 사무소를 설치하는 데에도 그 정도의 시간이 걸렸으니까. 시간차에 대한 가장 구체적인 예로는 에너지드링크를 들 수 있다. 에너지드링크는 국제무대 데뷔 후 히트를 치고 부정적인 여론이 형성될 때쯤 한국에 상륙했다. 오스트리아산 레드불의 마케팅은 고도 39km의 우주에서 뛰어내리는 익스트림 스포츠 스폰서가 될 만큼 진보해 있었지만, 우리나라에서는 젊은 층을 타깃으로 이름을 알리기 위해 야간 클럽 및 도서관 홍보, 블로깅 등의 마케팅이 막 시작하는 단계였다. 에너지드링크 마케터 대외활동 프로그램에 참여한 선우 친구의 경험담이 인상적이었는데, '남들이 놀기 시작하는 밤거리에 서서 에너지드링크와 광고 전단지를 돌리는 것이나, 블로그 업로드는 제발 그만 시켰으면 했다. 그러다, 거리 홍보 타깃을 돌려 야간근무를 하는 택시 사분들을 찾아가 에너지드링크를 드리며 응원하는 활동을 했는데 정말이지 훨씬 좋았다'는 이야기다. 대학생, 특히 20대 초반의 그들은 "시간이 없는 가난은 괜찮아도, 경험이 없는 가난은 싫다"고 말한다. 이 나이에는 누구나 경험주의자를 꿈꾼다는 말이 옳은 것 같다. 따라서 마케팅을 위해 대학생 그룹을 조직할 때, 이들의 콘텐츠와 맞바꾸는 보상은 당연히 가치 있는 경험이 되어야 한다. '우리는 상품이 아니라 경험을 팝니다'라는 고전 마케팅 전략은 T.G.I.Friday's나 애플스토어에서뿐만이 아니라 대학생 대외활동 프로그램 기획에도 필요해 보인다.

그렇다, 나는 청년층의 사회적 가치 추구 성향이 우리나라에도 도래했으며, 이것은 대외활동 참여라는 작은 범위에서부터 개인 프로젝트, 창업에 이르는 큰 범위에서까지 증명되고 있다는 것을 알리기 위해 이렇게나 많은 말을 한 것이다. 나는 다시 2008년에 힐러리 클린턴Hillary

Rodham Clinton 상원의원의 대선전략 책임자 마크 펜Mark Penn과 앨 고어Al Gore 부통령의 연구원 킨니 잘레스니E. Kinney Zalesne가 함께 쓴 『마이크로트렌드: 세상의 룰을 바꾸는 특별한 1%의 법』(해냄출판사, 2010)이라는 책을 펼친다. 이들은 주목할 만한 트렌드 중 하나로 '비영리직 종사자 - 좋은 기업을 넘어 위대한 사회 부문으로'를 꼽았다.

> 1970년대 말 이래로, 정부는 물론 기업들도 인재 확보의 측면에서는 그리 인상적인 성장을 이룩하지 못했다. 반면 그들 대신 성장한 부분이 바로 '제3섹터third sector'다. 그들은 전체 경력을 통해 주주나 이익, 연말 보너스에 대해 생각하지 않아도 되는 사람들이자 기하급수적 성장이 아니라 점진적으로 성장하는 보상을 추구하는 사람들이며 "내게 돈을 보여줘"라는 말이 자신에게는 그저 1990년대 말 어떤 미식축구 영화에 등장했던 기발한 장면에 불과한 사람들이다. 먼저, 기부자의 돈이 그것을 가능하게 했다. 둘째로, 민간 부문이 여론의 질타를 받고 있기 때문에 비영리 부문의 매력이 더욱 커지고 있다. 세 번째 이유는 비영리 부문 자체가 성숙하여 과거에는 정부의 영역에 속했던 사회적 문제들을 민간기업에서나 볼 수 있었던 혁신과 규율로 다루기 시작했기 때문이다. 과거에는 비영리 부문이 기업 세계에 비해 정체된 분야이고 견고한 공공 부문에 대해 가난한 사촌 정도로 간주되는 것이 보통이었지만, 이제는 몰려드는 인파의 첫 번째 목적지로 점차 탈바꿈하고 이다. 수백만 명의 젊은이들이 기업 세계의 글로벌 경제 전쟁 때문에 몸을 사리고 정부의 서비스에는 그다지 신뢰를 느끼지 못하면서 이제 대안적 삶을 선택하고 있으며 그 삶의 규모는 점점 더 커지고 있다. 그것은 바로 비영리 부문의 경력을 추구하는 삶이다. 그 결과, 더 많은 젊은이들이 단지 자신을 위해서만 좋은 일이 아닐 다른 사람에게도 좋은 직업을 선택하고 있다.

많은 분들이 이미 읽었을 법한 베스트셀러, 짐 콜린스Jim Collins의 『좋은 기업을 넘어 위대한 기업으로』(김영사, 2002)의 두 번째 시리즈는 『좋은 기업을 넘어 위대한 기업으로, 그리고 사회적 부문들Good to Great and the Social Sectors』이란 제목으로 출간되었다(국내에는 아직 미출간). 같은 맥락에서 올해 하반기 시작과 함께 대학교 학보, 일간지의 고용 파트에 공통적으로 '사회적 기업 붐' 기사가 실린 것은 유의미하다.

"30명 정원에 130명이 지원했어요. 대학생들이 사회적 기업에 이렇게 관심이 많은 줄 몰랐습니다." 한국사회적기업진흥원 정상철 대리는 7월 개강하는 '사회적 기업 창업 전문과정'의 접수 인원을 확인하고 깜짝 놀랐다. 이 과정은 대학생들에게 사회적 기업의 이해, 마케팅, 홍보 등의 교육 프로그램을 제공한다. 정 대리는 "취약계층을 대상으로 한 복지서비스 제공, 친환경 비즈니스 등 공익을 추구하면서 영업활동을 하는 사회적 기업에 대한 인식이 높아지면서 사회적 기업을 창업하거나, 취업하려는 대학생도 늘어난 것 같다"고 말했다.
— "대학가 새로운 취업코드는 사회적 기업", 「동아일보」, 2013.06.12.

중앙 및 지방 정부의 정치적 비전에 따른 사업지원이 주도하는 움직임에는 늘 슬로건으로서의 한계가 존재했고, 내가 겪은 바로는 그 대상이 청년층임에도 진짜 청년층을 움직인 경우는 드물었다. 거대하게 시작해서 궁색하게 진행되고 소리 소문 없이 사라지는 것. 사회적 기업의 흐름도 그중 하나였는데, 상황이 변했다! 이상한 나라의 20대를 자극하는 것은 사업공모나 지원이 아니었다. 내가 만난 이들은 엄숙하고 즐겁게 가치를 추구하고 목표를 설정하는 과정에서 거침없고 전략적으로 각종 지원들을 이용할 줄 알았다.

이상한 나라는 '구라파'나 '미국'에나 존재하는 줄 알았던 내가 놀랄 일은 아직 더 많이 남아 있었다. 내가 일하고 있는 주간지 「대학내일」에는 매주 '주목할 만한' 20대의 인터뷰가 실린다. 이 인터뷰를 선정하는 기준에 '반드시 사회적 가치를 추구하는 이'라는 전제는 붙어 있지 않다. 그럼 리스트를 한 번 살펴볼까?

[대학생 협동조합] _ 깨알같이 모여 함께 잘 살자.

[청년장사꾼] _ 창업교육, 상행위, 문화 프로젝트를 통해 청년들의 창업을 돕고, 장사라는 상행위를 통해서 단순히 이익만 챙기는 것이 아닌 지역의 활성화까지 도모하겠다는 사람들의 모임.

[오퍼레이션 뷰티풀 Operation Beautiful] _ 있는 그대로 자신을 사랑할 수 없도록 만드는 이 세상에, 몸매 불문하고 자존감을 세워 주는 메시지를 전한다. 미국에서 시작된 이 캠페인을 한국으로 가져 온 김민지 씨는 포스트잇에 위로의 메시지를 적어 곳곳에 붙이고 다닌다.

[소셜벤처 프로젝트 옥 OK] _ 노후주택을 리모델링해 청년들이 거주하는 셰어하우스 'WOOZOO'로 바꾸고 보증금을 없애다.

[푸드보이 FOODBOY] _ 사심 가득한 음식을 만들어서 음식을 통해 사람들과 소통하고 싶어 하는 세 청년. 사업으로 진행하고는 있지만 음식을 팔려고 만들지는 않는다. 음식을 통해 사람들과 만나고 싶다.

[서울대학교 사회공헌조직 티움 T-um] _ 전문적인 컨설팅을 받기 어려운 영세 상인에게 무료 컨설팅을 제공해서 자생력을 심어주는 착한 동아리가 있다.

[어쩌다 열리는 카페] _ 동국대학교 학생들이 운영하는 쌍용자동차 노동자 후원형 카페. 11명 정도의 동국대 학생들이 참여하고 있고, 올 수 있는 사람끼리 연락해서 카페를 열고 있다.

전공이 네 개인 여대생을 일컫는 '4전공녀', 공모전 8관왕, 대형 콘테스트 수상자 말고도 주목할 만한 20대가 이렇게 다양하다니! 나는 이 목록들과 비교해 보고 싶은 다른 리스트를 하나 찾았다.

[HARCA] _ 주택을 관리하는 공익적 사회단체
[학교도 협동조합 모델로!]
[범죄와 싸우는 디자인]
[제이미 올리버와 피프틴 재단] _ 가치를 요리하다
[컨설팅 회사 망고] _ 비영리 단체가 가장 아쉬워하는 것을 주다
[어카운트3] _ 가난한 지역의 종합 상사
[트리오도스 은행] _ 착한 일에만 투자한다

이것은 2010년 영국의 사회혁신 케이스를 모은 책인 『올리버는 어떻게 세상을 요리할까?: 소셜 디자이너 박원순의 영국 사회혁신 리포트』(박원순 저, 이매진, 2011)의 목차 중 일부분이다. 물론 '이것과 이것이 정확히 일치한다'고 말할 수 없다. 지금 여기서 내가 하고 싶은 것은, 태생적으로 공공 가치추구에 익숙한 영국의 사례와 비교했을 때 아이디어와 실행의 측면에서 전혀 뒤처지지 않는 20대들의 이상한 나라, 그 퀄리티에 감탄하는 것이다.

"어느 날 갑자기 '우리가 뭔가 할 수 있겠구나'라는 생각을 하게 됐습니다. 사람을 기반으로 하는 투명성이 세상이 돌아가는 방식과 권위 기관이 통제되는 방식을 어떻게 변화시킨 것인가에 대해 탁상공론식으로 이야기하는 대학생에 불과했던 우리에게 갑자기 섬광이 스치는 듯했습니다. '다른 사람들은 아무도 이 일을 하지 않을지도 몰라. 아마도 우리가 해야 할 사람들일지도 몰라. 포기해서는 안 될 것 같은데.'"라고 말한 후, 주커버그Mark Zuckerberg는 웃었다고 책 『페이스북 이펙트: 전 세계 5억 명을 연결한 소셜네트워크 페이스북의 인사이드 스토리』(데이비드 커크패트릭 저, 에이콘출판, 2010)에 적혀 있다. 아마도 지난 몇 년간, 또 바

로 직전까지도 페이스북 사례를 분석하고 새 기획에 적용하느라 골머리가 아팠을 당신은 더는 페이스북 이야기를 듣고 싶지 않을지 모른다. 하지만 마지막은, 이상한 나라의 현재진행형 미래를 이야기하기 위해 사용해야 하는 불가피한 예시다. 그러니까 당신은, "making the world more open and connected"라는 신념을 가진 '투명성에 복무하는 사회운동'으로서의 페이스북을 경험하고 있는가?

나는 아직 그 정도는 아니다. 하지만 내 개인적인 경험으로 신념이 없는 서비스와 신념이 있는 서비스를 대할 때의 태도는 확실히 다르다. 후자 쪽엔 왠지 모를 진지함 내지는 경건함이 있다. 사용자가 된 것만으로 엄청난 대의에 참여하고 있다는, 그런 느낌 말이다. 앞서 인용했던 『젊은 창조자들』을 다시 읽어 보자.

> 대의명분을 중요시하는 브랜드를 만드는 방법에는 새로운 것이 없다. 기업들은 오랫동안 훌륭한 지역사회 프로젝트나 비영리조직의 활동에 관여해 왔다. 사회적 책임을 지는 회사라는 이미지를 만들면 직원들의 사기진작에 도움이 된다. 그리고 행운이 따라준다면 소비자들의 지출을 늘리는 방법이 될 수도 있다. 하지만 업스타트 CEO들이 대의명분을 중요시하는 브랜드를 만드는 방법에는 근본적으로 다른 어떤 것이 있다. 이들은 좀 더 고차원적인 목표를 갖고 회사를 시작하는 경우가 많다. 회사가 수익을 내거나 성장하기 전에도 대의명분을 위해 활동하는 것이다. 그리고 이들 중에는 단 하나의 대의명분을 위해 조직을 구성하고 브랜드를 강화하는 사람들도 있다.

나는 지난 2년에 걸쳐 매주 한 명의 스타트업 대표들의 인터뷰를 싣는 페이지를 담당했다. '제2의 벤처 붐'이라는 타이틀이 무색하지 않을 정도로 매력적인 스타트업들이 탄생했고, '다음 아이템은 뭘 하지?' 따위의 고민은 하지 않아도 됐다. 이들은 대부분 IT 서비스를 개발했다. 공통적으로 영어 사용에 불편함이 없고, 네트워크 또한 월드와이드했다. 이들 세계에선 앞서 트렌드 전파 양상으로 직관한 해외와 국내의 시간차는 존재하지 않았다. 베타 서비스를 열고, 초기 안정화에 성공하면 바로 영어판 서비스를 만들어 해외 사무실까지 오픈했다. 첫 서비스를 영어판으로 오픈한 스타트업도 있었다. 흥미로운 것은 "수익모델이 무엇이냐?"는 질문에 "아직 없다"고 답한 CEO들이 있는 반면, "비전이 무엇이냐"는 질문에 "아직 없다"고 답한 CEO는 없다는 사실이다. 이들은 예외 없이 잠재적 이용자의 복지와 불편을 위해 서비스하기를 희망했고, 자신들의 스타트업이 사회를 더 좋은 방향으로 변화시키는 문화와 생태계가 되기를 희망했다. 그리고 나는 스타트업 대표 인터뷰와 취업설명회 현장 취재를 연이어 소화해야 하는 날이면 짜릿한 두뇌 속 롤러코스터를 타고 전혀 다른 두 나라를 오갔다. 일종의 문화충격 비슷한 것이었다.

이제 글을 마무리해야겠다. 나는 내게 주어진 관찰자 역할에 충실하며 '저쪽에 이상한 나라가 있다'고 말했다. 다시 말하면, 나는 당신을 '이쪽'에 있는 사람으로 설정하는 것으로 이 이야기를 구성했다. 어떻게 해서든 이상한 나라를 낯설게 만들어 몰입시키기 위한 장치였지만 사실은, 당신이 '이쪽'보다 '저쪽'에 가까울 확률이 높다. 왜냐고? 대학생 혹은 20대 마케팅은 그 세대적 특징 때문에 기업의 사회공헌 부문과 긴밀하게 연결돼 있기 때문이다. 그럼에도 "나는 아니다"라고 말하는 것은, (물론 진짜 아니라면 아쉽다) 이 이상한 나라로의 전향이 우리가 감당할 수 있는 '변화의 속도'를 가졌기 때문일 수도 있다. 이미 눈치 챘겠지만 나는 전형적인 '이쪽' 사람으로서, 3~4년 동안 '이상한 나라'의 자극에 정기적으로 노출됐다. 수없이 "당신은 어쩌다 혹은 왜 이 일을 하게 됐습니까?", "지금 가장 힘든 것은 무엇입니까, 불안하지는 않습니까?", "지금은 좀 어떤지 말씀해 주시고, 계획을 밝혀 주세요"라는 3단계 '과거 - 현재 - 미래'에 관한 질문을 던졌다. 그런 식으로 느리게 이해하고, 느리게 이동하는 동안 나의 그 느린 속도가 바로 이상한 나라가 한 사람을 설득하는 속도와 일치하게 된다는 것을 알게 됐다. 이상한 나라는 다행히 너무 많이 진보하거나 진화해 버리지는 않았다. 마지막 인용은 당신의 시각에서 오늘의 논의를 바라보기 위해 준비했다. 2012년에 출간된 『굿 컴퍼니, 착한 회사가 세상을 바꾼다: 위대한 기업을 지속가능하게 만드는 힘, 착한 회사가 세상을 바꾼다』(로리 바시 외, 틔움, 2012)의 일부다.

> 사회적 가치를 촉진시키는 요소들은, 눈에 보이는 트렌드보다 상위에 있다. 최근 20년 간 글로벌 교역량은 지속적으로 증가하였으며, 이것은 또 하나의 힘으로 작용되고 있다. 글로벌화의 진행으로 전 세계 모든 소비자들을 잘 이해하고 관리하는 것이 중요해진 것이다. 소비자들의 '경험' 증진에 대한 열망이 지난 30년 동안 꾸준히 높아져 왔으며, 보다 안전한 경제시스템에 대한 우려가 지속적으로 증가되기 시작했고, 최근의 불황은 이런 불안 심리를 더욱 증폭시키고 있다. 또한 환경 파괴와 재앙적인 기후변화에 대한 사람들의 걱정, 시민의식이 강화된 Y세대의 등장, 규제압력의 등장, 참여적인 주주들의 등장, 그리고 직장에서의 민주화 등도 사회적 가치를 실현하기 위한 중요한 요소로 고려되고 있다.

나는 회사의 사회공헌 프로그램을 운영하면서 앞선 인용에서 등장한 '시민의식이 강화된 Y세대'를 옆에서 지켜보는 기회를 갖게 됐다. 저소득층 저학년 대학생들을 모아 2박 3일 동안 진로 찾기 프로그램을 진행하는 '선라이즈 캠프'에서는 각 조에 고학년 선배들이 멘토로 투입되어 모든 지적, 감정적 지원을 담당하게 된다. 내가 놀랐던 것은 캠프 기간 형성된 관계가 이후로도 이어져, 멘토 입장에서는 어떠한 보상 없이 자신의 지적, 감정적, 경제적 에너지를 후배 멘티mentee에게 투입해야 하는 상황이 무기한으로 이어진다는 것이었다. 멘토들은 대부분 캠프 이전에도 재능 기부, 지역 살리기, 정보 공유, 사회적 기업 등을 실행했던 이들이었다. 이들의 애정과 생산력이 한 개인에게 닥친 불평등의 요소를 수정하고 다시 역동하게 하며 멘티가 다시 멘토로 성장해 선순환하는, 이 작은 그룹의 사회를 목격하는 행운을 갖게 된 나는 오래전에 접었던 심리학도의 꿈 '인간 이타성에 대한 추적조사'를 다시 시작해 볼 생각이다. 그들이 내게도 설레는 꿈 하나를 만들어 준 것이다!

『굿 컴퍼니, 착한 회사가 세상을 바꾼다: 위대한 기업을 지속가능하게 만드는 힘, 착한 회사가 세상을 바꾼다』에는 "친구가 없는 회사는 곧 회사가 아니게 된다A company without company is soon no company at all"라는 인상적인 문장이 나온다. 나는 당신이 당신 자신과, 당신의 회사와, 이 사회를 위해서 '시민의식이 강화된 Y세대' 친구를 한 명은 꼭 가졌으면 좋겠다. 내 친구들을 포함해 Y세대에 관한 자료나 증언, 소개가 필요하면 기탄 없이 연락주기를 바란다.

2013 20대 핫 키워드

캠퍼스 주간지 「대학내일」을 통해 소개된
2013년 20대만의 신조어와 유행어를 살펴본다.

○ 부먹 / 찍먹

"넌 탕수육 소스를 부어 먹어? 찍어 먹어?"
〈MBC 무한도전〉에서 탕수육 소스 '부먹파'인 정준하와 반대하는 '찍먹파' 멤버들 모습이 나오면서 생긴 신조어.

○ 오지라퍼

남의 일에 과도하게 신경 쓰는 사람들을 일컫는 말. '오지랖'이란 단어와 '~하는 사람'을 뜻하는 영어 '-er'가 '오지랖+er'처럼 붙어 생성된 신조어.

○ 드라큘라주

위스키 위에 와인을 띄워서 마시면 드라큘라처럼 입 주위가 빨개진다고 해서 이름 붙여진 폭탄주.

○ 딴(꽌)

무엇인가 예상하지 못한 것이 등장할 때를 표현하는 의성어.

○ 닝겐 / ~이라능

일본 애니메이션을 유달리 좋아하는 사람들(요즘 말로는 오타쿠, 오덕) 특유의 말투. '닝겐'은 '인간'의 일본어 발음이고, '~이라능'은 일본 애니메이션에서 자주 등장하는 번역체 종결어미.

o 甲

'십간++' 중 첫 번째. 최고를 지칭하는 데에 쓰인다. 유의어로는 '짜세'를 들 수 있다. 짜세는 '자세'에서 나온 은어.

o 털리다

보통은 무차별 공격을 당한다는 의미로 쓰인다. 활용예로, '세븐갤이 털린다'가 있다. 디시인사이드의 '세븐 갤러리'는 시도 때도 없이 '털린다'. 단순히 어떠한 이유에서건 '숫자 7'을 연관 지을 수 있다는 것 때문.

o 개드립

'개'와 '애드리브'의 합성어. '개'는 접두사처럼 이 단어, 저 단어에 붙어 '볼품없음'을 뜻한다. 즉 아주 쓸데없는(하지만 가끔 재밌는) 애드리브를 가리키는 말.

o 덕후

지금은 바야흐로 덕후의 시대. 사실 어원은 '오타쿠'로, 어떤 한 분야에 아주 심하게 열중하는 사람을 일컫는 말이었다. 그런데 이 말이 요즘 우리나라에선 '오덕후'로 바뀌었고, 이제 마니아들을 가리켜 '덕후'라 부른다. 중요한 건, 나는 아닌 것 같지만 우리 모두의 내면에 덕후가 있고, 덕내(덕후 냄새)가 풍긴다는 사실.

o 중2병

'질풍노도의 시기'인 사춘기 때 모든 세상이 자신을 중심으로 돌아간다고 생각하기 마련이다. 사춘기가 절정인 중2 때 이러한 생각 또한 절정에 이르러 되도 않는 허세와 멋을 부리는 행동을 일컫는 말이다. 나이가 들어도 중2병을 지닌 사람이 꽤나 많은 것이 현실.

○ **약 빨았다**

기발하게 웃긴 아이디어를 낸 사람에게 하는 말이다. 천재적인 예술가들이 마약을 한 뒤 엄청난 발상을 떠올리곤 한다는 속설과 관련이 있음.

○ **할렘쉐이크**

'할렘 쉐이크 Harlem Shake'란 일상적인 공간(사무실, 집 등)에서 한두 명이 막춤을 추는 것으로 시작하다가 노래가 절정에 이르렀을 때 주변의 모든 사람이 특이한 의상을 입고 막춤 댄스를 선보이는 퍼포먼스로, 뉴욕의 DJ 바우어 Baauer가 최초로 만들었으며 이후 전 세계적으로 패러디 열풍을 불러일으킴.

○ **유행성요약강박증**

스스로 해석하고 요약하기보다 남이 요약해준 것을 섭취하는 데 익숙해지는 것.

○ **캐시슬라이드**

스마트폰 잠금화면을 광고화면으로 설정해 돈을 받는 어플.

○ **케미**

두 주인공, 혹은 두 사람의 호흡이나 조화를 뜻하는 '케미가 좋다'

라는 말로 많이 쓰인다. 나란히 서 있기만 해도 풍기는 두 사람의 분위기를 말하기도 함.

o **멸치맨**

너무 말라서 '마른 멸치' 같은 남자란 뜻. '비린내 난다'는 말을 덧붙이기도 함.

o **좋아요**

사전적인 뜻은 말 그대로 좋다는 뜻이지만 페이스북이 싸이월드를 제치고 새로운 트렌드가 되면서 '좋아요'의 의미는 사뭇 달라졌다. 싫어하는 것에도 '좋아요', 좋은 것에도 '좋아요'를 누른다. 이제 '좋아요'는 '공감'의 상징이 됐다.

o **카톡의 1**

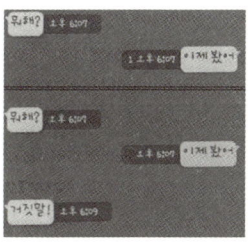
스마트폰 메신저 카카오톡의 준말인 '카톡', 카톡의 1은 카톡 특유의 노란색만큼이나 카톡의 상징이 됐다. 1은 상대방이 읽었는지 읽지 않았는지를 알려주는 숫자로 1이 없어진다면 상대가 읽은 것이고 그렇지 않다면 읽지 않은 것이다. 어쩌면 당신을 차단했을지도.

o **카사**

카카오톡 프로필 사진의 약자. 보통은 '프사'로 많이 불리며 셀카부터 직접 찍은 신기한 사진, 혹은 맘에 드는 풍경까지 내 취향을 드러내 주는 일종의 작은 페이스북이라고 할 수 있음.

○ **꾸쥬워마이걸**

2013년 상반기 유행한 어플 이름. 시트콤 〈MBC 지붕 뚫고 하이킥〉의 엔딩곡 "커즈유어마이걸~"이 흐르면서 '협찬 카페베네'가 뜨는 장면을 패러디할 수 있는 어플.

○ **우주공강**

공강 시간이 엄청나게 긴 상태.

○ **김치녀**

남자를 봉으로 여기고 뜯어내려 하는 여자를 뜻하는 신조어.

○ **펄펙인재**

높은 학점, 화려한 대외활동 경력, 거기에 노는 것까지도 잘하는 대학생 팔방미인을 뜻함.

○ **도핑사회**

성과사회의 패러다임에서 오는 현상 중 하나로, 자신에게 약물을 이용한 도핑을 행함으로써 개인의 능력을 극대화시키려는 사회현상을 말함.

○ **아포리즘**

삶의 교훈 등을 간결하게 표현한 글. 대개 문장이 단정적이며 내용이 체험적이고, 표현은 개성적이고 독창적이다. 속담이나 격언 등과 유사하지만 그것들이 널리 알려져 있으면서도 작자가 분명하지 않은 데 비해 '아포리즘'은 작자의 고유한 창작이라는 점에서 속담 등과 구별된다. 이 용어가 처음 쓰인 것은 히포크라테스의 『아포리즘』이었는데, 이 책에서는 질병의 증세 및 진단, 치료법과 약품에 대한 서술이 길게 나열되어 있다.

ㅇ 코찰청

디시인사이드 코미디 갤러리와 경찰청의 합성어. 코미디 갤러리의 무분별한 신상털기를 가르킴.

ㅇ LGBT

레즈비언lesbian과 게이gay, 양성애자bisexual, 트랜스젠더transgender의 앞글자를 딴 것으로 '성적소수자'를 의미한다.

ㅇ 혼바비언

혼자 밥을 먹는 사람이 많아진 요즘, '혼자 먹는 밥'의 줄임말 '혼밥honbab'에 '-ian'이 붙어 'honbabian'으로 합성된 신조어.

ㅇ 일밍아웃

커뮤니티 일간베스트 저장소를 한다고 커밍아웃하는 것. 사회적 지탄을 받을 각오를 한다는 점에서 '커밍아웃'과 합성되어 쓰임.

ㅇ 글리젠

커뮤니티 게시판 글이 새로 올라오는 속도. 새로 생겨난다는 뜻의 'regeneration'과 글이 합쳐진 말.

ㅇ 루팡

'훔치다'라는 뜻으로 쓰인다. 추리소설 주인공인 도둑 '아르센 뤼팽Arsène Lupin'에서 유래되었다. '월급 루팡(회사에서 월급만 축내는 직원)'으로 사용된다. 또는 좋아하는 연예인이나 사람을 데려가겠다는 의미로도 쓰인다. "영화 〈은밀하게 위대하게〉 봤어? 아, 김수현 루팡할래!"처럼 '망태기에 담아 간다'와 비슷함.

○ 세륜
'사라져 줘, 없어져 줘'라는 뜻. 전에 동방신기에 제6의 멤버 '세륜세준'이 합류할 뻔한 적이 있는데 팬들이 '세륜세준 없어져 주세요'라고 사용한 것에서 유래. '세륜과제', '세륜조모임' 등으로 쓰임.

○ 짱짱맨
디시인사이드 고전게임 갤러리에서 파생되었다는 설이 가장 유력하다. '돌죽짱짱맨'이라는 닉네임을 가진 유저가 이상한 짓을 하고 다니자 갤러들은 반어법으로 그의 닉네임을 이용해 '짱짱맨'이라고 놀리기 시작한 것이 일파만파 퍼졌다고. 응용으로는 '~짱짱걸☆'이 있음.

○ 바운스 바운스
조용필의 〈바운스〉의 히트로, '두근두근'이라는 표현을 종종 '바운스 바운스'라고 바꿔 쓰기도 함.

○ 지빗
프라모델, 나이키, IT기기 등 남성 취향의 물건을 공유하는 SNS (www.zibit.kr)를 말함.

○ 락부심, 인디부심
록음악, 인디음악에 대한 자부심으로 해당 음악을 사랑하는 이들이 지닌 과도한 자부심을 가르킴.

○ **찌구**

찌질이+호구의 복합어. 비슷한 말로 '호질이(호구+찌질이)'가 있음.

○ **안물안궁**

'안 물어 보고, 안 궁금함'의 줄임말.

○ **열정페이계산법**

'열정이 있다' + '재능이 있다' + '재주가 있다' = '돈을 조금만 줘도 된다'는 형식의 논리를 지닌 계산법.

○ **태틀리**

손, 목, 등, 팔, 발목 등에 사용하는 일러스트형 타투 스티커를 말함.

○ **위꼴**

'위가 꼴리다'의 준말. 군침이 도는 음식사진에 '위꼴사(위가 꼴리는 사진)'처럼 쓰임.

○ **GRD ASKY**

'그래도 안 생겨요'를 의미하는 말. 커뮤니티 오늘의 유머에서 유행하기 시작한 말로, 아무리 노력해도 여자친구는 생기지 않는다는 말.

○ **강친**

경호업체 '강한친구들'의 준말로 연예인 경호원들을 칭하는 말. 연예인 보호를 목적으로 팬들에게 무례한 행동을 하는 경호원을 비꼬아 부르는 말.

○ **이불하이킥**

자기 전 창피한 일을 떠올릴 때 덮고 있는 이불을 뻥 차기 마련이다. 이 행동에서 유래된 유행어로 '창피하다'란 의미를 담고 있는 말. "너 나중에 이불 하이킥할 걸?"처럼 쓰임.

o **봉지칵테일**

봉지에 담겨 있어 걸어가면서 간편하게 마실 수 있는 칵테일. 신촌, 홍대 일대에서 젊은이들에게 인기를 끌어 지금은 록페스티벌이나 클럽에서도 자주 볼 수 있음.

o **디스**

'disrespect'의 줄임말. 주로 다른 그룹이나 사람을 폄하하거나 공격하는 언행을 뜻한다. 힙합에서 보편적으로 쓰이고 있다. 20대들 사이에서는 친한 친구들 사이에 장난으로 사용됨.

o **단호박**

단호하게 말하거나 행동하는 것, 또는 그러한 사람. '단호박 먹었다'고 표현하기도 함.

o **답정너**

'답은 정해져 있고 너는 대답만 하면 돼'의 준말로 누가 봐도 대답이 정해져 있는 고민 상담에서 계속해서 대답을 유도해 내는 사람을 지칭.

o **안알랴줌**

상대방을 궁금하게 해놓고 알려주기 싫을 때 장난처럼 쓰는 말. 카카오스토리에 한 여성이 올린 캡처가 화제가 되었는데, 나름 힘든 상황이지만 그 이유는 말하기 싫다는 아이러니한 상황에서 비롯됨.

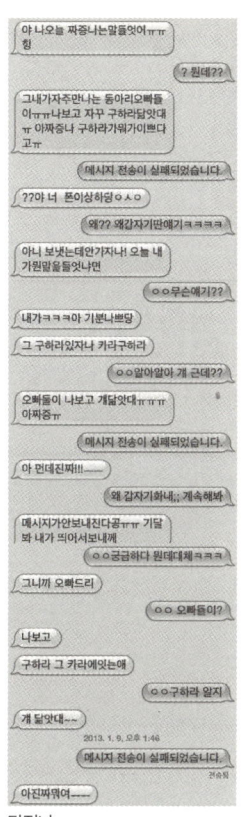

답정너

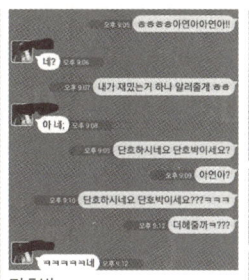

단호박

안얄랴쥼

20대를 사로잡은 브랜드 들여다보기

Life Style Brand

이니스프리
– '가격과 제품, 고객이 함께 착한' 이니스프리의 그린 마케팅

유니클로
– '메가 컬처의 유니클로 라이징', 유니클로의 콜라보레이션 마케팅

핫식스
– '눈은 유쾌하게 혀는 다채롭게', 핫식스의 '오감만족' 유스마케팅

대명비발디파크
– '정보에 민감한, 비용에 탄력적인', 대명비발디파크의 라이프스타일 마케팅

나이키
– '스포츠 브랜드 이상의 러닝을 보여주다', 나이키의 비욘드 마케팅

지산 월드 록페스티벌
– '락 이상의 樂', 지산 월드 록페스티벌의 하이브리드 마케팅

20대 공략에 성공한 브랜드를 선정하기 위해 우리는 다음과 같은 선정과정을 거쳤다.

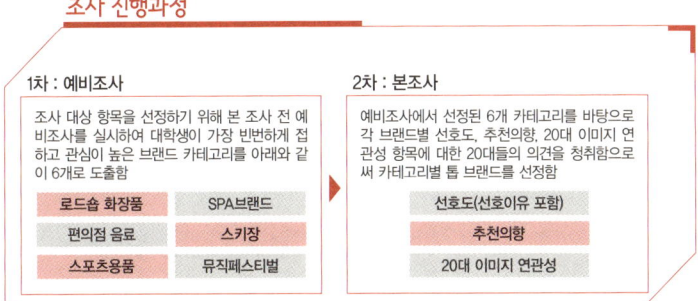

조사 구성

구분	1차 : 예비조사	2차 : 본 조사
조사기관	대학내일20대연구소	
조사대상	전국 20대 남녀 남녀 800명	전국 20대 남녀 2,000명
조사방법	모바일 어플리케이션을 통한 온라인 서베이(무작위 추출)	
조사기간	2013년 6월 17일~21일(5일간)	2013년 7월 11일~12일(2일간)
조사내용	최근 6개월간 구매한 제품/서비스 중 가장 마음에 들었던 브랜드 (주관식 자율 응답)	후보 브랜드 6개 카테고리별 선호도/추천의향/20대 이미지 연관성 조사 (객관식 다지선다형 응답)

지난 2013년 6월 17일부터 21일까지 5일간 전국 20대 남녀 800명을 대상으로 '2013년 한 해 구매했던 제품이나 서비스 중 가장 마음에 들었던 브랜드는 무엇입니까?'란 자율응답형 설문에 기반한 예비조사를 진행하였다. 먼저 실제 20대들의 삶 속에서 가장 빈번하게 구매되고 그들이 관심 있어 하는 제품 카테고리를 도출하였다. 이렇게 도출된 〈편의점 음료〉, 〈스키장〉, 〈뮤직 페스티벌〉, 〈로드숍 화장품〉, 〈스포츠용품〉, 〈SPA 브랜드〉 등 여섯 가지 카테고리를 바탕으로 각 카테고리별 경쟁 브랜드들의 선호도와 추천의향, 20대 이미지 연관성 등을 세분화해 지난 2013년 7월 11일부터 12일 양일간 전국 20대 남녀 1,000명을 대상으로 본 조사를 실시하였다. 이러한 과정

을 통해 20대만의 브랜드 파워 지수를 산출하여 20대 공략에 성공한 브랜드를 종합해 각 1위 브랜드 6종을 선정했다. 다음에서는 브랜드별로 2013년 한 해 펼쳤던 20대 타깃의 다양한 마케팅 사례들을 살펴보기로 한다.

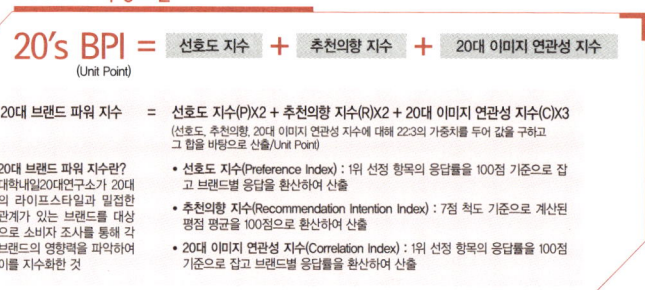

※ 대학내일20대연구소 연구리포트 : (2013-16) "2013년 20대가 선정한 TOP BRAND는?" 참조(www.20slab.org를 통해 확인 가능)

로드숍 화장품
이니스프리

'가격과 제품, 고객이 함께 착한'
이니스프리의 그린 마케팅

중저가 화장품 시장 경쟁이 과열 양상을 띠기 시작한 지 오래다. 더 이상 가격만으로 경쟁력을 갖추기 어려운 상황. 지갑은 얇지만 민낯엔 질겁하는 20대는 이들 브랜드의 핵심 공략 대상이다. 이니스프리는 그런 20대에게 가장 사랑 받는 라이프스타일 TOP 브랜드로서 자리매김했다. 자사의 아이덴티티인 '그린Green'을 다양한 관점으로 활용하며 20대에게 깊이 각인된 2013년 이니스프리의 '그린 마케팅'을 살펴보자.

'그린 이니스프리, 그린 커스토머', 일방적인 CSR이 아닌 '함께 공헌'

어지간한 기업은 사회공헌활동을 진행한다. 장학사업, 불우이웃 돕기 등 분야는 다양하며 대개 기업 차원 혹은 임직원들의 참여로 이루어진다. 이니스프리 역시 '자연', '그린'을 테마로 활발한 사회공헌을 진행 중이다. 다만 그 주체는 기업 일방이 아니다. '공병수거 캠페인', '1만 그루 나무 심기 캠페인', '이니스프리 에코손수건 캠페인' 등 이니스프리의 '그린 CSRCorporate Social Responsibility'은 사실상 고객과의 '함께 공헌'이다. 내가 신발을 한 켤레 사면 똑같이 아프리카 어린이에게 한 켤레가 돌아가는 '탐스슈즈Toms Shoes'의 착한 마케팅과 비슷한 맥락이다. 이런 형식의 참여를 통해 소비자는 브랜드의 이미지를 내재화한다. 고객 참여를 통해 기업 이미지 제고에 효율적인 CSR을 진행하면서 자연스럽게 브랜드 로열티를 확보할 수 있는 방법이기도 하다. 다른 연령대에 비해 이런 종류의 활동에 적극적인 20대이기에 더욱 효율적으로 어필할 수 있다.

1. 이니스프리 공병수거 캠페인 (상시)
"다 쓴 화장품 용기는 이니스프리에게 돌려주세요!"
이니스프리는 공병수거 캠페인을 10년째 진행 중이다. 이 캠페인을 통해 10년 동안 10만 개의 공병이 수거되었다.

2. 1만 그루 나무 심기 캠페인 (4월 21일)
중국 내몽고의 사막화 방지를 위해 중국 론칭 때부터 진행된 그린 라이프 캠페인의 일환으로 이니스프리 임직원과 중국 고객들이 함께 참여한다. '더 그린티 씨드 세럼' 세트를 한 개 판매할 때마다 나무 한 그루를 심을 수 있는 금액을 기부하는 형태다.

3. 이니스프리 에코손수건 캠페인 (6월)
"휴지 대신 손수건을 사용하는 작은 습관으로 나무를 살리고, 숲을 지키고, 지구의 체온을 내리자."
'환경의 달' 6월을 맞아 진행된 캠페인이다. '서명 이벤트'를 통해 고객들의 캠페인 참여를 보다 확대했으며, 특별히 에코손수건 캠페인을 체험할 수 있는 공간인 '에코손수건 팝업라운지'를 운영했다.

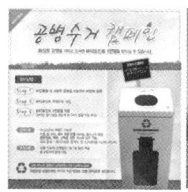
공병수거 캠페인

1만 그루 나무 심기 캠페인

에코손수건 캠페인

'트렌디 그린', 자연친화적 이미지에 트렌드 가미

자연친화적인 이미지는 자칫 시대에 뒤처져 있다는 느낌을 줄 수도 있다. 트렌드를 중시하는 20대 소비자들에겐 치명적이다. 이니스프리는 트렌디한 브랜드와의 콜라보레이션collaboration과 트렌디한 장소에서의 팝업스토어pop-up store 운영을 통해 이런 위험을 비켜 가고 있다.

1. 이니스프리 + 유니클로 공동 '에어 솔루션' 이벤트 (4월 18일)

유니클로UNIQLO는 실용성과 트렌디한 이미지로 20대에게 독보적인 인기를 얻고 있는 의류 브랜드다. 이니스프리는 자사의 '에어 스킨 핏 BB'와 유니클로의 '에어리즘' 출시를 기념한 공동 이벤트를 진행했다. 두 브랜드의 주요 고객층인 2030 여성을 타깃으로 합리적인 가격대의 제품을 출시하면서 유니클로가 가진 트렌디한 이미지를 활용할 수 있었다는 점에서 효율적이었다는 평가다.

2. 홍대 2호점 자연발효 팝업스토어 운영 (4월~5월)

마찬가지로 젊은 세대의 메카, 홍대 역시 이니스프리에게 트렌디 그린의 이미지를 부여하기 좋은 장소다. 이니스프리는 홍대 2호점에서 원료와 자연발효의 공정 전 단계를 직접 경험할 수 있는 자연발효 팝업스토어를 운영하며 자사의 신제품을 체험할 수 있게 했다.

에어 솔루션 이벤트

자연발효 팝업스토어

'이니스프리의 그린스토리', 온라인 공간의 '그린마우스' 운영

화장품 브랜드에게 중요한 요소 중 하나는 '입소문'과 '평판'이다. 젊은 층을 주 타깃으로 하는 브랜드라면 더 말할 나위가 없다. 이니스프리는 온라인 공간에서 자사의 스토리가 효율적으로 확산될 수 있게 하는 데에 상당한 공을 들였다. 일명 '그린마우스'이다.

1. 친환경 대학생 마케터 '그린어스' 운영

'그린어스'는 이니스프리의 그린라이프 캠페인 기획과 마케팅에 참여하는 대학생 마케터 활동으로 현재 10기가 운영 중이다. 이들은 이니스프리의 그린스토리를 적극적으로 만들고 확산시킨다. 활동이 종료된 후에도 우직한 로열티 그룹으로 남아 온, 오프라인상에서 이니스프리에 대한 긍정적인 여론 형성에 기여하게 된다.

2. 이니스프리의 소셜 채널 '소셜이니' 운영

이니스프리의 '그린마우스'는 대학생 마케터뿐 아니다. 이니스프리는 일명 '소셜이니'라 불리는 SNS 채널을 활발하게 운영 중이다. 특히 페이스북은 팬 수 16만에 달하며 18세에서 24세가 이 페이지의 주요 팬층이다. 이니스프리는 이 페이지를 통해 문화 체험, 메이크업 팁, 할인 및 혜택 안내, 샘플링 이벤트 등을 진행하고 있다. 단순 제품 홍보뿐 아니라 댓글, '좋아요' 등을 통해 (잠재)고객과의 활발한 커뮤니케이션하며 브랜드 로열티 형성에 기여하고 있다.

그린어스 10기 모집 공고

이니스프리 페이스북

이니스프리는 '자연'이란 명확한 콘셉트로 대중에게 어필한다. 얼핏 20대 젊은 층에겐 어울리지 않을 법도 한 이 키워드를 효율적으로 어필할 수 있었던 데에는 위에서 언급한 '함께 공헌', '트렌디 그린', '그린마우스의 활용'이 적지 않은 영향을 끼쳤을 것으로 본다. 다채로운 마케팅을 통해 이니스프리를 20대 라이프스타일 TOP 브랜드로 만든 담당 마케터의 인터뷰를 소개하며 글을 마친다.

이니스프리 마케팅본부
MI팀 손경진 과장

Q. '이니스프리'하면 '자연'이 가장 먼저 떠오릅니다. 이니스프리가 자연친화적인 브랜드로 탄생하게 된 배경이 궁금합니다.

A. 브랜드명인 'innisfree'는 "피부에 휴식을 주는 섬"을 뜻하며, 청정섬 제주가 주는 자연의 혜택을 담아 고객에게 건강한 아름다움을 선사하고, 자연주의를 콘셉트로 한 다수의 히트 상품 매출을 이어가고 있습니다. 이니스프리 브랜드가 처음 론칭한 2000년도 당시, 'Green'은 전 세계적인 메가 트렌드였으며, 의식주 전반에 '웰빙'이란 키워드가 중요하게 떠오르면서 먹을거리, 화장품 등의 원료 자체에 대한 관심도 늘었습니다. 그래서 이니스프리는 'Green, 즉 자연을 피부에도 적용해 보자'라는 생각 아래 '그린과 자연'은 이니스프리 브랜드의 기본적인 DNA가 되었으며, 청정자연의 원료를 찾고 믿을 수 있는 연구개발을 통해 건강한 아름다움을 담고자 하는 노력을 시작하게 되었습니다. 현재 이니스프리가 화장품으로 재탄생시킨 제주 원료는 녹차, 녹차 씨앗, 미역, 화산송이, 감귤피, 푸른콩, 유채, 동백, 비자, 곶자왈 피톤치드, 청보리 등 총 열한 가지로, 각 원료의 장점을 살리면서도 소비자의 니즈를 반영한 우수한 품질의 제품들을 선보이며 많은 사랑을 받고 있습니다.

Q. 이니스프리의 경영철학, 제품의 아이덴티티가 대학생들에게 잘 소구될 수 있었던 이유는 무엇 때문이라고 생각하시나요?

A. 이니스프리는 청정섬 제주의 자연의 혜택을 고객에게 전달하는 브랜드 가치를 중심으로 '그린프로덕트', '그린스토어', '그린커뮤니케이션', '그린 프로모션'의 통합 그린마케팅을 통해 제품의 안전성과 신뢰에 대한 니즈가 큰 대학생들을 사로잡을 수 있었습니다. 또한 현재 5년째 운영하고 있는 이니스프리 대학생 친환경 마케터인 '그린어스' 활동이 대학생들 사이에서 인기 대외활동으로 입소문이 나기 시작하면서 대학생들에게 조금 더 친근한 브랜드로 다가갈 수 있었다고 생각됩니다. 특히 2013년의 경우에는 이니스프리가 많은 인기를 얻고 있는 기초 제품군을 더욱 탄탄히 하는 동시에, '리얼웨이 메이크업'을 테마로 한 다양한 메이크업 제품을 출시하며, 대학생들에게 조금 더 어필할 수 있었던 한 해가 된 것 같습니다.

Q. 제품의 관리도 그렇고 타 로드숍과 달리 노력하는 이미지가 매우 강합니다. 어떤 과정을 거쳐서 그러한 시도가 생기는지 궁금합니다.

A. 이니스프리는 '고객의 만족, 기쁨'을 가장 중요하게 생각하고 있습니다. 그래서 고객의 작은 소리에도 귀 기울이려는 노력을 하고 있습니다. 일례로, 제품을 만드는 브랜드 매니저부터 마케팅 담당자들은 매일 주요 뷰티 커뮤니티, SNS 등에 올라오는 고객들의 다양한 리뷰들을 살펴보고 고객들의 니즈를 파악하고자 합니다. 다양한 채널과 방법을 통해 수집된 고객의 소리는 고객이 필요로 하는 제품을 만들기 위해, 고객들에게 좀 더 좋은 서비스를 제공하기 위해 활용되며, 이러한 점들을 고객분들께서 높이 평가해 주시는 것 같습니다. 이니스프리는 고객들에게도 보다 폭넓은 혜택을 제공하는 등 고객 중심의 다양한 서비스를 제공하기 위해 지속적으로 노력할 예정입니다.

Q. 신제품 출시 때마다 가장 중점을 두는 것은 무엇인가요? 시장의 반응은 어떻게 파악하는지 궁금합니다. 독립법인인데 그룹사 차원에서인지 아니면 독립적으로 하나요?

A. 신제품 출시 때 가장 중점을 두는 부분은 크게 두 가지로 나눠서 말씀드릴 수 있습니다. 첫 번째는 '좋은 원료'를 찾는 것입니다. 요즘 소비자들은 화장품을 고를 때 원료 성분을 매우 중요하게 생각합니다. 이니스프리 상품개발팀에서는 더 좋은 원료, 원산지가 확실한 원료를 찾아 제주도를 직접 방문하여 새롭게 활용할 수 있는 원료가 있는지를 고민합니다. 뿐만 아니라 제주도 내 여러 기관과 협력하여 새로운 원료를 찾아내고 그 효능에 관련한 연구를 진행하고 있습니다. 제품이 만들어진 다음에는 대학생, 주부 등의 이니스프리 프로슈머prosumer를 통해 다양한 방법으로 제품을 테스트한 다음, 고객들의 의견을 반영하고 있습니다. 두 번째는 '고객들의 니즈'를 찾는 것입니다. 이니스프리 상품개발팀은 늘 여성들의 일상에서 생활 습관, 행동들을 유심히 보고 있습니다. 특히 출근시간에 버스나 지하철에서 화장을 하는 여성들이 많은 것을 보고, 움직이는 공간에서 조금 더 쉽게 화장할 수 있는 제품을 개발하기도 했습니다. '스키니 꼼꼼카라'가 그런 경우라고 볼 수 있는데요. 치간 칫솔의 형태로 마스카라를 만들어서 미세한 부분까지 꼼꼼하게, 번짐 없이, 쉽게 마스카라를 바를 수 있도록 개발했습니다. '발효콩' 라인 같은 경우 요즘 스마트폰 사용자가 증가하면서 고개를 숙이고 화면만 쳐다보는 경우가 많아 목주름과 얼굴 처짐 등의 '스마트폰 증후군'이 빈번하다는 발상에서 시작, '넥크림', '발효콩 탄력 세럼' 등을 개발했습니다.

Q. 해외시장의 반응은 어떠한가요? 주요 타깃고객도 역시 20대인가요?

A. 현재 이니스프리는 글로벌 진출에도 적극적으로 나서고 있으며, 현재

중국(35개), 홍콩(2개), 일본(온라인)에서 매장을 오픈해 좋은 반응을 얻고 있습니다. 이니스프리는 2013년 중국 내 12개 도시에서 50개 매장 오픈을 목표로 하고 있습니다. 또한 싱가포르, 인도를 포함한 아시아 여러 국가로의 진출 확대를 통해, 아시아 여성들에게 'K-Beauty'를 전파하는 글로벌 매스티지masstige 브랜드로의 자리매김을 비전으로 삼고 지속적으로 매장을 확대해 나가도 있습니다. 2012년 4월 론칭 이전에 이미 이니스프리의 '웨이보微博, Weibo(중국 최대 SNS)' 팬 수가 10만 명을 넘을 정도로 온라인 상에서도 화제가 되었으며, 이를 토대로 현지 고객과 소통하고 그들이 원하는 커뮤니케이션 방법을 찾는 데 집중하고 있습니다.

Q. 이니스프리 서포터즈 탄생 배경과 '그린어스' 운영 중 느낀 점, 지속적인 운영을 지속할 수 있었던 원동력은 무엇일까요?

A. 'Green earth'와 'Green us'의 두 가지 뜻을 담고 있는 이니스프리 대학생 친환경 마케터 그룹 '그린어스'는 이미 대학생들 사이에서는 친환경과 마케팅에 대해 깊게 고민할 수 있는 유익한 대외활동으로 정평이 나 있으며, 매 선발 시 경쟁률이 평균 60:1로 매우 높습니다. 이렇게 대학생들 사이에서 인기 높은 대외활동이 되고, 지속적으로 운영할 수 있었던 것은 대학생-이니스프리 간의 서로에게 시너지 관계가 형성되었기 때문입니다. 일단 이니스프리 '그린어스'로 선발되면 단순한 제품체험을 넘어 신제품 아이디어를 제안하고 실제 브랜드의 친환경 캠페인을 직접 기획 및 진행하는 등 다양한 마케팅 실무 현장을 경험할 수 있습니다. 게다가 이니스프리 마케팅 실무자와 명사의 특강을 통해 마케팅 실무에 대한 피드백 및 교육도 받을 수 있습니다. 앞으로도 이니스프리는 '그린어스' 프로그램을 지속적으로 운영해 미래의 마케터를 꿈꾸는 대학생들이 유익한 경험을 할 수 있도록 지원할 계획입니다.

SPA 브랜드
유니클로

 '메가 컬처의 유니클로 라이징',
유니클로의 콜라보레이션 마케팅

유니클로UNIQLO의 제품은 경제적인데다 트렌디한 디자인과 과학적인 기능성까지 갖추고 있다는 평가를 받는다. '히트텍'과 '에어리즘' 등 기본 라인이 메가 히트를 기록하기도 했으며 트렌드에 민감한 20대의 라이프스타일 TOP 브랜드로 꼽히기도 했다. 제품의 우수성뿐 아니라 다양한 분야의 문화를 자사의 아이덴티티로 흡수한 콜라보레이션 마케팅 역시 여기에 힘을 보탰다. 메가 컬처의 유니클로 라이징을 실현시키고 있는 2013년 유니클로의 콜라보레이션 마케팅을 살펴보자.

아티스트 콜라보레이션

제품에 트렌디한 이미지를 부여하기 위한 가장 손쉬운 방법은 아티스트와의 콜라보레이션 디자인이다. 유니클로는 2003년부터 시작한 티셔츠 프로젝트 'UT'를 비롯, 아티스트 콜라보레이션을 꾸준히 이행하고 있는 브랜드 중 하나다. 이는 단순 이미지 형성뿐 아니라 실제 판매에서도 호조를 보이고 있다. 유니클로 PR팀 김태우 대리는 "디자이너 질 샌더Jil Sander와의 콜라보레이션 컬렉션인 '+J'는 대

단한 인기를 끌었습니다. 심플하면서도 고급스러운 디자인이 전 세계 사람들의 기대에 부응하면서 본 상품이 판매되는 매장에서는 출시 당일 오픈 전에 수백 명이 줄을 서서 기다리는 진풍경도 연출되었습니다"라고 당시 반응을 설명했다. 2013년에도 팝아트의 거장 앤디 워홀Andy Warhol, 천재 낙서 화가 바스키아Jean Michel Basquiat(3월), 디자이너 카렌 워커Karen Walker, 남성복 디자이너 마이클 바스티안Michael Bastian(5월), 텍스타일 디자이너 셀리아 버트웰Celia Birtwell(8월)과의 콜라보레이션을 통해 독특한 패턴과 디자인의 상품을 선보인 바 있다.

브랜드 콜라보레이션

콜라보레이션의 대상은 아티스트에 국한되지 않는다. 전 세계 다양한 분야의 브랜드와의 콜라보레이션 역시 유니클로만의 독특한 색깔을 만들어 내고 있다. 2013년에 진행된 몇 가지 브랜드 콜라보레이션 사례를 살펴보자.

1. 페브릭 브랜드 'CABBAGES & ROSES' (2월)
영국의 페브릭 브랜드인 CABBAGES & ROSES와의 콜라보레이션을 통해 내추럴한 느낌의 패턴 아이템을 생산했다.

2. 여성복 브랜드 '오즈세컨' (4월)
국내 여성복 브랜드인 오즈세컨과 함께 만든 콜라보레이션 라인을 전 세계 13개국에 출시했다. 오즈세컨이 디자인을 맡고 유니클로가 생산과 판매를 담당했다.

3. 화장품 브랜드 '이니스프리' (4월)
국내 화장품 브랜드 이니스프리와 함께 메이크업과 스타일을 함께 제안하는 콘셉트인 '에어 솔루션' 이벤트를 진행했다.

4. 아이스크림 브랜드 '배스킨 라빈스' (7월)

배스킨 라빈스의 인기 아이스크림을 모티브로 31가지 다양한 디자인과 프린트의 팬츠를 출시하며, 의류 브랜드와는 도무지 어울릴 것 같지 않은 아이스크림 브랜드와도 콜라보레이션을 이뤘다.

프로모션 콜라보레이션

앞선 두 사례가 제품 생산 중심으로 이루어졌다면 제품의 확산과 대중화를 위한 프로모션 역시 언론매체, 온라인 커뮤니티 등과의 콜라보레이션을 통해 진행되었다. 몇 가지 사례를 살펴보자.

1. 유니클로 & 쎄씨 캠퍼스 – '섬머 스타일링 클래스' (5월)

대학생을 대상으로 한 패션 매거진인 「쎄씨 캠퍼스Ceci Campus」와 함께 오프라인 스타일링 클래스를 진행했다. 「쎄씨 캠퍼스」의 패션 에디터가 유니클로 제품을 중심으로 스타일링 트렌드를 소개하면서 자연스럽게 홍보까지 이어졌다.

2. 유니클로 & 패션매거진 보그 – '2013 VOGUE FASHION'S NIGHT OUT SEOUL' (9월)

'보그 패션 나잇 아웃' 은 패션매거진 「보그vogue」가 주관하는 글로벌 패션 축제다. 유니클로는 이 행사에 참여하여 '울트라 라이트다운 뽑기 머신', '후리스 포토부스(스티커 사진)' 등을 운영했다.

3. 유니클로 & 라피네스트 – '바캉스 스타일 콘테스트' (6월)

패션 전문 SNS 라피네스트RAFFINEST(www.raffinest.com)와의 콜라보레이션은 유니클로의 쇼트팬츠, 원피스 스타일링을 전문가가 심사하는 형식으로 이루어졌다.

4. 유니클로 & 네이버 카페 디젤매니아 – '레깅스진 테스터 모집 이벤트' (8월)

'디젤매니아' 는 회원 수 40만 명을 자랑하는 남성패션 커뮤니티다. 이 커뮤니티 회원을 대상으로 새로 출시된 레깅스진을 가장 먼저 시착할 수 있는 기회와 그 후기를 작성하는 이벤트를 진행했다.

국내 SPA 브랜드 시장의 과열 경쟁이 심화되고 있다. 다른 종목과 마찬가지로 중저가 브랜드는 가격 외의 경쟁요소를 갖추어야만 살아남을 수 있다. 유니클로는 그 일환으로 다양한 분야의 브랜드, 아티스트들과의 콜라보레이션을 꾸준히 진행하고 있으며, 이는 트렌드에 유독 민감한 20대의 브랜드 로열티에 상당한 영향을 주었을 것이라 판단한다. 끝으로 PR팀 담당자의 인터뷰를 소개한다.

1	2
3	4
5	6

1, 2_CABBAGES & ROSES와의 콜라보레이션 / 3, 4_보그와의 콜라보레이션
5_라피네스트와의 콜라보레이션 / 6_디젤매니아와의 콜라보레이션

유니클로
PR팀 김태우 대리

Q. SPA 브랜드의 선두기업인데, 지금 보면 경쟁사가 너무 많아진 것 같습니다. 더욱 치열해지는 경쟁 상황에 대한 대응전략은 무엇입니까?

A. 근래에 국내 SPA 브랜드가 다수 론칭하고 기존 해외 SPA 브랜드도 급성장하면서 시장의 규모 역시 성장하고 있으며 그에 따라 미디어와 대중이 SPA에 대한 인지도나 호감도가 상승하고 있습니다. 반면에 SPA 브랜드에 대한 기대감도 상승하고 있기 때문에 가치 있는 상품을 제공하는 브랜드만이 살아남을 것으로 예상합니다. 대량의 상품을 빠른 주기로 출시하는 것만을 목적으로 할 것이 아니라, 고품질의 우수한 소재의 개발과 우수한 디자인, 합리적인 가격의 상품을 출시하는 것이 중요합니다. 유니클로는 '히트텍', '후리스', 'ULD'와 같이 브랜드의 철학을 담고 있고 고품질, 고기능, 합리적인 가격의 대표상품을 지속적으로 개발, 발전시키고자 합니다.

Q. 다른 국가들과 비교할 때 한국의 20대 소비자층이 가진 독특한 특징이 있을 것 같은데, 어떠신가요?

A. 예전에는 브랜드 지향적인 소비를 했지만, 지금은 브랜드보다는 상품의 가치를 평가하여 합리적인 소비를 하고 있습니다. 상품의 가치를 평가하는 데 있어 가장 중요하게 생각하는 것은 패션성인 것 같습니다. 최근의 20대 소비자들은 화려한 디자인이나 컬러의 상품보다는 심플하지만

시크한 상품을 선호하고 있는 것으로 파악하고 있습니다.

Q. 콜라보레이션의 시도가 다양합니다. 20대만을 타깃으로 했던 대표적인 콜라보레이션 사례 몇 가지만 예를 들어 주세요.

A. 특별히 20대만을 위해 상품을 생산하지는 않습니다. 성별, 연령 등에 관계없이 누구나 선호하는 상품을 만드는 것이 유니클로의 철학입니다. 디자이너 질 샌더와의 콜라보레이션 컬렉션인 '+J'는 대단한 인기를 끌었습니다. 심플하면서도 고급스러운 디자인이 전 세계 사람들의 기대에 부응하면서 본 상품이 판매되는 매장에서는 출시 당일 오픈 전에 수백 명이 줄을 서서 기다리는 진풍경도 연출되었습니다.

Q. 소재도 점점 좋아지고 제품군도 다양해지는 것 같습니다. 히트텍 같은 새로운 제품이 나왔을 때 소비자 반응을 체크하는 방법이 따로 있으신지 간단히 설명 부탁드립니다.

A. 소비자의 반응은 대규모 소비자 조사를 통해서 진행하기도 하고, 매장과 온라인스토어의 고객의견을 취합하기도 합니다. 가장 실시간으로 확인할 수 있는 방법으로 자사가 운영하고 있는 페이스북에 올라오는 의견을 공유하고 있습니다.

Q. '유니클로 AX홀'을 만들게 된 배경은 무엇이었으며, 고객들의 반응은 어떠했나요?

A. 유니클로가 한국 사업에 성공적으로 안착하면서 사회공헌활동에도 지대한 관심을 가지고 있습니다. 특히 '전 상품 리사이클'을 통해 세계의 난민들을 돕고 있으며, 장애인 채용도 적극적으로 진행하는 등 다양한 사회공헌활동을 진행하고 있습니다. '유니클로 AX홀'도 사회공헌활동의

일환입니다. 현재는 공연장 스폰서를 통해 소극적인 문화후원활동을 하고 있지만, 점차 그 규모를 넓혀 갈 생각입니다.

편의점 음료
핫식스

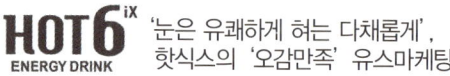 '눈은 유쾌하게 혀는 다채롭게', 핫식스의 '오감만족' 유스마케팅

핫식스는 핫하다. 2010년 3월 출시 이후 에너지드링크 시장의 절대강자로 부상했을 뿐 아니라(메인 슬로건인 "청춘차렷!"이 반영하듯) '코어 타깃 Core Target'인 20대의 라이프스타일 TOP 브랜드에 당당히 이름을 올리며 타깃팅의 성공을 입증했다. 그 성공의 키, 2013년 핫식스의 '오감만족' 유스마케팅 전략을 살펴보자.

'혀는 다채롭게' 입맛 고운 20대를 위한 신제품 출시

최근 1년 사이 핫식스는 2종의 라인업을 추가했다. '핫식스 라이트(2012년 11월)'와 '핫식스 후르츠에너지(2013년 4월)'를 출시한 것. 카페인 함량을 대폭 낮춘 것이 라이트, 다양한 과즙을 넣은 것이 후르츠에너지다. 이유는 간단하다. 열정적인 밤낮을 사는 20대는 '에너지 업 Energy Up'을 위해 에너지드링크를 찾을 테지만 그중엔 카페인 과다섭취를 걱정하거나 에너지드링크에게조차 맛있을 것을 요구하는 까다로운 입도 분명 존재하기 때문이다. 이처럼 연이은 라인업의 추가는 보다 다양한 타깃의 니즈를 반영하기 위한 기본적인 전략에 속한다.

'눈은 유쾌하게', 20대를 자극하는 유쾌한 엔터테인먼트 마케팅

핫식스는 기존 에너지드링크보다 밝고 유쾌한 이미지다. 피곤을 떨치려 들이키는 게 아니라 더욱 신나게 즐기기 위해 마시는 음료인 셈이다. 이런 차별화를 어필하기 위해 핫식스는 타깃을 자극할 수 있는 유쾌한 엔터테인먼트 마케팅을 선택했다.

1. 패키지 디자인 + TV 광고

타깃의 입맛을 고려한 제품 출시 후 핫식스는 시각적인 어필 전략을 취했다. 2013년 4월 후르츠에너지 출시와 함께 그래피티 아티스트 산타Santa와 '신나고 즐거운 삶, 사랑이 넘치는 삶을 추구하는 열정적인 청춘'이라는 주제로 진행한 콜라보레이션도 여기에 속한다.

이를 적극 반영한 광고의 론칭도 이어졌다. 광고는 공감할 수 있는 '멘붕' 상황을 유머로 푼 것이다. 담당자는 "실없지만 재밌는 걸 보면 까르르 넘어가는 청춘들의 모습을 광고에 그대로 담고 있다"라며 지극히 평범한 20대와의 공감을 목표로 한 광고 콘셉트를 설명했다.

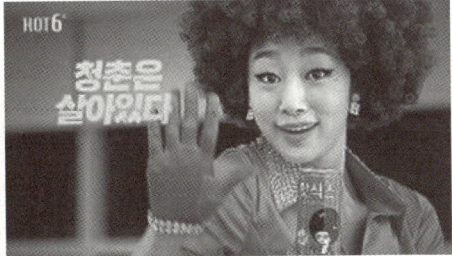

그래피티 아티스트와의 콜라보레이션과 TV 광고

2. 참여형 마케팅

대학생을 대상으로 진행한 'UCC 공모전', '핫식스 모델 콘테스트(2013년 8월)' 역시 시청각적인 즐거움을 목표로 한 것으로 보인다. 뿐만 아니라 다양한 콘텐츠를 직접 제작하고 공유하며, 반응하는 20대의 트렌드와도 부합한다. 핫식스 마케팅 담당자는 "핫식스의 핵심 소비자인 20대 청춘들은 TV 앞을 떠나 인터넷 및 모바일 디바이스를 통해 다양한 콘텐츠를 직접 생산하고 체험하면서 공유하는 것을 즐긴다"라며 그 배경을 밝혔다.

3. 다양한 엔터테인먼트 행사 운영

출시와 함께 진행한 '샘플링 프로모션 캠퍼스 어택(2013년 4월)', 개강에 맞춰 진행한 '슬릭캔 출시기념 파티(2013년 9~10월)'는 또 다른 방식의 엔터테인먼트 마케팅이다. 파티는 즐거운 에너지의 상징이다. 좀 더 열정적으로 즐기고 싶어 하는 이들이 핫식스를 마시는 장면을 연출함으로써 핫식스는 파티가 가진 '즐거운 에너지' 라는 이미지를 흡수하는 셈이다.

20대라는 명확한 타깃을 가지고 이들의 니즈와 트렌드를 파악한 핫식스의 마케팅은 결과적으로 성공을 거둔 듯하다. 20대의 트렌드로 설명하자면 엔터테인먼트 성향이 강한 마케팅을 통해 흥미로운 콘텐츠를 적극적으로 소비하고 공유하는 '억셉턴트 아이즈Acceptant Eyes'를 공략한 것이다(실제로 UCC 공모전의 경우 조회수 200만을 돌파했다). 2014년 핫식스의 행보를 기대하며 끝으로 핫식스 마케팅을 담당하고 있는 롯데칠성 이우근 마케터와의 인터뷰를 소개한다.

1_UCC 공모전
2, 3_슬릭캔 출시기념 파티

롯데칠성음료(주) 음료BG
마케팅팀 이우근 매니저

Q. 핫식스 광고의 메인 콘셉트인 "청춘차렷!"이란 키워드는 어떻게 나오게 되었나요?

A. 2011년 5월에 제품 리뉴얼을 하면서 마케팅 타깃을 20대 대학생으로 집중하게 되었습니다. 마케팅 활동과 더불어 20대 대학생을 중심으로 핫식스 음용이 늘어나게 되었고요. 공부할 때, 놀 때 등 여러 상황 속에서 잠을 물리쳐 에너지를 얻거나 피로를 해소하기 위해 핫식스를 즐겨 마시게 되었습니다. 저희는 이러한 T.P.O(Time.Place.Occasion)와 제품이 가진 이점(benefit)을 좀 더 많은 핵심 타깃에게 전달하고자 했고, 2012년 초에 광고를 준비하게 되었습니다. '청춘'이라는 키워드는 당시 이슈이기도 했고 핫식스의 고객 이미지, 푸른색 제품 컬러와 딱 맞아떨어진다고 생각해서 마케팅 활동에 종종 활용해 왔습니다. 광고를 준비하면서 '청춘'이라는 단어와 당시 함께 이슈였던 '멘붕'이라는 키워드를 함께 활용하면 어떨까 궁금했습니다. 핫식스를 마시는 소비자들의 주요 니즈 중 하나가 '각성: 잠을 깨는 것'이라는 데 착안해서 멘붕 상황을 해소하자는 스토리로 이어졌고요. 그 과정에서 '청춘 + 정신 차리다'의 합성어인 '청춘차렷'이라는 카피를 떠올릴 수 있었습니다.

Q. '핫식스 라이트'의 출시 배경 및 시장에서의 반응은 어떠한가요?

A. 핫식스는 과라나 천연카페인뿐만 아니라 타우린, 비타민B군, 아미노산

등 여러 기능성분들이 함유되어 있는데요. 해외 에너지드링크들이 워낙 카페인을 메인으로 해서 그런지 국내에서도 유독 카페인이 이슈가 많이 되었습니다. 이런 대중적 이슈에 대응도 하고 제품 구색을 다양화해서 새로운 고객을 흡수하고자 카페인을 기존 오리지널 제품에 비해 절반 수준으로 줄인 '핫식스 라이트'를 출시하게 되었고요. 타우린, 비타민B 등 나머지 성분들은 오리지널과 똑같이 맞추어서 카페인에 민감한 사람들이 부담 없이 마실 수 있도록 했습니다. 물론 메인 고객은 카페인에 대한 니즈가 있어 오리지널을 많이 찾는데 기존 카페인 때문에 선뜻 마시지 못했던 분들, 특히 카페인에 민감한 여성분들이 라이트 제품을 많이 찾고 있습니다.

Q. 경쟁 제품군인 박카스나 레드불에 비해 핫식스가 가진 강점은 무엇입니까?

A. 광고에서 느끼셨을지 모르겠지만 핫식스의 이미지는 실제 대한민국 20대 청춘들과 아주 닮아 있습니다. 영어 공부, 전공 공부, 동아리 활동 등 할 일은 엄청 많고 바쁘지만, 엄청난 모험이나 레이싱은 할 엄두도 안 나고 할 수도 없는 청춘들을 생각했습니다. 그들의 평범하고 실없지만 재밌는 걸 보면 까르르 넘어가는 모습을 그대로 담았어요. 핫식스를 찾는 고객들 역시 그것을 느끼고 있지 않나 생각합니다. 물론 박카스도 비슷하게 포지셔닝하기는 했지만, 핫식스처럼 20대 대학생만을 포커싱하지는 않았고요. 요즘 20대에게 가장 많은 공감을 불러일으키고 상징성을 지니게 한 건 역시 핫식스였다고 생각합니다.

Q. 핫식스 UCC 공모전의 추진배경과 성과는 어떠했나요?

A. TV 광고로만 소비자와 일방적으로 커뮤니케이션하는 시대는 지났습니다. 특히 핫식스의 주핵심 소비자인 20대 청춘들은 TV 앞을 떠나 인터

넷 및 모바일 디바이스를 통해 다양한 콘텐츠를 직접 생산하고 체험하면서 공유하는 것을 즐깁니다. 그렇기 때문에 그들의 생각과 문화를 이해하고 소통하거나 공감하기 위해 UCC 공모전을 기획하였습니다. 공모전 영상들은 당사 유튜브 채널, 페이스북 같은 SNS 채널과 다음TV, 곰TV 같은 온라인 채널을 통해 많은 사람들에게 공유되고 있으며, 현재까지 약 200만 명 이상이 시청하였습니다. 또 나아가 공모전 영상 중 재미있는 에피소드는 TV 광고나 다른 매체 광고 소재로 활용할 계획도 가지고 있습니다.

스키장
대명비발디파크

VIVALDI PARK '정보에 민감한, 비용에 탄력적인',
대명비발디파크의 라이프스타일 마케팅

　겨울이 다가오면 도심, 특히 대학가를 오가는 버스 겉면은 온통 스키장 광고로 도배된다. 대학생을 중심으로 한 20대는 적극적으로 레저 활동에 참여하는 세대일 뿐 아니라 장기적인 로열티 확보를 위해서라도 결코 놓칠 수 없는 타깃이기 때문이다. 대명비발디파크는 20대의 라이프스타일 TOP 브랜드로 꼽히며 치열한 스키장 마켓에서 우위를 점하고 있다. 정보에 민감하고 비용에 탄력적으로 움직이는, 20대의 라이프스타일을 정조준하고 있는 2013년 대명비발디파크의 마케팅을 살펴보자.

'20대의 지갑은 얇다', 지갑 마케팅

　"20대에게 가장 반응이 좋았던 사례는 대학생 할인 이벤트이다." 담당자가 서면인터뷰를 통해 밝힌 바와 같이 지갑 얇은 20대에게 '가격'은 매우 중요한 요인이다. 기업 관점에서도 다른 연령대에 비해 비용 지출은 적지만 커플여행, 지인여행, 휴가, 가족여행, 동아리 MT, 스키캠프 등 다양한 형태로 레저 활동에 참여할 가능성이 높은 20대는 중요한 시장일 수밖에 없다. 대명비발디파크 역시 다른 스키장들과 마찬가지로 20대 및 대학생을 대상으로 한 다양한

- 대학, 대학원생, 해외유학생 대상 리프트/렌탈 할인 50% 이상 (동반 1인)

- 할인의 즐거움 시즌1
  (중, 고, 대학(원)생은 학생증 지참 시 동반 1인까지 일~금요일에 한해 할인)

- 대학생 홈페이지 가입 이벤트 (이벤트 기간에 가입한 대학생들에게
  스키월드 균일가 이용권, 오션월드 균일가 이용권을 제공. 학생증 지참 후
  매표소에서 MMS 문자를 제시하면 스키리프트권 56% 할인,
  오션월드는 2만 원 균일가 이용혜택)

- 상시 학생 할인제도 (9월 23일부터 12월 26일까지 상시 학생할인 운영)

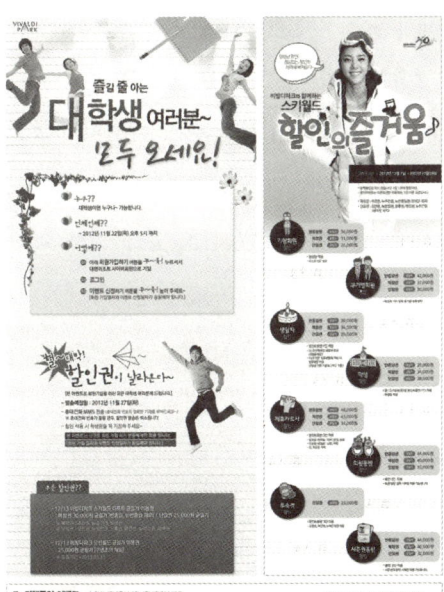

대명비발디파크의
다양한 각종 할인 이벤트

할인혜택을 제공하고 있다.

'20대는 정보에 민감하다', 360도 홍보 마케팅

20대는 Smartphone(스마트폰), SNS(소셜네트워크 서비스), Search(검색)라 불리는 일명 'NEW 3S'의 핵심에 서 있는 세대다. 이처럼 정보를 적극적으로 검색, 소비하는 이들과의 접점을 넓히기 위해 대명비발디파크는 다양한 SNS 채널과 대학생 홍보대사를 운영하고 있다. 리조트업체 중 유일하게 SNS 4채널(트위터, 페이스북, 블로그, 카카오톡 플러스 친구)을 보유하고 있기도 하다. 실제로 페이스북에서 진행한 현장 인증샷 이벤트와 트위터 실시간 퀴즈 이벤트는 좋은 반응을 이끌어 내기도 했다. SNS뿐 아니라 직접 콘텐츠를 생산하고 확산하는 대학생 '마케팅 아이디어 챌린저' 운영을 통해 정보 확산에 힘쓰고 있다. 현재는 4기 운영 중이다.

대명비발디파크 트위터

'20대는 밤낮으로 즐기고 싶다', 커스터마이징 마케팅

무료셔틀버스 운행 이벤트

20대의 라이프 사이클 life-cycle 을 반영한 상품 역시 중요한 경쟁요소로 작용한다. 수도권 23노선에 걸쳐 24시간 운영 중인 무료 셔틀버스는 차량 보유율이 낮은 20대에게 매력적으로 다가온다. 커플 시즌권, 커플 로커 역시 젊은 커플에게 인기다. 스키장에서 제공되는 다양한 공연과 이벤트 역시 20대의 취향을 반영한 기획이 엿보인다. 타 경쟁사가 가족 단위 고객에게 적합한 프로그램을 선보이고 있다면(Y사의 연날리기, 불꽃축제와 H사의 일회성 콘서트, 가족 뷔페) 대명비발디파크는 매일 진행되는 게릴라 공연, 20대 취향의 라이딩 콘서트(시스타, 노라조 출연), 매주 금요일 밤 파티를 운영하는 등 상대적으로 20대 취향을 적극적으로 반영한 프로그램을 운영 중이다.

현재 스키장 시장에서 20대는 최우선시되는 고객이다. 앞서 언급한 바와 같이 방문 빈도가 높을 뿐더러 장기적인 관점에서 봤을 때 로열티 형성이 필수적인 연령대인 까닭이다. 그런 면에서 20대를 파고든 대명비발디파크의 라이프스타일 마케팅은 성공적이라 할 수 있다. 끝으로 담당자의 인터뷰를 들어 보자.

대명리조트
홍보팀 황영훈 대리

Q. 대명비발디파크에서 진행했던 다양한 프로모션들 중에서 20대 소비자에게 가장 반응이 좋았던 사례는 무엇이었나요?

A. 페이스북 현장 인증샷 이벤트, 트위터 실시간 퀴즈 이벤트, 대학생 '마케팅 아이디어 챌린저' 운영(대학생 홍보대사), 프로야구 잠실야구장 연계 프로모션 등이 있습니다. 20대에게 가장 반응이 좋았던 사례는 대학생 할인 이벤트입니다. 비용에 민감한 대학, 대학원생, 해외유학생들 대상으로 50% 이상의 리프트/렌탈 할인을 적용시켜 줍니다. 학생증만 제시하면 학생이 아닌 동반 1인까지도 할인적용을 받을 수 있어 반응이 좋습니다.

Q. 대학생들이 즐길 수 있는 스포츠가 많아지고 있는 추세입니다. 이러한 추세에서 젊은 고객층을 보다 끌어들이기 위한 어떤 전략을 구상하고 계십니까?

A. 동계스포츠 저변 확대를 위해 안전스키 캠페인, 무료 스키강습교실 운영, 소셜커머스를 통한 프로모션 등을 구상 중입니다. 젊은 커플 고객을 끌어들이기 위해 커플 시즌권, 커플 로카도 판매하고 있습니다.

Q. 홍보 실무 담당자가 보기에, 최근의 20대 소비자들이 타 연령층과 구별되는 가장 뚜렷한 차이가 무엇이라고 생각하십니까?

A. 20대는 정보에 가장 민감하며 할인 이벤트, 상품정보 등에 탄력적으로

움직입니다. 실례로 한여름인 8월에 판매되는 스키 시즌권 구매에도 20대 고객들이 적극적으로 나서고 있습니다. 타 연령층 대비 비용지출은 적으나 커플여행, 지인여행, 휴가, 가족여행, 동아리 MT, 스키캠프 등 다양한 형태로 레저 활동에 참여할 수 있는 기회가 많습니다. 따라서 기업에서는 이들을 새로운 수요 창출의 기회요소로 보고 다양한 판촉활동을 진행 중입니다.

Q. 스키나 보드 외에 워터파크도 대학생들의 이용도가 점차 높아지고 있는 것으로 알고 있습니다. 워터파크를 통한 20대 공략방안은 무엇입니까?
A. 워터파크 오션월드의 경우 20대, 특히 대학생들에 대한 공략을 적극 실시하고 있습니다. 워터파크를 가장 트렌디하게 생각하고 꼭 가봐야 할 장소로 여기게끔 홍보해야 합니다. 당대 가장 핫한 아이돌 모델을 기용해 CF를 제작하며 1학기 기말고사가 끝나기 전에 대대적인 이벤트, 광고, 프로모션 등을 실시합니다. 실제로 기말고사 종료 후, 많은 대학생들이 오션월드를 방문하고 있으며 5월부터 10월까지 무료 왕복 셔틀버스를 운행해 교통비 부담을 완화시키고 있습니다.

스포츠용품
나이키

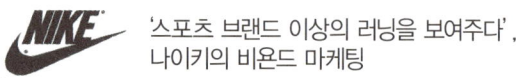

'스포츠 브랜드 이상의 러닝을 보여주다',
나이키의 비욘드 마케팅

나이키는 독보적이다. 누구도 나이키를 신발 만드는 회사쯤으로 여기지 않는다. 20대 라이프스타일 TOP 브랜드로 조사된 것도 전혀 놀랍지 않은 결과다. 나이키는 새로운 것을 갈망하는 20대에게 새로운 문화를 선보이고, 앞선 기술을 어필한다. 스포츠용품 브랜드, 그 이상의 나이키를 2013년 마케팅 사례를 통해 살펴보자.

'달리는 순간이 신나는 문화가 되다', 익사이팅 러닝 마케팅

더 이상 20대는 건강과 다이어트만을 위해 달리지 않는다. 러닝은 다양한 문화적 요소와 결합하며 하나의 익사이팅한 문화로 재탄생하고 있으며 나이키는 그 트렌드의 중심에 서 있다. 물론 그 문화엔 나이키의 브랜드 아이덴티티와 신제품이 자연스럽게 녹아들어 있다. 관련된 사례를 소개한다.

1. 위 런 서울 10K WE RUN SEOUL 10K

서울 한복판, 수만 명이 같은 옷을 입고 통제된 구간을 달리는 진풍경이 연출된다. 대개 20~30대의 러너들은 완벽하게 세팅된 러닝패션으로 무장한 채 완주 후 유명 뮤지션들이 꾸미는 무대에 열광한다. 사실상 익사이팅 러닝 문화의 모태가 된 행사로, 신청일이 되면 포털사이트 실시간 검색어 1위에서 내려오지 않을 정도로 큰 인기를 끌고 있다(2010년 오픈 7일 후 마감, 2011년 72분 후 마감, 2012년 15분 후 마감되는 등 신기록 행진 중이다).

2. 쉬 런 서울 7K SHE RUNS SEOUL 7K

여성만을 대상으로 한 글로벌 러닝축제다. 젊은 여성 연예인들이 다수 참여하여 러너들에게 트렌디한 이미지를 부여하며 '위 런 서울'과 마찬가지로 완주 후 준비된 애프터 파티를 통해 단순 러닝 이벤트 이상의 축제로 연출하고 있다. 참가자 전원에게 각자의 메시지를 새긴 레이스 티셔츠를 제공하는 등 여성 타깃 행사다운 디테일함을 선보였다.

3. 이태원 프리런 Itaewon Freerun

금요일 밤, 500명의 러너가 젊음의 열기가 가득한 이태원을 뛰는 자유로움을 콘셉트로 한 6㎞ 러닝 이벤트다. 화려한 젊음의 상징 이태원과 금요일 밤의 이미지를 투영하여 새로운 러닝의 콘셉트가 탄생했다. 완벽한 유연성을 제공하는 '나이키 프리 NIKE FREE' 출시를 기념하여 개최되었다.

4. 에어맥스 에픽 런 Nike Air Max Epic Run

도시의 삶에 지친 젊은 남녀 2,013명이 새벽에 전용기를 타고 제주도로 날아가 섭지코지의 탁 트인 바닷가 7㎞를 달리는 러닝 이벤트다. 제주도 해변에서의 '러닝'이라는 이미지가 특유의 분위기를 자아내며 마찬가지로 새로운 콘셉트의 러닝 문화가 탄생했다. '에어맥스+2013' 출시를 기념한 이벤트다.

5. 프리 플라이니트 썸머 크루즈 Free Flyknit Summer Cruise

한여름 밤, 200명의 젊은 러너들이 선유도 공원과 한강변 5㎞를 달리는 이벤트다. '프리플라이니트 크루즈' 내에서의 이벤트와 야간 강변 러닝이 조화를 이루었다. '나이키 프리 플라이니트' 출시를 기념하여 열렸다.

1, 2_쉬 런 서울 7K / 3_이태원 프리런
4_에어맥스 에픽 런 / 5_프리 플라이나이트 썸머 크루즈

'나를 드러내고 함께 즐기다', 소셜 러닝 마케팅

20대에게 '소셜'이 핫키워드로 자리 잡게 된 데에는 스스로를 표현하고, 경험을 공유하고자 하는 욕망이 기저에 깔려 있다. '나이키 플러스'와 '나이키 런 더 시티'는 '러닝'이라는 경험에 '소셜'이라는 옷을 입혀 20대에게 적극적으로 어필하고 있다.

1. 나이키 플러스 러닝 앱 Nike + Running App
아이폰 혹은 아이팟을 소지한 채 뛰며 운동량, 소모된 칼로리 양, 경로, 시간 등을 기록하는 앱이다. 단순히 기록의 기능뿐 아니라 지인들과 함께 목표를 설정하고 선의의 경쟁을 통해 꾸준하게 운동을 계속 할 수 있게 유도한다는 장점을 가진다. 페이스북과 연동되어 자신의 러닝 경험을 공유하고 친구들의 반응을 확인할 수 있다.

2. 나이키 런 더 시티
'나이키 런 더 시티'는 카카오톡 친구들과 함께 즐길 수 있는 모바일 게임으로 실제 러닝과 게임을 접목시켰다. 실제 러닝을 통해 가상 서울의 15개 랜드마크를 정복하는 방식. 친구끼리 랜드마크를 빼앗을 수 있는 게임의 성격을 띠며 '나이키 플러스 러닝 앱'과 연동되어 거리, 속도, 시간 등이 실시간으로 기록된다.

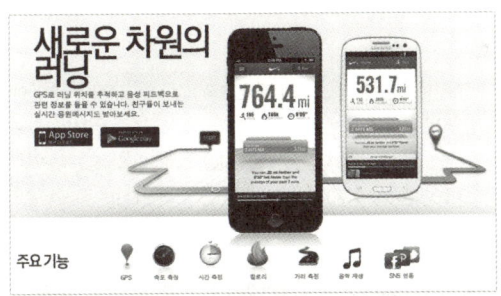

1_나이키 플러스 러닝 앱
2_나이키 런 더 시티

'앞선 기술로 압도하다', 테크러닝 마케팅

　기업이 보유한 첨단기술은 판매되는 상품 개발에만 적용되는 것이 아니다. 주력 상품 이외의 제품 개발과 프로모션에 첨단기술을 활용한다거나 브랜드와 연관된 문화 콘텐츠에 앞선 기술력을 투영할 수도 있다. 몇 가지 사례를 들어 보자.

1. 나이키 플러스 퓨얼밴드 Nike + Fuelband

첨단 IT기술과 스포츠 공학이 만나 개발된 신체활동 측정 제품이다. 이름 그대로 '연료를 채우듯' 사용자의 운동에너지를 표현하며 움직임을 기준으로 사용자의 수면, 도보, 달리기, 자전거 등 그야말로 일거수일투족을 기록한다. 스마트폰 연동을 통해 지인과의 공유와 경쟁도 가능하다.

2. 하이퍼베놈 트럭 어택

'하이퍼베놈' 출시를 기념한 이벤트다. 11톤 초대형 트럭을 개조해 '하이퍼베놈'의 혁신 기술과 디자인을 경험할 수 있게끔 꾸몄다. 핵심은 첨단 3D 프린터 8대가 탑재되어 현장에서 방문자의 얼굴을 소형 피규어로 제작, 제공한다는 점이다. 나이키의 제품과 직접적인 연관성은 없지만 3D 프린터라는 최첨단 기술을 통해 간접적으로 첨단 IT 이미지를 브랜드와 제품에 녹였다.

3. X-BOX 키넥트 전문 트레이닝

나이키가 X-BOX 키넥트와 손잡고 내세운 홈 피트니스 프로그램이다. 프로 운동선수들에게 제공하는 나이키의 개인 맞춤형 트레이닝 프로그램을 X-BOX 키넥트 기술로 녹였다. 프로그램을 실행하면 사용자가 입력한 정보에 따라 적절한 트레이닝 코스가 제공되는데 최첨단 센서에 의해 사용자의 움직임이 세밀하게 포착되어 자세 교정을 지시한다.

　앞서 20대 트렌드에서 언급한 바와 같이 20대는 Flocking Habits나 관심사에 따라 온, 오프라인상에서 커뮤니티를 만들고 참여하는 데에 익숙한 세대이다. 솔직하다기보단 평판과 이목에 신경 쓰는, '소셜'한 존재이기도 하다. 2013년 나이키가 진행한 마케팅은 그러한 20대에게 상당히 효율적으로 다가갔으리라 판단된다. 익사이팅한 러닝, 앱과 게임을 통한 '소셜'한 표현, 최첨단 기술과 접목된 브랜드 경험

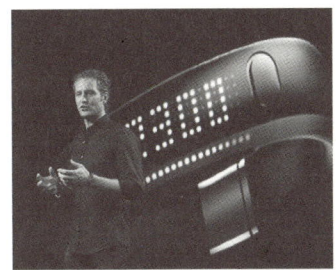 

1 2
3

은 일종의 과시욕을 충족시켰으며 '그들'만의 커뮤니티를 형성하게 했다. 나이키가 스포츠 이상의 브랜드로 도약할 수 있었던 원동력이기도 하다.

뮤직 페스티벌
지산 월드 록페스티벌

 '락 이상의 樂', 지산 월드 록페스티벌의
하이브리드 마케팅

페스티벌의 홍수다. 분야와 지역을 막론하고 너도나도 축제를 벌인다. 그중 '록페스티벌'은 유독 치열한 경쟁이 펼쳐지는 영역이다. 지산 월드 록페스티벌은 함께 개최된 3개 대형 페스티벌 가운데 가장 많은 수의 관객을 동원했을 뿐 아니라 가장 적극적인 록페스티벌 고객인 20대를 대상으로 한 라이프스타일 TOP 브랜드로 꼽히며 그 존재감을 증명했다. 다양한 영역의 문화가 어우러져 젊은 고객을 더욱 뜨겁게 달군 2013년 지산 월드 록페스티벌의 하이브리드 마케팅을 살펴보자.

'락+힙합+일렉트로니카', 다양한 장르의 팬을 흡수하는 라인업

다양한 문화를 흡수하며 성장한 20대의 음악적 취향은 한가지일 수 없다. 지산 월드 록페스티벌은 순수하게 음악을 즐길 수 있게 하자는 본래의 취지에 근거하여 라인업을 다양화했다. 록 뮤지션뿐 아니라 힙합과 일렉트로니카 아티스트도 공연에 참여했다. '누가 나오는가'는 '내가 즐길 수 있는가'와 직결된다. 다양한 뮤지션의 포진은 다양한 팬들의 운집으로 이어지기 마련. 이는 영국 애시드 재즈밴드 자미로콰이Jamiroquai, 힙합의 전설 나스Nas 등이 포진한 헤드라이너 못지않게 흥행에 긍정적인 요소로 작용했을 것으로 보인다.

2013 지산 월드 록페스티벌 라인업과 캠핑권 안내

'음악 + 팝아트', 음악과 현대미술을 결합한 아트 프로젝트

다채로운 것은 음악 '안'에서만은 아니었다. 음악 페스티벌으로는 이례적으로 현대미술과의 조화를 추구했다. 현대미술을 접목한 아트 프로젝트 '더 호러쇼 The Horror Show'가 페스티벌과 함께 론칭한 것이다. 페스티벌 참여자들은 'MUSIC X ART GALLERY'라 명명된 실내 갤러리에서 '마리킴 Mari Kim'과 '아트놈 artnom' 등 주목 받는 팝아티스트들의 전시를 즐길 수 있었다. 이른바 '홍대 문화'를 통해 신진 아티스트들의 음악과 미술을 향유하는 데 익숙한 20대에겐 상당히 매력적인 축제였을 것이다.

'음악 + 숲속 캠핑', 음악은 뜨겁게 캠핑은 시원하게, 새로운 놀이문화의 탄생

캠핑은 최근 몇 년 동안 가장 주목 받은 문화다. 다만 그 핵심은 20대보단 30대 이상의 남성과 가족 단위 캠핑객이었던 것이 사실. 캠핑과 음악을 접목시킨 지산 월드 록페스티벌은 그런 의미에서 가족 단위 관객 증가는 물론이고, 〈KBS2 1박 2일〉 등으로 20대에게 '시각적'으로 익숙해진 캠핑 문화를 성공적으로 소개하는 데 기여했다.

지산 월드 록페스티벌은 한때 상표권 분쟁과 공연 중 악천후로 인한 공연 지연 등의 난관을 겪었다. 그럼에도 불구하고 관객 동원과 인지도 측면에서 분명한 성공을 거두었다. 여러 요인 중 본 글에서 주목한 것은 다양한 문화요소의 접목을 통해 젊은 관객들에게 참신함과 대중성으로 어필했던 '하이브리드 마케팅'이었다. 음악이라는 들을 거리, 팝아트라는 볼거리, 캠핑이라는 쉴 거리까지. 태그 컨 슈머Tag Consumer, 그러니까 태그를 통해 스스로의 문화적 소비를 표현하는 20대에게 이처럼 다채롭게 구비된 문화를 한자리에서 즐길 수 있다는 것은 분명 매력적이지 않을 까닭이 없다. 지산 월드 록페스티벌의 다음 행보가 기대된다.

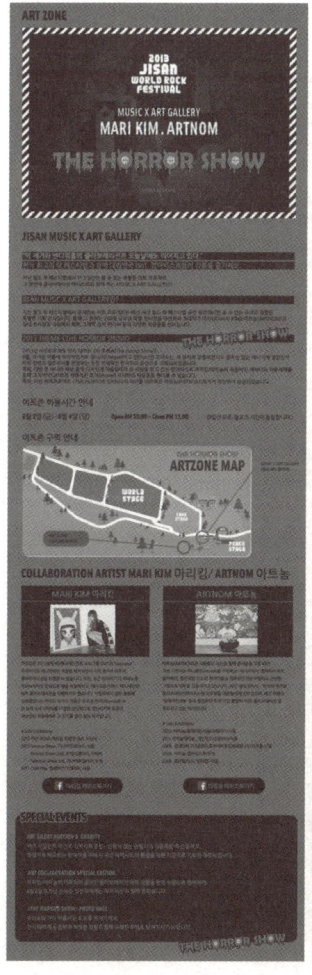

팝아티스트들의
MUSIC X ART
갤러리와 캠핑존 안내

Out Campus Brand

봉사활동 – 현대자동차그룹 해피무브 글로벌 청년봉사단

멘토링 – 삼성멘토링

교육/강연 – 삼성 열정樂서

교육/강연 – KT&G 상상유니브

교육/강연 – LG드림챌린저

기자단 – 현대자동차 영현대 글로벌 기자단

서포터즈 – 삼성전자 아이크리에이터

해외탐방 – LG글로벌챌린저

대학생마케터 – 기아자동차 펀키아 디자이너

홍보대사 – KB캠퍼스스타

20대, 특히 대학생들에게 있어, '아웃캠퍼스' 활동은 본격적인 진로 탐색과 적성 및 흥미의 발현과 도전이라는 측면에서 학교 수업, 아르바이트 등과 함께 매우 중요한 일상 중 하나임이 분명하다. 수많은 기업이나 기관 등에서 제공하고 있는 다양한 대학생 대외활동 프로그램이나 공모전 활동은 졸업 후 사회로의 진출 전, 실전 경험을 익히고 다른 관심 분야를 가진 다양한 또래들과의 교류를 확대할 수 있는 중요한 기회다. 이와 같은 아웃캠퍼스 분야는 그 활동 유형에 따라서 봉사활동, 기자단, 서포터즈 혹은 마케터즈, 강연, 멘토링 등의 다양한 형태로 나누어지는데, 한 해 동안 1,500여 개가 넘게 진행되는 수많은 아웃캠퍼스 활동들 가운데 20대들에게 특히 호감을 얻었던 브랜드들에 대해 아래와 같이 알아보았다.

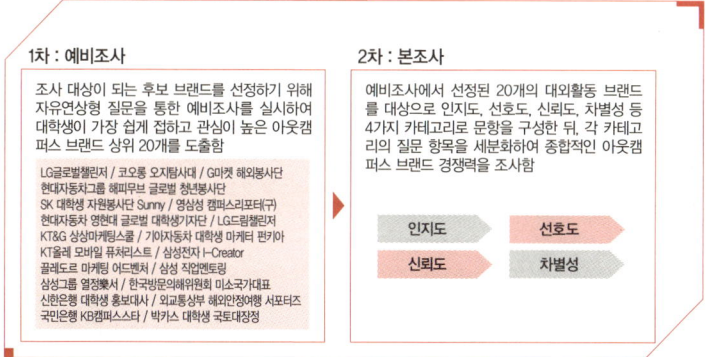

조사 구성

구분	1차 : 예비조사	2차 : 본 조사
조사기관	대학내일20대연구소	
조사대상	전국 4년제 대학생 남녀 500명	전국 4년제 대학생 남녀 878명
조사방법	모바일 어플리케이션을 통한 온라인 서베이(무작위 추출)	구조화된 설문지를 통한 대면조사
조사기간	2013년 6월 17일~18일(2일간)	2013년 7월 8일~29일(3주간)
조사내용	대외 활동하면 최초로 떠오르는 대외활동 프로그램(주관식 자율 응답)	후보대외활동 20개 브랜드별 인지도/선호도/신뢰도/차별성 조사 (객관식 다지선다형 응답)

우선 지난 2013년 6월 17일부터 18일까지 2일간 전국 20대 남녀 대학생 500명을 대상으로 '대외활동'하면 최초로 떠오르는 대외활동 프로그램 명칭을 자유롭게 묻는 예비조사를 실시하여 가장 응답이 많았던 20대 대외활동 브랜드를 응답보기군으로 선정하였다. 이어서, 지난 2013년 7월 8일부터 29일까지 22일간 전국 20대 남녀 대학생 878명을 대상으로 아웃캠퍼스 브랜드 인지도, 선호도, 신뢰도, 차별성 등 네 가지 요소를 중심으로 예비조사에서 추출한 응답보기 브랜드들의 20대 호응도를 측정하였다. 지금부터 이와 같은 과정을 통해 도출된 아웃캠퍼스 우수 브랜드들에 대해 활동 유형별로 차례차례 살펴보도록 하자.

봉사활동
현대자동차그룹 해피무브 글로벌 청년봉사단

 대학생 누구에게나 봉사를 통한 '성장'의 기회를 제공하다

현대자동차그룹, 함께 움직이는 세상을 꿈꾸다

　현대자동차그룹은 글로벌 기업 명성에 걸맞게 사회적 책임CSR 역시 전 세계를 대상으로 아우르고 있다. 자연재해를 겪은 타 지역 주민들과 빈곤에 시달리는 이들, 국내에 거주하는 다문화가정까지 언어와 국경을 초월하여 다양한 사회공헌활동을 펼치고 있기 때문이다. 이러한 현대자동차그룹의 사회공헌사업체계는 크게 '4대 무브'로 구성되어 있는데, 이동편의 증진을 위한 '이지무브', 안전문화 확산의 '세이프무브', 자원봉사 영역의 '해피무브', 환경 복원과 보존의 '그린무브'가 바로 그것이다.

4대 무브 중 하나인 해피무브는 현대자동차그룹의 임직원들로 구성된 그룹 사회봉사단과, 해외에서 봉사활동을 펼치는 청년봉사단을 주축으로 전반적인 봉사활동이 이뤄진다. 여기서 등장하는 후자의 대학생 그룹이 바로 '해피무브 글로벌 청년봉사단'으로 4대 무브의 '해피무브'와 그 명칭이 동일하다.

대한민국의 미래를 짊어질 청년리더를 만들다

현대자동차그룹은 임직원 자원봉사뿐만이 아니라 대한민국의 미래를 짊어질 글로벌 청년리더를 양성하고자 매년 1천 명의 대학생을 선발하여 해외 각국에 파견하는 해피무브 글로벌 청년봉사단을 기획했다. 이들은 왜 글로벌 청년리더 양성을 만들고자 한 것일까?

먼저 글로벌 기업의 사회적 책임에 대한 현대자동차그룹의 확고한 인식과 철학 때문인 것으로 볼 수 있다. 그간 현대자동차그룹은 세계적인 경기침체에도 불구하고 강력한 브랜드 경쟁력과 높은 품질을 바탕으로 세계적인 기업으로 성장할 수 있었다. 경영진은 이러한 자사의 성공이 고객을 비롯한 다양한 이해관계자들 때문이라 판단했고, 글로벌 기업시민으로서 사회적 책임을 다하여 더욱 신뢰와 사랑을 받는 기업이 되고자 노력을 아끼지 않았다. 그 과정에서 국경을 넘나드는 봉사활동의 필요성을 토대로 해외봉사활동의 주체를 고민하게 된 것으로 여겨진다.

이어서 현대자동차그룹은 해외봉사활동을 통해 대한민국의 위상을 전 세계에 알리는 것 역시 기업의 사회적 책임으로 받아들였다. 이는 한국 자동차 신화의 서막을 알린 아산 정주영 회장의 국가 번영과 사회복지정신에 맞닿아 있다. 그가 "자동차는 달리는 국기國伎다"라는 말을 남긴 것처럼 현대자동차그룹은 세계 속의 대한민국을

중시했다. 그렇다면 대한민국의 미래는 누가 만드는 것일까. 바로 도전과 창의정신이 가득한 우리 사회의 청년이다. 이처럼 현대자동차그룹은 해외봉사를 통해 우리 사회의 미래를 짊어질 청년들이 글로벌 감각을 배우고, 따뜻한 마음을 가지며 성장하기를 바랐다. 현대자동차그룹에게 있어 대한민국 청년의 변화와 성장은 그 어떤 봉사와 나눔보다 중요했던 것이다. 그렇게 2008년 7월 11일, 국내 최대 규모의 민간 봉사단인 '해피무브 글로벌 청년봉사단'이 창설됐다.

매년 여름과 겨울방학에 각각 500명씩 총 1,000명의 대학생을 선발하여 세계 각지에 파견하는 해피무브 글로벌 청년봉사단은 봉사를 통해 국내 청년에게 나눔을 실천할 수 있는 기회를 제공하고 있다. 뿐만 아니라 해외의 다양한 문화 교류를 통하여 진정한 글로벌 리더로 거듭날 수 있는 기회를 마련해 준다. 현재 11기까지 진행하며 총 5,500명의 단원을 해외에 파견을 보낸 해피무브는 대한민국 최대 민간 자원봉사단체로서 그룹 사회공헌 철학인 '함께 움직이는 세상'을 만들어 가고 있다. 인도, 중국, 브라질, 이집트, 가나를 포함하여 전 세계 18개국에서 요리와 의료, 환경봉사 등 다양한 방식으로 봉사활동 프로그램 운영하며 다음과 같은 성과를 얻을 수 있었다.

해피무브, 세계 곳곳에 행복한 변화를 남기다

2008년부터 2012년까지 총 10기를 기준으로 분석해 볼 때 5,000명의 '해피무버Happy Mover'들은 세계 곳곳에서 뚜렷한 성과를 나타냈다. 중국 내몽고 차깐노르, 쿤산타르 사막화 지역에 나무를 심기 전 모래가 흘러내리지 않도록 고정하는 사장작업을 진행한 환경봉사를 통해 총 47,603,306㎡의 숲을 조성했다. 또한 파견 지역의 학교 기숙사 건축과 저소득 주민을 위한 주택 건축 등 현지 거주환경 개선봉사를 통해 440채의 주택을 건설했다.

인도 첸나이, 라오스 비엔티엔 등에서는 19,762명의 지역 주민들이 무료 진료를 받을 수 있었다. 이처럼 해피무브 글로벌 청년봉사단은 전 세계를 대상으로 나눔을 실천함으로써 명실상부한 행복의 변화를 이끌어 냈다. 또한 봉사활동뿐만 아니라 현지의 문화를 배우고, 한국의 문화를 전파하는 문화 교류 및 체험을 통해 대한민국 홍보대사의 역할도 톡톡히 해냈다.

청년이라면 누구나 리더로 성장할 수 있다

해피무브 글로벌 청년봉사단이 대학생들로부터 사랑 받는 이유 중 하나는 바로 대학생이라면 누구에게나 참여 기회를 준다는 점이다. 일반 기업에서 운영하는 대학생 프로그램의 경우 대체로 지원자가 서울이나 경기 등 수도권 지역에 편중되어 지방 거주 학생들에게 기회가 덜 주어지는 경우가 많다. 정보 습득의 편차도 심하여 지방대학 학생들은 애초부터 이런 프로그램이 있는지조차 모를 때도 있다. 그러나 해피무브 글로벌 청년봉사단의 경우 성별, 지역별, 학년별 균등한 비율로 단원을 선발한다. 학벌이나 스펙, 영어점수를 보고 지원자를 평가하기보다는, 봉사에 대한 관심과 열정을 중시하는 것이다. 한 기수가 500명의 단원들로 이루어져 있다는 사실 또한 보다 많은 학생들에게 기회를 제공하고자 하는 현대자동차그룹의 생각이 반영되어 있다. 이것은 실제 대학생들 사이에서도 해피무브 글로벌 청년봉사단이 가질 수 있는 차별점으로 자리 잡았다. 주목 받지 못하는 자에게 새로운 기회를 제공하고 있다는 점은 분명했다.

NGO 기관과의 협력으로 지역사회 성장을 독려하다

해피무브 글로벌 청년봉사단의 경우 파견 지역별 1팀당 20명의 대학생과 현대자동차그룹 임직원 1인으로 구성된다. 참여 학생과 임직원을 제외하고 절대 빠질 수 없는 구성원이 있었으니, 바로 NGO 협력기관이다. 해외봉사의 파견 지역은 주로 현대자동차그룹의 해외 사업장을 중심으로 기획되는데, 그 중심에서 현지 봉사를 실질적으로 운영하는 NGO 협력기관의 역할은 상당히 중요하다. 해피무브는 지금까지 '굿네이버스', '더 나은 세상', '에코피스아시아', '열린의사회', '플랜코리아', '한국기아대책기구', '한국해비타트' 등 국내외에서 전문성을 인정받은 주요 NGO 기관과의 협력을 지속적으로 이어 왔다. 엄밀히 따지면 기업과 NGO 기관의 봉사 목적은 확연히 다르다. NGO 기관은 봉사 수혜자들에게 실질적인 혜택을 제공하는 게 목적인 반면, 기업은 자사의 특색을 드러내려고 하는 성향이 강하기 때문이다. 그런 의미에서 보면 해피무브 글로벌 청년봉사단은 조금 독특하다. 현지에서 학생들에게 활동을 부여하고, 수혜지역을 총괄하는 역할은 NGO 협력기관이 상당부분 책임을 지기 때문이다. 이로써 참여 학생들은 평소 알지 못한 NGO 기관의 역할을 인지하고, 보다 나은 세상을 위해 노력하는 이들의 필요성을 절실히 느끼고 돌아온다. 이처럼 해피무브 글로벌 청년봉사단의 경우, 단순히 학생들을 해외로 보내는 것에서 끝나는 게 아니라, NGO 기관과의 파트너십을 통해 학생들의 성장과 해당 기관의 성장을 동시에 독려하고 있다. 좀 더 넓게 보자면, 국내외 지역사회의 성장을 꾸준히 지원하는 데 해피무브가 크게 기여했다고 봐도 과언이 아니다.

해피무브를 통해 얻은 '사람'과 '사랑'

해피무브에 참여했던 학생들의 경우 타 봉사단과 달리 유독 인적 네트워크가 상당히 강한 편이다. 봉사기간은 길지 않지만 스무 명의 팀원이 함께 흘린 땀과 눈물, 서로를 의지했던 시간을 공유하면서 얻는 특별한 무언가가 있기 때문이다. 일반적으로 대학생들이 교내에서 경험할 수 없는 감정을 해피무브를 통해 경험하게 된다. 그리고 그 경험은 잊지 못할 추억이 되고 해피무버로서의 자긍심으로 굳혀지는 것이다. 이러한 현상은 해피무브 운영진이 추진하는 국내봉사를 통해 더 자세히 알 수 있다. 해피무브의 경우 매 기수 500명의 학생들 중 해외봉사를 다녀온 후 국내봉사를 자발적으로 기획 및 실천할 운영진을 지역별로 소수 선정했다. 이들은 자신들이 해외봉사에서 느낀 가슴 따뜻한 사회공헌활동을 국내에서 실천하고자 매월 다문화가정 멘토링과 이주노동자시설 정기봉사, 기아체험 및 빈곤퇴치 캠페인 등 지속적이고 자발적인 자원봉사활동으로 이어 나

갔다. 국내봉사를 통해 이전 기수와의 교류도 형성할 수 있었으며, 타인을 이해하고 배려하는 마음 역시 지속적으로 키워 나감으로써 사람과 사랑

을 동시에 얻는 진정성 있는 봉사활동의 모습을 보여주었다.

더 많은 학생들에게 더 많은 기회를

1년에 1,000명의 봉사단원을 파견하는 일은 결코 쉽지 않다. 비용과 관리의 이슈가 항상 꼬리표처럼 따라다니기 때문이다. 그런 의미에서 해피무브 글로벌 청년봉사단은 지금처럼 매년 1,000명의 봉사단원 파견을 지속하는 것 자체가 가장 주요한 관건으로 여겨진다. 실제로 운영 담당자에 의하면 2017년까지 총 20기수, 즉 1만 명의 봉사단원을 해외에 파견하는 것을 목표로 삼고 있다고 한다. 이렇게 지속가능한 활동을 위해서는 해피무브만의 비전과 철학을 공유하여 질적으로 성장한 봉사단을 운영하는 점검의 과정이 필요해 보인다.

또한 봉사단의 안전문제를 우선적으로 고려해야 한다. 대규모 인원을 해외에 파견하는 만큼 현대자동차그룹의 부담은 상당할 수밖에 없다. 특히 해외봉사의 특성상 현지에서 무슨 일이 어떻게 벌어질지 전혀 예측할 수 없기 때문에, 안전에 대한 이슈는 늘 고민하고 주의해야 하는 부분이다. 물론 안전을 위해 규칙을 지나치게 강조하다 보면, 해피무브가 가진 세계로 나아가는 '도전'의 색이 다소 옅어질 수도 있다. 따라서 현지 특성을 기반으로 한 다양한 봉사 프로그램을 개발하여 도전과 창의의 가치를 그대로 가져가되, 올바른 교육 실시와 꼼꼼한 피드백을 통해 운영의 차원에서 늘 안전을 주시해야 할 것이다.

마지막으로, 매년 축적되는 봉사단원 리소스를 활용하여 국내봉사활동 및 단원들의 사회공헌활동 참여도를 지속적으로 높이는 것이 또 하나의 과제다. 현대자동차그룹이 많은 비용과 시간을 투자

하여 해피무브 글로벌 청년봉사단을 운영하는 이유를 다시 한 번 생각해 보자. 이 프로그램의 운영 목적은 결국 청년들의 변화가 우리 사회에 긍정적 영향을 미칠 수 있도록, 글로벌 리더로서의 성장 발판을 마련해 주는 데 있다. 이 부분에서 꼭 필요한 것이 바로 해피무버로서 가진 성장의 발판, 사회에 대한 관심을 파견 이후에도 끊임없이 건드려 주는 역할이다. 그런 의미에서 11월 현재 진행 중에 있는 '해피무브 홈커밍데이'와 같이 단원들 간의 네트워킹을 지원하고, 해피무버로서의 자긍심을 자극하는 내부 프로그램의 기획이 지속적으로 필요할 것으로 보인다.

⟨해피무브⟩
현대자동차그룹
사회문화팀 신재민 과장

1. HOW TO JOIN ⟨해피무브⟩?

해피무브 글로벌 청년봉사단의 선발과정은 크게 서류전형과 면접전형으로 이루어집니다. 먼저 서류전형은 글로벌 청년봉사단 홈페이지(youth.hyundai-kiamotors.com)에서 모집기간 중 온라인으로만 지원서 작성이 가능합니다. 지원서에는 개인에 대한 정보와 자기소개서를 작성하게 되는데요, 자기소개서는 크게 자기소개, 지원동기, 봉사활동 경력, 기타활동에 대한 내용으로 각 800자 이내에서 자유롭게 작성합니다. 이렇게 작성된 지원서는 봉사단 서류심사기준에 의거해 현대자동차그룹 임직원 및 협력기관 그리고 외부전문가에 의해 공정하고 객관적으로 심사됩니다. 서류심사를 통해 모집인원의 2.5배수를 선발하여 약 5일 동안 면접전형을 진행하는데요, 면접 역시 서류와 마찬가지로 현대자동차그룹 임직원, 협력기관(NGO), 외부전문가로 이루어진 면접 심사관들이 약 5명씩 30분간 면접을 진행합니다.

2. BEST EPISODE OF ⟨해피무브⟩?

크고 작은 에피소드가 있지만 가장 기억에 남는 것은 8기 라오스 지역봉사입니다. 해피무브 글로벌 청년봉사단은 약 2주간의 봉사활동을 진행하고 있습니다. 2주 동안 마을 시설 보수, 교육 봉사, 집짓기 봉사 등을 주로 진행하는데, 사실 집이나 건축물의 신축은 2주 안에 마치기 매우 어렵습니다. 때문에 공사 중 일부분에만 참여하고 완공된 모습을 보지 못한 채 귀국하는 경우가 많습니다. 8기 라오스 지역봉사 때는 처음 어린이도서관 신축 계획 중 일부분만 참여하려고 했습니다. 하지만 당시 참여했던 학생들의 열정이 굉장히 많아서 파견기간 안에 건물을 완성하고자 하려는 의지가 강했고, 휴식시간을 줄여가며 단원 전체가 초인적인 힘을 발휘해서 결국 완성을 시키고 돌아오기도 했습니다. 무척이나 드문 경우였고, 당시 참여했던 봉사단원에게 매우 고마운 생각이 많이 들었지요.

멘토링
삼성멘토링

 진로와 직업에 대한 대학생들의 '고민'을 함께 나누자

삼성그룹, 국내 최대 규모의 나눔을 시작하다

삼성멘토링은 진로와 직업에 대한 고민을 안고 있는 청춘들을 위해 2011년부터 3년째 운영 중인 국내 최대 규모의 멘토링 프로그램이다. 삼성에서는 그동안 자사 계열사 수만큼 다양한 대학생 프로그램을 운영하며, 대학생들과 소통하기 위해 노력해 왔다. 하지만 전사적인 차원에서 전국 대학생들을 대상으로 운영해 온 대학생 프로그램은 '삼성멘토링'과 '열정樂서'가 유일하다. 2012년부터 매년 약 3만여 명의 국내 대학생이 참여하고 있는 만큼 삼성에서도 각별한 애정과 노력을 가지고 운영하는 프로그램이다.

전 계열사 직원이 대학생들의 진로 고민에 길잡이로 나서다

삼성그룹은 28개 전 계열사 임직원의 작은 재능이라도 이웃과 함께 나누겠다는 취지로 2011년 재능나눔 캠페인 'Gift for you'를

시작했다. 문화예술, 스포츠, 교육학습, 생활건강, 그리고 직업멘토링 등 총 5개 분야에 걸쳐 뛰어난 역량을 가진 임직원들이 그 재능을 사회에 필요한 이들과 나누었다. 그중 직업멘토링은 치열한 경쟁 속에서 스펙 쌓기에 급급해 정작 내가 어떤 사람이 되고 싶은지 알지 못하는 대학생들에게 많은 도움을 주었다는 내외적 평가를 얻게 되었다. 무엇보다 멘토링에 참여한 직원들은 자신들의 생각보다 대학생들이 진로 및 직업에 대한 조언을 절실히 원하고 있음을 생생하게 느낄 수 있었다고 한다. 동시에 대학생들을 위한 일시적 위로보다는 실질적 도움이 필요하다는 사회 분위기도 형성되었고, 결국 2012년 'Gift for you'는 기존 5개 분야의 재능나눔 중 직업멘토링에 집중하여 확대 운영되었다.

삼성멘토링은 삼성 임직원이 대학생들의 진로 및 취업 고민을 들어주고 조언을 해줌으로써 힐링과 위로의 차원을 넘어 직업에 대한 구체적인 정보, 교육, 체험의 기회를 제공하는 것을 목표로 기획되었다. 프로그램이 확대 운영되기 시작한 2012년부터 매년 약 6,000여 명의 멘토가 자율적으로 참여하고 있으며, 임원부터 신입사원까지 직급에 관계없이 전 계열사의 임직원이 적극적으로 참여하고 있다. 덕분에 대학생들이 업종, 직군, 자기소개서를 보고 멘토를 직접 선택할 수 있어 선택의 폭이 매우 넓은 것이 삼성멘토링의 최대 장점 중 하나다.

대학생들의 길잡이가 되어 주고자 결심한 삼성멘토링은 프로그램 크기를 키우는 것에 그치지 않고, 대학생들에게 직업에 대한 지식과 체험의 기회를 제공하자는 취지에 맞게 멘토링 프로그램의 질을 향상시키기 위해 매년 새로운 시도를 하고 있었다. 멘토가 근무하는 사업장에 멘티들을 초청하여 직접 직무를 경험할 수 있는 '회사 방문 멘토링', 멘토와 멘티들이 관심 직무 프로젝트를 함께 진행하는 '프로젝트 멘토링' 외에도 멘토가 답을 주기 어려운 문제나 분야에 보다 정확한 해답을 주기 위해 지인이나 동료를 초청하는 '멘친소(멘토의 친구를 소개합니다)' 등 새로운 프로그램을 지속적으로 개발함으로써 대학생들이 관심 있어 하는 직무를 보다 가까이서 경험하고 자세히 알아 나갈 수 있도록 배려했다.

왜 진로인가?

현재 대한민국의 대학생들은 진로 고민보다 스펙 쌓기가 먼저고, 친구를 경쟁자로 삼아야 하는 사회 속에서 살고 있다. 물론 학생들은 누구나 한 번쯤 나의 꿈이 무엇인지, 그 꿈을 이루기 위해서 어떤 노력을 해야 하는지에 대한 본질적 고민과 마주한 적이 있을 것이다. 하지만 주변을 둘러보아도 조언을 구할 수 있는 사람을 찾기란 여간 쉽지 않다. 대학 내 선후배 문화는 점점 사라지고, 해마다 '나홀로족'이 증가하고 있다는 기사를 쉽게 접할 수 있을 정도로 대학사회는 심각하게 개인화되어 가고 있기 때문이다. 교수님, 선배, 어쩌다가 만나게 되는 연사들은 내 고민을 위해 많은 시간을 할애하고 함께 진지하게 고민을 나누기에는 너무나 바쁜 타인일 뿐이다. 이런 상황 속에서 내 삶의 고민을 함께해 주고, 실용적인 방향까지 제시해 주는 멘토를 만나 얼굴을 마주 보며 소통할 수 있는 멘토링 프로그램은 누군가는 꼭 운영했어야 했다. 그리고 삼성그룹은 바로 '삼성멘토링'이라는 이름으로 사회의, 그리고 젊은이들의 짐을 나누고 있었다.

더 많은 학생들에게, 더 가까이 다가서자

　　삼성그룹은 멘토링 프로그램을 운영하며 대학생들의 이런 상황을 누구보다 공감하였고, 보다 친근한 멘토로 대학생들에게 다가가기 위해 프로그램을 계속 진화시키고 있다. 2013년부터 삼성멘토링은 기존 1:7 멘토링에서 멘토 1명당 멘티 수를 5명으로 줄여 더 깊이 있고 친밀한 멘토링을 진행했다. 한 명, 한 명에게 보다 많은 관심과 도움을 주기 위해 노력하고 있는 것이다. 또한 지역 내 계열사 사업장이 없어 멘토를 만나기 쉽지 않았던 지방대학생들을 위해, 지방대를 직접 찾아가 직업 정보와 현장의 이야기를 전하는 '찾아가는 멘토링'을 시작했다. 멘토링을 받고 싶은 의지가 있지만, 기회가 없어 포기해야 했던 학생들을 위해서다.

　　삼성멘토링이 일반 대학생 프로그램과 다른 점은 합격이나 불합격이 없다는 점이다. 일반 대학생 프로그램은 높은 경쟁률을 자랑하며, 대학생들에게 또 하나의 경쟁으로 자리 잡아 가고 있다. 하지만 삼성멘토링의 경우 참여를 희망하는 학생은 누구나 선착순으로 신청할 수 있다. 진로 고민을 하는 대학생이라면 누구나 올바른 길잡

이를 가질 자격이 있다고 믿기 때문이다. 자신이 꿈꾸고 있는 길을 먼저 걷고 있는 선배의 경험과 노하우를 전달 받는 것 자체가 대학생들에게는 큰 응원과 용기로 작용한다. 멘토들 역시, 멘티들이 자신보다 힘들지 않게, 되도록 본인이 겪은 시행착오를 겪지 않았으면 하는 바람에서 그들이 꿈을 이룰 수 있도록 최선을 다해 참여하고 있다. 대학생들이 보다 다양한 직업을 가질 수 있도록 도와주는 것, 그리고 거기까지 도달할 수 있는 올바른 길을 제시해 주는 것, 그것이 바로 삼성멘토링이 추구하는 사회적 역할이다.

1만 3천여 명의 멘토가 6만 4천여 명의 대학생을 만나다

2011년부터 2013년까지 3년 동안 무려 13,000여 명의 멘토와 64,000여 명의 멘티가 삼성멘토링을 통해 만났다. 국내는 물론 해외에서도 찾아보기 힘든 최대 규모다. 이런 대규모 멘토링이 가능했던 이유는 진로 멘토링에 대한 대학생들의 니즈도 있었겠지만, 무엇보다 삼성 임직원들의 적극적인 참여가 있었기 때문이다. 임직원들의 멘토 신청은 의무가 아닌 자율적으로 이루어진다. 매년 6,000여 명의 임직원이 바쁜 업무 중에도 기꺼이 멘토를 자청하고 있으며, 대다수 멘토가 재참여할 만큼 애정을 갖고 적극적으로 참여함으로써 보다 많은 대학생들에게 기회를 주고 있다.

멘토들의 적극적인 참여는 멘티들의 만족 수준 역시 높인다. 삼성멘토링에 참여한 학생들 대부분은 본인

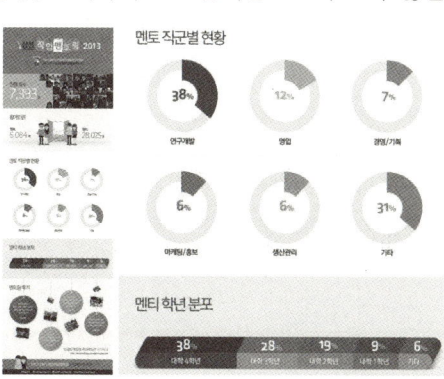

의 관심 직종에 대해 잘 알게 되었을 뿐 아니라, 앞으로의 진로를 보다 진지하게 고민하고 어떻게 준비해야 할지 해답을 찾았다고 대답한다. 또한 멘토뿐 아니라 같은 꿈을 가진 친구들과 정보를 교류하면서 서로를 응원할 수 있는 만남의 기회로서 멘토링 프로그램이 큰 역할을 한다고 평가한다. 특히 2013년부터는 2011년과 2012년에 멘티로 참여했다가 삼성에 입사한 직원들이 다시 멘토로서 참여하기 시작했다. 자신들이 받은 도움을 또 다른 대학생들에게 돌려주는 선순환이 프로그램 내에서 나타난 것이다. 그렇게 삼성멘토링은 지난 3년 동안 단순히 국내 최대 규모의 프로그램이 아닌 내실을 갖춘 대규모 프로그램으로 자리 잡아 가고 있었다.

함께 고민하고 체험하며 방향을 제시하다

사실 '진로 멘토링'만큼 중요하면서, 동시에 어려운 주제도 없을 것이다. 왜냐하면 멘토링은 '정답'이 없기 때문이다. 그만큼 멘토의 관심과 노력이 굉장히 중요한 분야다. 삼성멘토링의 가장 큰 성과는 무엇보다 이렇게 어려운 분야에서 대학생들에게 실질적 도움을 훌륭히 제공해 주고 있다는 점을 꼽을 수 있다. 2013년 삼성멘토링의 마지막 공식 모임이었던 '종강파티'에 참여한 멘티 중 98.5%가 삼성멘토링이 계속 지속되어야 한다고 응답했으며, 그 이유로 "직업과 관련된 전문 정보가 도움이 되었다(39.5%)"와 "향후 진로 결정에 도움이 된다(29.8%)"를 꼽았다. 대학생들 스스로 전문적인 직업 정보와 진로 고민에 현실적인 도움을 받았다고 느끼고 있었다.

대학생 멘티들이 이처럼 실질적 도움을 받을 수 있었던 이면에는 멘토들의 노력이 있었다. 삼성그룹의 임직원들은 전문가가 아닌 만큼 처음 진행하는 멘토링에 앞서 주변 지인, 전문가에게 조언을 구하거

나 프로그램 내에서 운영하는 '코칭 클래스'에 참여하며 멘토링 노하우를 익히는 등 보다 양질의 멘토링을 제공하기 위해 최선을 다했다.

이렇게 멘토들이 미리 자신의 숙제를 무사히 끝낸 덕분에, 멘티들은 자기 자신과 진로에 대해 깊이 고민할 수 있는 기회를 제공 받을 수 있었다. 첫 만남에서는 많은 멘토들이 멘티들과 함께 자신을 표현하는 형용사와 명사를 이용해 빙고게임을 진행하면서, 스스로를 분석하고 생각해 볼 수 있는 시간을 가진다. 또 다른 멘토들은 멘티들에게 본인의 장점 및 단점 분석 또는 꿈의 로드맵 작성 등을 숙제로 내어 멘토링 시간 외에도 자신을 마주 볼 수 있도록 리드한다.

하지만 멘토들이 가장 많이 신경을 쓰는 부분은 직업 체험이다. 멘토링 진행 기간에 멘티들은 실무를 경험해 볼 수 있다. 멘티들을 회사로 초청하여 사업장 견학과 실무를 소개하는 것은 물론, 디자이너를 꿈꾸는 멘티들과는 함께 유명 편집숍을 탐방한다. 마케터가 꿈인 멘티들과는 '타운와칭town watching'이라는 기법을 통해 소비자가 좋아하는 아이템을 직접 확인하면서 트렌드를 분석하고, 연구개발에 관심 있어 하는 멘티들과는 특별 프로젝트를 진행하거나 공모전에 참여한다. 이처럼 멘티들이 관심 있어 하는 직업과 직무를 실제로 체험할 수 있는 기회를 주기 위해 멘토들은 매년 노력하고 있다. 멘토들의 열정과 함께 진화하고 있는 멘토링 덕분에 진로 및 직업 멘토링이라는 어려운 주제 앞에서도 많은 멘티들이 미래 진로에 대해 구체적인 그림을 그릴 수 있었다.

대학생들의 자사 이미지 변화를 이끌어 내다

삼성멘토링에 참여한 대학생들이 삼성그룹의 사회공헌활동에 대한 수혜와 진정성을 직접 경험함으로써 삼성그룹에 대한 긍정적인 이미지를 갖게 된 것은 그룹 차원에서 볼 때 가장 큰 성과다. 삼성은 대학생들이 취업을 가장 희망하는 기업임에도 불구하고 일등주의의 차가운 대기업, 과다업무에 딱딱한 사내 분위기 등 부정적인 이미지가 따라다녔다. 하지만 멘토링에 참여한 대학생들의 대부분은 임직원을 직접 만나고 회사를 방문함으로써 삼성을 '직원을 배려하고 사회공헌활동에 적극적이며, 자기계발에 대한 투자를 아끼지 않는 그룹'으로 재인식했다. CSR을 통해 대학생들과 직접 소통하며 그 어떤 기업 광고보다 큰 효과를 낸 것이다.

삼성그룹의 사회공헌활동을 긍정적으로 인식하는 건 단지 대학생뿐만이 아니라는 점 역시 흥미로운 성과다. 내부 설문조사에 의하면 삼성에 근무하는 임직원들 역시 회사의 사회공헌에 긍정적인 인식을 갖게 되었기 때문이다. 매년 6,000여 명이라는 인원이 회사 사회공헌활동에 주축으로 참여하며 그룹 CSR의 긍정적인 효과를 직접 몸으로 느끼며, 자랑스러워하고 있었다. 뿐만 아니라 멘토링은 자신의 직업을 목표로 하고 있는 대학생들과 만나 직업에 대한 자부심 또한 고취시킬 수 있는 기회가 되었다.

멘토링 프로그램의 차별화

삼성멘토링이 우수 멘토링 프로그램으로 대학생의 공감을 얻어내고 사회의 인정을 받으며, 이와 비슷한 진로 프로그램들이 많이 생겨나고 있다. 대한항공의 '꿈의 멘토링'처럼 기업에서 운영하는 멘토링부터 서울시 교육청의 '진로 멘토링'까지 많은 기업과 공공기관에서 진로 및 직업 멘토링을 주목하기 시작했다. 삼성멘토링은 여전히 국내 최대 규모의 대표 멘토링 프로그램으로 인정받고 있지만 초기의 차별화 요소가 사라지고 있는 것은 분명한 사실이다. 앞으로 계속 늘어나고 있는 진로 멘토링 프로그램들과 어떻게 차별화하며 선두 프로그램으로서의 자리를 지켜 나갈 것인가는 삼성멘토링이 직면한 새로운 과제로 보인다.

멘토링 팀 운영의 효율적 개선 필요

국내 최대 규모 멘토링이라는 타이틀은 삼성멘토링의 장점인 동시에 단점이 될 수도 있다. 멘토 1명과 멘티 5명으로 이루어진 멘토링 팀 전원의 멘토링 내용을 프로그램 운영자가 모두 확인하며 세부적으로 지원하는 건 사실상 불가능하기 때문이다. 멘토링은 각 팀의 자율로 이루어지기 때문에, 프로그램의 만족도는 멘토 역량에 의해 상당 부분이 결정된다. 공식홈페이지 게시판에는 멘토들의 불성실한 참여로 인한 멘티들의 불만도 극소수이기는 하지만 일부 눈에 띈다. 또한 자발적으로 참여하고 있는 만큼 열정은 남다르지만 방법을 몰라 헤매는 멘토도 있다.

따라서 전체 멘토링의 질을 어떻게 상향평준화시킬 것인지가 삼성멘토링의 주요 과제 중 하나로 볼 수 있다. 물론 프로그램 내에서는 이미 멘토들을 위한 가이드북 제공, 전문가의 코칭클래스 등 멘토들이 보다 우수한 멘토링을 진행할 수 있도록 돕고 있다. 그러나 프로그램이 3년간 운영되며 일부 멘토들의 멘토링 실력이 상당히 진화된 만큼 프로그램 내에서도 단순한 교육 이상의 지원이 필요해 보인다. 우수 사례들을 실시간으로 공유한다든지, 멘티들이 회사 방문을 보다 쉽게 이용할 수 있는 시스템을 마련하는 것들이 방법이 될 수 있다. 멘토들이 자체적으로 프로그램을 발전시켜 온 만큼 앞으로 더 많은 멘티들에게 보다 우수한 멘토링을 진행할 수 있기를 바란다.

멘토-멘티 간의 지속적인 네트워크 형성

삼성멘토링은 일정 기간 진행되며, 공식기간 내 멘토와 멘티들이 자율적으로 만나게 하는 시스템이다. 때문에 공식 멘토링 기간이 끝난 후 멘토와 멘티들의 관계가 계속 지속되도록 하는 것이 또 하나의 과제다. 물론 이메일, 전화, 그리고 직접적인 만남을 통해 멘토링을 계속해 나가는 멘토들도 많다. 하지만 그만큼 멘토링 기간 후에는 더 이상 관계를 유지하지 않는 팀 또한 많다.

는 '종강파티'를 열고 있다. 이처럼 멘토링이 끝난 후에도 멘토와 멘티가 만날 수 있는 기회를 마련하는 등 지속적인 노력을 기울이고 있다. 이러한 공식행사와 더불어 자율적인 멘토링이 계속 진행될 수 있도록 지원한다면, 대학생들에게 잊지 못할 '인생의 멘토'까지 만들어 줄 수 있지 않을까.

〈삼성멘토링〉
삼성그룹
커뮤니케이션팀 김성철 차장

1. HOW ABOUT 〈삼성멘토링〉?

작곡을 전공하고 있는 한 학생은 삼성멘토링에 참여하면서 '사운드 엔지니어'라는 새로운 직업을 알았습니다. 지금은 차세대 '갤럭시' 휴대폰에 들어갈 사운드 제작을 목표로 공부하고 있습니다. 많은 대학생들이, 언론에 멋있게 노출되는 일부 직업에 대한 대략적인 정보만 알고 있는 경우가 많습니다. 그렇기 때문에 현직 직원들이 학생들에게 보다 자세하고 구체적인 업무를 알려 줌으로써, 본인에게 맞는 직업들을 소개하거나 그 꿈을 이룰 수 있는 방향을 제시해 주는 것이 삼성멘토링에서 제공하고 있는 도움입니다. 또한 2013년 삼성멘토링의 공식 마무리 행사였던 '종강파티'에 참여한 멘티 중 90% 이상이 멘토링에 만족했다고 응답했습니다. 삼성멘토링이 실제로 도움이 되고 있다는 것을 보여주는 수치라고 생각합니다.

2. 〈삼성멘토링〉 IN MY LIFE!

2012년 멘티로 만났던 한 대학생 친구가 1년 후, 저희 그룹의 한 계열사에 신입사원으로 입사했습니다. 게다가 제가 멘토링을 담당했던 온라인 커뮤니케이션 분야의 업무를 맡게 됐더군요. 조금이나마 도움이 된 것 같아 제일처럼 기뻤습니다. 실제로 삼성멘토링이 3년째 이어지면서 멘티로 참여했던 대학생들이 삼성에 입사하고, 이제는 멘토로서 대학생들을 만나는 경우가 늘어나고 있습니다. 꼭 삼성 입사를 원하는 학생이 아니라도 삼성멘토링을 통해 본인들의 꿈을 본격적으로 그리게 됐다는 이야기를 많이 접합니다. 멘토링은 멘토들에게도 긍정적인 평가를 받았습니다. 저 역시 그랬지만 멘토들은 자기 업무를 다시 돌아보며 젊은 학생들을 만나는 과정에서 새로운 힘을 얻습니다.

3. WHY 〈삼성멘토링〉 IS GOOD?

프로그램을 기획한 저희조차 임직원들의 뜨거운 반응에 매번 놀라고 있습니다. 퇴근 이후나 주말 등 개인시간을 쪼개 멘토링을 준비하고 열정을 다해 대학생들을 만나고 있습니다. 지금은 사회인이 되어 삼성에서 근무하고 있지만, 임직원들도 한때는 같은 고민을 가진 대학생이었습니다. 그때 가졌던 고민들과 했던 실수들을 멘티들이 반복하지 않고 조금이라도 쉬운 길을 통해 꿈을 이뤄 가도록 도와주고 싶은 마음이 큽니다. 누구나 자기 고민이 가장 크고 힘겹습니다. 그러나 잠깐 눈을 돌려 보면 앞서 같은 고민을 했던 사람들이 있고 그 고민을 먼저 헤쳐 나간 선배들이 있습니다. 혼자 고민만 반복해서는 고민만 더 쌓일 뿐입니다. 이제 삼성멘토링의 문을 두드리세요. 작은 선택이 큰 변화로 이어질 것입니다.

교육/강연
삼성 열정樂서

 대학생들에게 용기와 꿈을 주는
멘토들의 조언들

모든 대학생들이 선호하는 삼성그룹

　삼성은 대학생들에게 가장 입사하고 싶은 회사다. 단일 기업 하나가 아닌 삼성그룹의 전 계열사를 지칭한다. 마치 서울대학교라고 하면 전공을 불문하고 '1등'이라 생각하는 것과 다르지 않다. 그토록 삼성이라는 브랜드는 취업을 생각하는 20대들에게 '아이돌'과 같은 존재다. 실제 대학내일20대연구소의 조사에 따르면 대학생들이 가장 가고 싶어 하는 기업군에서 최상위를 차지하는 기업이 바로 삼성이다.

　그러다 보니 삼성의 입사시험인 '삼성직무적성검사_{SSAT, Samsung Aptitude Test}'는 대기업 취업을 준비하는 대학생들이라면 한 번쯤은 준비하고 치러야 하는 시험이 되었다. 매년 일명 '삼성고시'를 치르는 대학생들이 거의 10만 명을 육박하면서 급기야 저녁 뉴스에 소개되는 진풍경이 벌어지기도 하였다.

　대한민국에서 삼성이라는 기업이 지닌 무게감은 결코 가볍지 않다. 삼성그룹의 주식가치는 300조 원을 훌쩍 넘는다. 전체 상장사의 주식가치에서 삼성그룹이 차지하는 비중도 무시할 수 없다. 삼성이 기침 한 번 하면 국내 경기는 감기 몸살에 걸려 버린다는 말이 있을 정도다. 게다가 외국에 한 번이라도 나가 본 사람은 삼성이라는 브랜드의 글로벌 위상을 강하게 체험한다. 때문에 삼성을 한마디로 표현하자면 '대한민국 대표 브랜드'라고 말할 수 있다.

그렇지만 빛이 있으면 그늘도 있는 법. 우리나라의 삼성에 대한 인식은 타 기업과 다른 형태를 띤다. '동경과 선망'이라는 밝은 면의 반대편에는 '질투와 시기'라는 어두운 면이 있다. '경제민주화'라는 시대적 화두를 굳이 꺼내지 않더라도 삼성을 바라보는 국민들의 시선은 타 기업에 비해서 엄격하고, 민감하다. 국민들은 삼성에 대해서만은 대한민국 최고를 넘어서 세계 최고이길 바라고 있다.

삼성의 또 다른 화두, 20대와의 긍정적 관계 맺기

삼성은 20대와의 소통에서도 최고를 달리고 있다. 현재도 대학생과 가장 긴밀하고 다양한 관계를 맺고 있다. 삼성그룹은 '삼성멘토링', '영삼성' 등을 운영하고 있고, 삼성전자만 해도 '삼성 아이크리에이터', '삼성전자 스토리텔러' 등 유명 대외활동을 여럿 운영하고 있다. '삼성드림클래스'처럼 20대와 함께 진행되는 다양한 봉사활동도 대규모로 성장했다. 이처럼 삼성의 '유스마케팅'은 타의 추종을 불허한다는 것이 관련 업계의 일반적 평가다. 하지만 이러한 외부의 호의적인 평가와 달리, 실제 젊은 세대와의 소통을 총괄하는 미래전략실에서 20대를 담당하는 부서의 실무진들은 고민이 깊다. 바로 "20대를 위한 삼성만의 새롭고 차별화된 소통 방법은 무엇일까?"라는 화두에 답이 보이지 않았기 때문이다. 남보다 한 발 먼저 고민하는 삼성 특유의 모습이 엿보이는 지점이다.

삼성 측의 고민은 크게 세 가지로 압축할 수 있다. 첫째, 대학생과의 접촉 규모가 한정되어 있었다. 지금까지 다양한 프로그램을 진행하였지만 실제로 프로그램을 통한 수혜자는 손에 꼽을 정도였다. 우리나라의 대학생 수가 300만 명이 넘는데, 기껏해야 수십 또는 수백 명 안팎의 소수에게만 혜택이 주어지는 기존 대외활동과 같은 틀로는 한계가 명확했다. 둘째, 삼성이 말하고 싶은 메시지를 효과적으로 전할 수 없었다. 언론 인터뷰나 학생기자단을 통한 방법이 있지만, 간접적 전달은 정제될 수밖에 없기 때문에 다소 밋밋하다. 메시지 파급력도 부족할 수밖에 없다. 많은 대학생이 장차 삼성을 이끌 인재가 되고, 삼성의 고객이 되는 상황에서 이런 한계점은 갈증을 유발했다. 확실하게 소통할 수 있도록 삼성만의 멍석을 깔아야 했다. 셋째, 20대의 이목을 끌 수 있도록 규모 있고 차별화된 퍼포먼스가 필요했다. 이미 수많은 기업들이 20대에게 '저요! 저요!'를 외치며 적극적으로 어필하고 있는 상황에서 삼성만의 차별화된 메시지 전략이 필요했다.

    삼성의 고민은 어찌 보면 과한 욕심일 수 있다. 최소 수천 명 이상의 청년들을 지속적으로 만날 수 있어야 하고, 삼성의 목소리를 직접 전할 수 있는 틀을 새로 만드는 작업은 쉽지 않은 과제다. 큰 비용과 인력이 필요하고, 이벤트 한 번으로 20대의 마음을 얻기란 쉽지 않기 때문에 실패 부담도 크다. 대학생을 직접 만나되, 수천 명 이상을 수용할 수 있는 가장 현실적인 방법은 '강연'의 형태지만 단순한 강연으로 어찌 수천 명을 감당할 수 있을까? 현실적으로 불가능에 가까웠다.

    어떻게 해야 할지 고민될 때는 조직의 '키맨Key Man'을 찾아가라는 말이 있다. 이런 고민의 해답을 알려줄 열쇠는 대학생들이 쥐고 있었다. 그래서 삼성은 다수의 대학생들을 인터뷰했다. 삼성에게 무엇을 바라고 어떤 메시지를 원하는지 살펴본 결과, 대학생들에게는 사회에서 미리 자리를 잡은 선배(혹은 멘토)로부터 인생에서 성공할 수 있는 비결 또는 방법을 알고 싶어 했다. 삼성이라는 기업을 어떠한 형태로든 직접 접해 보고 싶은 욕구가 상당히 크다는 것을 알 수 있었다. 진정성을 가지고 꾸준히 진행한다면 학생들에게 먹힐 수 있다는 판단이었다. 정공법을 택하기로 한 것이다.

'열정樂서', 강연의 새로운 역사를 만들다

미래전략실은 기존의 대학생 대상 강연에 대한 분석을 시작했다. 다양한 성공요인을 벤치마킹하고 실패한 사례는 반면교사로 삼았다. 차별화시켜야 하는 부분을 극대화시켰고, 내용의 진정성을 전달하기 위한 장치도 심었다. 그런 작업이 이루어진 이후, 삼성만의 색깔을 지닌 새로운 콘셉트의 강연 브랜드 '열정樂서'가 탄생했다.

열정樂서는 기존의 강연회와 차별성을 두고 있다. 우선 강사의 구성부터 다르다. 기존 대학생 대상 강연은 크게 두 형태로 나뉜다. 보통 CEO 특강이거나 유명인사 초청 특강인데, 각기 장단점이 있다. 대학생들에게는 이름이 생소한 CEO 특강은 내용의 깊이는 있으나 흥행성이 낮고, 반면 유명인사 초청 강연은 메시지의 내용과 깊이에서 만족할 만한 수준을 갖추기가 어려운 것이 현실이다. 그래서 열정樂서는 삼성의 최고위 임원과 외부 명망가를 모두 취하는 형태를 가져가기로 하였다. 즉 내용과 흥행성, 두 마리 토끼를 가져가겠다는

전략이었다. 특히 강사의 구성에 있어서 평소에는 쉽게 만나볼 수 없는 인사들을 연사로 초청함으로써 연사의 명성만으로도 상당한 파급효과를 기대했다.

청년들이 가장 존경하는 멘토로 손꼽히는 『아프니까 청춘이다: 인생 앞에 홀로 선 그대에게』의 저자인 김난도 서울대학교 소비자학과 교수나, 여대생이 가장 만나고 싶어 하는 인사 1위에 올랐던 김주하 앵커, 예술감독 박칼린 등 대한민국의 가장 저명한 인사들은 모두 열정樂서의 무대에 섰다고 해도 과언이 아닐 정도로 연사 구성은 국내 최고 수준을 자랑했다. 열정樂서에는 삼성의 CEO들도 중요한 연사로 참여한다. 삼성이라는 기업의 CEO라면 사실 그 무게감은 남다를 수밖에 없다.

　과거 삼성은 기업 CEO들의 외부 특강을 거의 진행하지 않았다. 특유의 기업 분위기 때문일 수도 있지만, CEO들이 따로 강연을 준비하거나 진행할 짬을 도저히 낼 수 없는 경우가 많았다. CEO의 하루는 돈으로 살 수 없는 가치를 지니기 때문이다. 그런데 수조 원의

매출을 기록하고 있는 글로벌 기업의 수장들이 열정樂서의 무대에 서기 시작한 것이다.

　하지만 경영의 달인인 그들도 수천 명의 젊은이들 앞에서 짧은 시간에 전달하고자 하는 메시지를 제대로 전달하는 건 쉽지 않다. 어떤 분은 30년 만에 처음 외부 강연을 맡은 경우도 있었다. 그렇기 때문에 전문 메시지 작가가 CEO를 인터뷰하고, 그들의 강연 메시지를 20대의 눈높이에 맞도록 조정하거나 조율하는 작업에 먼저 착수해야 했다. 50대를 넘긴 CEO들이 자식뻘 되는 젊은이들과 호흡하고, 그

들이 열광할 수 있는 메시지를 자연스럽게 전달할 수 있었던 데에는 이러한 배경이 있었던 것이다. 강연 메시지 하나에도 최고의 성과를 내도록 최선의 준비를 하는 것, 이것이 삼성이라는 기업이 지닌 힘이었다.

젊은이들은 열정樂서를 생각하면 상당히 젊고 역동적인 이미지가 떠오른다고 한다. 이런 배경에는 열정樂서에서 진행하는 미니 콘서트의 역할이 컸다. 아이돌 그룹 2NE1 등 국내 최고의 엔터테이너들이 참여하는 콘서트는 다소 지루할 수 있는 강연의 분위기를 띄우고 보다 흥미로운 퍼포먼스로 작용한다. 강연과 공연이 어우러지고, 다양한 브랜드와의 접촉이 이루어지는, 이른바 '토털 메시지 페스티벌Total Message Festival'에 가깝다. 강연장은 최소한 1천 명 이상을 수용하는 곳을 섭외하였는데, 대개 실내체육관처럼 콘서트나 공연을 열 수 있는 공간이었다. 따라서 학생들은 마치 콘서트에 와 있는 느낌을 가진다.

지방에서 더욱 뜨거운 반응을 불러일으키다

특히 누구보다 열정樂서를 환영하고, 훨씬 열광적으로 참여했던 이들은 지방의 대학생들이었다. 열정樂서는 기획 단계에서부터 수도권 외 지역 대학생의 참여를 고려했다. 서울에 비해 정보도, 참여할 기회도 부족한 지방대생에게 전국을 순회하는 열정樂서는 이제 하나의 페스티벌이자, 지식 축제로 인식된다. 실제로 '열정樂서 전주'가 열렸던 전주실내체육관이나 '열정樂서 대전'이 열렸던 충남대학교 정

심화홀은 유명 가수들의 콘서트가 열리는 장소였기 때문에 열정樂서를 찾은 학생들의 모습도 마치 콘서트를 관람하는 모습과 크게 다를 바 없었다.

일반적으로 서울 학생들에 비해서 지방 학생들은 역동성이 처진다는 느낌을 준다. 어떤 행사를 개최하더라도 참여도가 떨어지고, 참여 학생들도 부끄러움을 많이 타는 모습을 보인다는 것이다. 하지만 열정樂서에 참여한 대학생들은 그러한 고정관념을 깨뜨리기에 충분하였다. 행사가 시작되기 한두 시간 전부터 줄을 서서 기다리는 모습은 물론이거니와 강연에 참여하는 열정도 서울을 능가하는 적극성을 보여주었다.

열정樂서에 참여했던 지방 대학생들 중에는 타 도시의 열정樂서에도 참여하기 위해 먼 길을 마다 않고 찾아오는 경우가 적지 않았는데, 실제 서울에서 열리는 강연에 참석하기 위해서 올라오는 지방 학생의 비중이 꽤 높았다. 이러한 지방 학생들의 열정적인 참여에 대해서 대학내일20대연구소의 박진수 연구원은 "지방 대학생들의 잠재된 열정에 열정樂서가 불을 붙였기 때문"이라고 평한다. 즉 서울 지역의 대학생들과 달리 주변 시선에 민감한 지역 대학생들이 적극적으로 자신을 표출하는 것에 소극적이었지만 한국 사회의 유명한 멘토들의 메시지를 자기 것으로 만들면서 태도를 바꾸었다는 해석이다.

지방에서 열린 20대 대상의 강연 중에서 열정樂서만큼 다수의 젊은이를 모았던 경우는 거의 없었다. 아니, 지금까지 아예 존재하지 않았다. 열정樂서가 지닌 긍정적 의의 중에서 빼놓지 말아야 하는 것이 바로 '소외된 지방 대학생들에 대한 배려'다. 다른 강연들이 유명 대학이 몰려 있는 서울에서 열릴 때, 열정樂서는 대한민국의 거의 모든 지역을 커버하는 강연 일정을 기획하였다.

대상과 주제, 형태를 차별화한 Ver 2.0 강연을 기획하다

열정樂서는 보통 한 시즌에 대략 10회 내외로 진행된다. 시즌 4까지 총 51회의 강연이 이루어졌고, 거쳐 간 강사는 120여 명, 참여자는 무려 17만 명에 달한다. 지금 열정樂서는 전국을 떠들썩하게 하는 청년문화를 새롭게 만들고 있다.

하지만 횟수가 거듭될수록 초기의 강렬한 임팩트는 약해질 수밖에 없다. 이미 강연을 몇 번이나 경험했던 학생들도 적지 않다. 열정樂서의 기본 취지는 그대로 두되, 운영방식을 수정해야 할 시기가 도래한 것이다. 열정樂서를 운영하는 미래전략실에서는 학생들의 의견을 들어 보았다. 기존 강연이 일반적인 대학생을 대상으로 하였기 때문에 강연 내용도 보편적인 대학생에게 해당하는 일반적 내용이 될 수밖에 없었다는 평가가 많았다. 그래서 주최 측은 행사의 콘셉트를 다양하게 구성하기로 했다. 강연마다 주제를 정해서 해당 주제에 집중하는 방식을 도입했다. 이에 따라 시즌 4에는 여대생만을 위한 강연이나 3, 4학년 취업준비생을 대상으로 한 강연, 또는 영어에 관심이 많은 학생을 대상으로 한 강연, 삼성경영학, 공부 노하우 등 보다 다양하고 창의적인 의견을 적극 개진했다.

연사를 초청하는 기준이나 방법에도 변화가 생겼다. 반드시 엄청난 성과를 이룬 유명인이 아니더라도 청춘들에게 부담 없는 조언을 나눠 줄 수 있는 사람이라면 자사의 평사원이라도 연단에 올렸다. 왜소증을 앓아 110㎝밖에 안 되는 키로 자신의 직무를 훌륭히 수행하는 직원이나, 고기잡이배 선원생활을 했던 다양한 경험을 기반으로 삼성에 취업했던 직원 등이 전달하는 자신의 경험은 젊은이들에게 큰 반응을 얻어 내었다.

2013년 하반기부터 시작한 시즌 5에서는 열정樂서의 또 다른 변화가 시작되었다. 시즌 5의 슬로건은 '청춘이 묻고, 최고가 답한다'이다. 즉 그동안 일방향으로 진행되었던 '강연'이라는 형태를 '쌍방향 커뮤니케이션'의 형태로 바꾸기 시작한 것

이다. 홈페이지에는 대학생들이 강사들에게 질문하는 질문 게시판이 새로 생겼고, 현장에서의 질의응답 시간도 마련되었다.

남들과 다를 것 없던 강연, 하지만 모든 게 새로웠던 강연

어차피 강연이라는 포맷은 예전부터 존재했다. 강사가 있고 넓은 장소를 빌려서 청중들을 불러 모으면 되는, 손쉬운 소통 방법이다. 과거에서부터 강연을 마케팅 수단으로 활용하였던 사례는 적지 않았다. 특히 강연이 하나의 트렌드가 된 요즘에는 여기저기에서 강연 소식을 듣는 일은 흔한 일이다. 그렇기 때문에 강연은 너무도 뻔하고 남다를 것 없는, 그렇고 그런 행사 중 하나였다.

하지만 삼성은 강연을 하나의 '청년문화'로 탈바꿈하였다. 이전엔 결코 생각조차 할 수 없는 규모와 개념을 도입하여 대한민국에서 가장 크고, 가장 화려하고, 가장 보람되고, 가장 만족스러운 '청년강연문화'를 직접 만든 것이다. 열정樂서는 시즌 5까지 약 20만 명의 청년들과 만났다. 우리나라 4년제 대학 재학생이 약 200만 명 정도이니

전체 대학생 열 명 중에 한 명을 '직접' 만난 것이다. 이 정도 규모의 강연은 우리나라에서 열정樂서가 유일하다.

널리 알려진 이름이지만 강연에는 굳이 눈길을 주지 않았던 콧대 높은 연사님들은 삼성의 섭외력 앞에 학생들을 마주해야 했다. 주요 도시들은 수용인원이 가장 많은 장소를 열정樂서의 자신감에 순순히 대관해줘야 했으며, 최고의 아티스트들은 최고의 공연들로 학생들을 응원했다. 열정樂서는 이에 머물지 않고 남들은 미처 생각하지 못했던 테마형 강연이나 직원 참여 강연 같은 새로운 시도를 선보였다. 그리고 이 모든 것이 열정樂서를 국내 최고의 강연 브랜드로 만든 힘이었다. 물론 이것을 기획하고 운영하기 위해서는 엄청난 예산과 인력이 필요하다. 그래서 삼성이라는 탄탄한 기업이 아니면 쉽게 생각지 못할 수 있다. 하지만 이보다 더 중요한 것은 이 일을 누군가는 반드시 해야 한다고 믿었던 삼성 최고경영층의 관심과 결단이었다.

〈열정樂서〉
삼성그룹
미래전략실 곽호석 과장

1. WHY IS 〈열정樂서〉?

연중 진행되는 캠페인으로 운영되다 보니 전체를 관통하는 하나의 콘셉트가 필요했습니다. 우리는 그것을 '열정'으로 보았고요. '樂'은 젊은이들이 좋아하는 'Rock'을 의미하기도 했고, '즐거운 것'들의 의미도 있습니다. 또한 '樂서'는 '낙서'이기도 합니다. 즉 젊은이들이 미래를 자유롭게 그려본다는 뜻도 지닌 거죠. 참가하는 대학생들이 자유롭게 해석할 수 있도록 했습니다.

2. HOW ABOUT 〈열정樂서〉?

열정樂서는 강의가 아닌 스토리를 전달하는 사람을 선정합니다. 삼성 대학생기자단을 중심으로 요즘 이슈가 되거나, 대학생들이 공감할 만한 스토리를 지닌 사람들에 대한 스크리닝screening을 정기적으로 진행합니다. 이런 사람들 중에서 열정樂서의 핵심인 '땀 흘리는 젊음'과 부합하는 도전의 스토리, 역경 극복의 스토리를 지닌 분인지를 확인하여 선정하고 있습니다.

3. BEST EPISODE OF 〈열정樂서〉?

삼성테크윈 인사팀에 근무하는 이지영 대리의 강연이 가장 기억에 남습니다. 희귀병을 앓아서 키가 110㎝밖에 되지 않지만 현재 자신 직무를 훌륭히 수행하고 있습니다. 수십 번의 낙방을 딛고 지금의 자리에 오른 스토리에 수많은 사람들이 큰 감명을 받았고, 여운도 깊었던 사례였습니다. 또한 청각장애인 학생들이 열정樂서에 참여하고 싶다고 연락이 왔던 일도 기억에 남는데요. 어떻게 하면 이분들에게 강연의 메시지를 가장 잘 전달할 수 있을까 정말 많이 고민했습니다. 결국 별도의 앞자리 좌석을 마련했고, 자막 장치와 수화를 통해서 강연 내용을 전달할 수 있도록 만들었죠. 앞으로 어떻게 강연을 이끌어야 할지 영감을 주었던 일이었습니다.

교육/강연
KT&G 상상유니브

대학생들이 가장 사랑하는
또 하나의 대학을 만들다

규제산업의 엄연한 현실, 그리고 이를 이겨내기 위한 몸부림

　　KT&G의 주요 매출은 담배 생산 및 판매로 이루어진다. 흔히 말하는 규제산업군에 속하는 기업이다. '담배는 백해무익百害無益'이라는 세간의 평처럼 KT&G에 대한 사회의 시선은 곱지 않다. 그러나 산업적 측면에서 바라본다면 이러한 시선은 다소 누그러뜨릴 필요가 있다. 세계적 규모의 외산 담배회사들과 맞서 고군분투하는 국내 유일의 담배 제조회사이기 때문이다. 또한 KT&G는 국내 연초 생산 농가를 먹여 살리고 있다. 연초 생산 농가의 경제는 KT&G가 얼마나 연초를 수매하느냐에 따라 결정된다는 말이 있을 정도다. 전체 담배 시장의 규모를 생각하면 KT&G가 지닌 산업적 가치는 우리의 상상 이상이다. 2012년 KT&G의 매출액은 거의 4조 원에 육박하였고, 이 중 약 6,000억 원은 수출로 이루어졌다.

　　과거와 비교하여 국내에서 외산 담배가 차지하는 판매 비중은 많이 증가했다. 주위를 살펴보더라도 외산 담배를 피울 때 주변을 의식했던 과거와는 달리 연령대를 불문하고 거리낌 없이 외산 담배를 피우는 것을 볼 수 있다. KT&G가 긴장하지 않을 수 없는 상황이다. 하지만 이미 말했다시피 담배는 마케팅 활동이 극도로 제한되고 있는 규제산업군에 속한다. 때문에 한정된 상황에서 서로가 시장 점유율 1%를 놓고 피 튀기는 싸움을 해야 한다. 심지어 담배에 대한 부정적 인식과 사회 전반의 금연 분위기 등으로 흡연인구 비율은 줄어들고 있다. 즉 담배 시장은 점차 감소하고 있는 것이다. 브랜드 간 경쟁이 더욱 치열해질 수밖에 없는 상황이지만 담배는 법으로 마케팅을 규제하고 있기 때문에 TV 광고는 절대 불가하고, 인쇄 광고조차 그 횟수와 지면이 엄격하게 제한된다.

이러한 이유로 KT&G와 외산 담배회사들은 한정된 상황 속에서 최대한의 효과를 낼 수 있는 마케팅을 위해 엄청난 노력을 한다. 잡지 속 담배 지면 광고를 보더라도 독특한 종이재질에 특수효과를 내어 보다 눈에 띄게 하는 전략을 흔히 볼 수 있다. 이는 모두 한정된 광고 횟수로 인해, 한 번을 광고하더라도 소비자에게 강력한 인상을 심어 주기 위한 장치다. 이처럼 다른 기업에 비해 사용할 수 있는 광고 채널이 부족하지만, 대부분의 담배회사들은 상대적으로 홍보 예산이 넉넉한 편이다. 만약 기업과 제품에 대한 확실한 마케팅 방법이 있다면 기업은 금액을 불문하고 해당 마케팅을 활용하려 할 것이다. 그러나 그렇게 할 수 없다는 것이 담배회사의 엄연한 현실이었다.

이러한 상황을 잘 인지한 KT&G의 마케팅 담당자들은 제품 마케팅의 한계를 이겨내기 위한 방책 중 하나로 기업 브랜드에 대한 타깃 인식을 변화시킬 방법을 고민했다. 그중 KT&G가 선택한 방법은 바로 '사회공헌활동'이었다. 즉 전략적 사회공헌활동을 통하여 고객의 인식을 변화시키고자 한 것이다. KT&G는 기업의 사회공헌활동을 최고 수준으로 운영하고, 최대한의 결과를 이끌어 내도록 전사적으로 노력해 기업과 브랜드에 대한 호감으로 이어지는 결과를 얻을 수 있었다. 그중 가장 눈에 띄는 성과가 바로 20대를 대상으로 한 '상상유니브' 활동이다.

기업의 사회공헌으로 어떻게 20대 고객과 소통할 수 있을까?

  KT&G는 사회공헌을 마케팅 측면에서 긍정적으로 잘 활용했다. 이미 다양한 사회공헌활동을 진행하고 있는 KT&G이지만, 그중에서도 20대를 대상으로 한 사회공헌활동은 국내 모든 기업을 통틀어 최대 규모를 자랑한다. 보통 기업의 마케팅은 자사의 제품이나 서비스의 특징과 연계하여 이루어진다. 그러나 KT&G의 경우 주력 제품군이 담배였기에, 담배와 비슷한 '유스마케팅'을 펼치면 오히려 담배의 부정적 인식을 강조할 위험도 있었다. 때문에 KT&G는 오히려 담배의 이미지와는 전혀 새로운 느낌과 감성을 이끌어 내기로 했다. 실제 KT&G의 사회공헌활동을 살펴보면 예술, 아트, 봉사, 교육 등으로 이루어져 있다. 결코 담배와 어울리지 않는 분야다. KT&G는 'KT&G 상상마당'이라는, 젊은 세대를 위한 아트전용공간을 제공하면서 20대 감성을 자극할 수 있는 접근을 통해 자사 브랜드에 절대 어울리지 않을 것 같았던 예술, 문화의 옷을 입을 수 있었다.

  '상상유니브'는 애초 KT&G의 문화예술 커뮤니티로 탄생했다. 상상마당에서 운영했던 활동을 보다 전국적인 규모로 키우기 위해서 온라인으로까지 활동 범위를 넓힌 것이다. 물론 이러한 활동은 그저 예술을 배우고 익히는 것에만 한정되지 않았다. KT&G는 젊은 대학생들이 원하는 것을 정확하게 잡아냈다. 바로 'By Myself'라는 코드였다. 수많은 대외활동과 다양한 공모전이 폭발적으로 증가하던 2010년에 탄생한 상상유니브는 타 프로그램이 지닌 '학생들의 자율성 부족'이라는 한계점을 극복하자는 취지로 운영되었다. 스스로 기

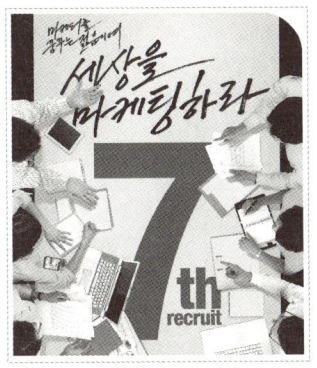

획하고, 원하는 것은 바로 현실화시키는 상상유니브만의 운영원칙은 대학생들로부터 폭발적인 인기를 끌었다. 한마디로 '내가 원하던 그것'이 모두 실현가능한 공간이 바로 상상유니브였다. 어느 대학생이 블로그에 적은 문구대로 상상유니브는 '대학생의, 대학생에 의한, 대학생을 위한 프로그램'이었다.

춤을 잘 추고 싶은 한 대학생이 있다. 그는 춤을 배우고 싶었으나 왠지 돈을 내고 전문 댄스학원을 등록하는 건 꺼려졌다. 하지만 단돈 2~3만 원으로 최고의 전문가에게 춤을 배울 수 있다면? 상상유니브의 모든 프로그램은 이러한 대학생들의 접근방식으로 기획했다. 커피 몇 잔의 비용으로 내가 배우고 싶었던 악기를 배울 수 있고, 록밴드를 만들어 보컬이 되어 보거나, 뮤지컬 배우도 될 수 있다. 이러한 상상유니브의 성공비결은 "대학생이 원하는 감성을 정확하게 파악하여, 경제적 부담을 최소화시키고, 그들의 원하는 방식으로 이를 제공한다"로 정리할 수 있다.

문화예술 커뮤니티에서 '마케팅'을 껴안다

문화예술 커뮤니티로 시작한 상상유니브의 프로그램을 알찬 콘텐츠로 채우는 건 바로 '상상마케팅스쿨'이 담당한다.

상상마케팅스쿨은 일반 마케팅 홍보대사와 다르고 일반 마케팅 교육과도 운영 면에서 차이가 크다. 특히 교육과 경쟁을 통합하였다는 점에서 그 차이를 알 수 있다. 일반적으로 마케팅스쿨이라 함은 비교적 단순한 교육과 과제를 진행하는 데 비해 상상마케팅스쿨은

일정 교육을 진행하고 나면 미션을 수행해야 하고, 각 지역별로 예선을 치러 예선을 통과한 팀끼리 본선 경쟁을 한다. 대학생들만의 '상상마케팅리그'가 진행되는 것이다. 이러한 체계는 프로그램에 참여하는 학생들에게 자율성과 책임감을 불어넣고, 진행 중 발생할 수 있는 중도 포기자를 최소화시키는 역할을 담당한다.

상상마케팅스쿨의 또 다른 특징은 지역본부별 자율적 운영이다. KT&G의 상상유니브는 총 13개의 지역본부에서 각 프로그램을 운영하고 있는데, 마케팅스쿨 또한 강사 초빙부터 커리큘럼 구성, 학생 선발까지 자율이다. 전체를 총괄하는 운영사무국에서는 말 그대로 프로그램을 조율하는 역할만 담당할 뿐이다. 이렇다 보니, 해당 지역본부에서는 지역 대학생의 프로그램 참여와 운용에 대해 긴밀하게 간여할 수밖에 없고 이러한 과정을 거쳐 각 지역본부는 해당 지역 대학생들과 탄탄한 네트워크를 맺는다. 담당자와의 끈끈한 네트워크는 향후 기업 브랜드의 호감을 넘어 강력한 마케팅 자산이 될 수밖에 없다. KT&G의 사회공헌 프로그램이 그 어느 마케팅 전략보다 효과적인 이유가 바로 여기에 있다. 철저한 타깃 분석을 통해 기획된 프로그램, 진정성을 내포한 꼼꼼한 운영, 자발성을 기반으로 운영되는 자율 조직 등은 여타 기업에서 감히 엄두내지 못할 KT&G만의 자산으로 자리매김하고 있다.

지방대? 지역 대학생이 원하는 것을 지역에서 해결한다

KT&G가 대학사회에 끼친 긍정적 영향력 중에서 가장 탁월한 부분을 하나 꼽으라 하면 바로 지방 대학생들이 스스로 일어서는 데 지대한 공헌을 한 점이다. 그렇다고 KT&G가 그들만을 위한 별도의 장학재단을 설립하거나, 지방 대학생들에게만 해당하는 포상제도를 만든 것

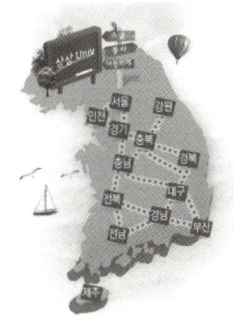

은 아니다. 단지 자발적이고 주도적으로 활동할 기회를 지방 거주 학생들에게도 동등하게 제공한 것이다. 앞서 말했듯이 상상유니브는 KT&G의 전국 13개 지역본부별로 활동이 이루어진다.

전체 프로그램에 대한 기획은 운영사무국에서 담당하지만 언제 누구랑 어떻게 프로그램을 진행할 것인지는 지역본부별로 결정권을 쥐고 있다. 그렇기 때문에 서울에서 댄스 클래스가 열린다고 해도, 인천에서는 사진 클래스가 열릴 수 있다. 마케팅스쿨의 강사도 충북지역과 제주지역이 서로 다르다. 이러한 지역별 프로그램 운영이 가능한 것은 지역별로 상상유니브의 아지트라 불리는 '상상아뜰리에'가 존재하기 때문이다. 상상아뜰리에는 상상유니브의 교육, 연습, 모임이 이루어지는 다목적 공간이다. 몇몇 도시는 프로페셔널한 조명과 음향 시스템이 갖춰져 있어 실제 공연이 이루어지기도 한다.

국내 대학생을 대상으로 프로그램을 운영하는 기업은 수백 개가 넘지만, 대학생을 위해서 회사의 업무공간을(그것도 13개 도시의 영업본부 모두를) 바꿀 정도의 열정을 지닌 회사는 KT&G가 유일무이

하다. 이러한 '파격'이 가능했던 비결은 KT&G의 업무 특성상 지역별 영업조직이 탄탄했기 때문이다. 물론 업무공간 역시 상대적으로 여유가 있어서 그 일부를 '상상아뜰리에'로 탈바꿈할 수 있었다. 이는 경영진의 전략적 결심과 전사적 후원이 있지 않고서는 어려운 일이다. 이렇게 지역 거점이 마련되고, 지역별 학생들의 자발성이 커지면서 사내 봉사조직과 함께 진행되는 공헌활동이 잦아질 수밖에 없었다. 지역 대학생을 관리하는 주체도 지역본부의 직원이었다. 그렇다 보니, 해당 지역 대학생들의 생각과 라이프스타일을 자신의 20대 시절에 투영하여 자연스럽게 이해할 수 있는 부수적 효과까지 확인할 수 있었다.

KT&G는 20대와 소통해야 하고, 20대를 이해해야 한다는 것을 너무도 잘 알고 있는 기업이다. 수많은 기업들이 핵심 타깃층으로 20대를 꼽고 있지만, '담배'라는 특이성 때문에 KT&G가 바라보는 20대는 남다르다. 40, 50대 기성세대의 금연이 대세를 이루고, 전체

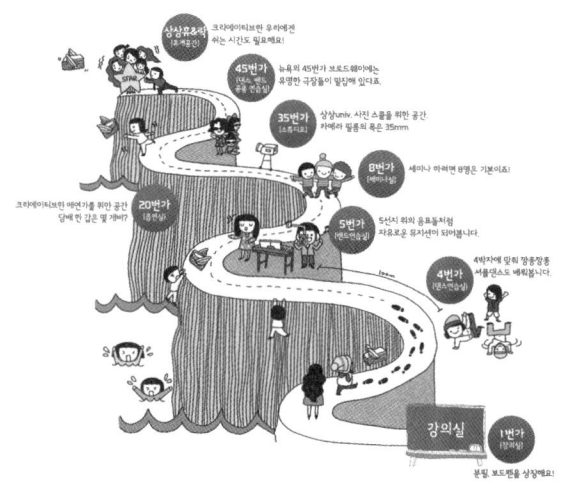

흡연 시장이 뚜렷한 감소세를 보이는 상황에서 돌파구는 결국 20대일 수밖에 없다. 20대에게 경쟁사 대비 브랜드 선호가 떨어지고 있는 상황에서 KT&G에게 있어 20대는 기회였고, 최고의 해결책이었다. 무엇보다 20대들이 과연 무엇을 원하고, 그들의 요구를 어떤 형태로 실현해야 하는가에 대해 KT&G는 너무도 잘 알고 있었다. 핵심 타깃층을 대상으로 한 사회공헌을 통해 콘텐츠를 마케팅적으로 확산하는 전략은 상당히 인상적이었다. 이러한 운영이 가능한 이유는 다양한 사회공헌활동에 있어, 브랜드 전문가와 마케팅 담당자들이 유기적으로 접근할 수 있도록 한 기업문화와 조직구조에서 찾을 수 있다.

기업과 청년의 노력으로 이룩한 성공적 콜라보레이션

상상유니브는 이제 단순히 대학생들의 문화예술 커뮤니티가 아니다. 하나의 마케팅 교육기관이고, 나아가 다양한 공모전과 이벤트가 어우러지면서 20대가 성장하는 하나의 플랫폼이 되었다. 상상유니브는 대학생들의 후원 프로그램을 만들기도 했다. 'KT&G 상상 DREAM'은 대학생들의 꿈을 이루어 주는 프로젝트다. 대학생들이 자신의 꿈을 홈페이지에 적으면 일반 회원들과 지인들이 그 꿈을 응원하고, 최고의 응원을 받은 꿈은 KT&G가 꿈을 이룰 수 있는 비용을 지원한다. 후원의 형태를 한정하지 않고 수혜자인 대학생들이 원하는 것을 해줄 수 있도록 설정함으로써, 대상자에게는 무한한 만족을 준다. 또한 주변 학생들도 프로젝트에 자발적으로 참여하게 하여 동시에 만족을 느낄 수 있도록 유도하는 신개념 지원 프로젝트다.

'상상, The Pride of Korea'라는 다소 긴 이름의 프로젝트 또한 상상유니브의 새로운 식구다. 이 프로그램은 대학생 네 명이 한 팀을 이루어 해외문화유산 탐방계획서를 작성하고, 탐방을 진행하는 형태다. 총 100여 명의 대학생이 참여했고, 첫 번째 방문국가는 일본이었다. 사실 이것만 보면 다른 기업에서 진행하는 해외탐방 프로그램과 크게 다를 것이 없다. 하지만 참여 대학생의 탐방비용이 바로 '상상펀드'라 불리는 임직원들의 모금으로 충당되었다고 한다면 얘기가 다르다. 매월 월급의 일정액을 기부하고, 동시에 회사가 동일한 금액을 적립하는 '매칭그랜트 matching grant' 방식으로 모아진 것이 상상펀드다. KT&G는 이를 '대학생의 역사인식 바로세우기' 프로젝트에 사용하면서, 자신들이 20대를 얼마나 애정을 갖고 바라보고 있는지 단적으로 보여주었다.

상상유니브를 움직이는 뿌리조직은 '상상프렌즈'라 불리는 대학생 그룹이다. 대학생들로 운영진이 구성되었기 때문에 대상이 원하는 것이 무엇인지 가장 먼저 파악할 수 있고, 실시간 피드백까지 가능하다. 상상유니브에 프레젠테이션 교육과 취업 클래스가 개설된 것도 프로그램에 대학생들의 니즈를 반영한 사례로 볼 수 있다.

상상유니브의 시작은 20대를 공략하는 문화예술 커뮤니티로 출발하였지만 타깃의 열렬한 호응과 기업 구성원들의 적극적 참여를 통해 대학생의 성장을 위한 '토털 커뮤니케이션 플랫폼 Total Communication Platform'을 지향하고 있다. 그러한 점에서 봉사, 교육, 참여, 정보가 어우러지는 '20대 포털'로서의 성장을 기대해 볼 만하다.

교육/강연
LG드림챌린저

LG Dream Challenger 대학생들이 스스로 고민하는
'꿈'이라는 주제에 집중하여 브랜드와 연계하자

LG그룹, 대학생들에게 손을 흔들다

　LG드림챌린저는 2010년 처음 시작하여 현재 4년째 진행되고 있는 LG그룹의 핵심적인 대학생 대상 CSR 프로그램이다. 현재 LG그룹에서 진행 중인 CSR 성격의 프로그램은 수십여 개지만 대학생들과 함께하는 프로그램은 'LG글로벌챌린저'와 'LG드림챌린저'를 꼽을 수 있다. 그중 LG드림챌린저는 LG그룹의 CSR 프로그램 중에서

는 상당히 신생 프로그램에 속한다.

　LG그룹의 기업문화에는 '돌다리도 두들겨 보고 건너라'는 속담이 잘 어울린다. LG드림챌린저 또한 최초 기획부터 오랜 시간의 검증과 토론, 협의가 진행된 이후에야 실행할 수 있었다. 처음 프로그램에 대한 발제가 시작된 지 1년 반이 지나서야 구체적인 실행이 이루어졌지만, 한 번 시작하면 웬만해서는 중도에 그만두지 않는 뚝심을 지닌 기업이라 꽤 오랫동안 LG그룹을 대표하는 대학생 프로그램으로 자리 잡을 것이라고 운영담당팀은 예상하고 있다.

　기존 LG그룹은 LG글로벌챌린저라는 걸출한 대학생 프로그램을 운영하고 있었다. LG그룹의 구본무 회장이 취임한 1998년에 시작되어 한 해도 빠짐없이 진행된 대학가의 터줏대감 프로그램으로 자리를 잡고 있었다. 이미 LG글로벌챌린저가 운영 규모와 지원 내역, 탐방자의 성과, 결과물의 질 측면에서 명품 프로그램으로 이미 그 명성이 자자한 터였는데 왜 LG그룹은 또 다른 도전을 준비한 것일까?

　2008년 당시 LG그룹은 소비자를 대상으로 한 기업 브랜드 조사를 실시하였다. 그 결과는 LG에게 적지 않은 충격이었다. 기성세대인 40~50대에겐 굳건한 지지를 받고 있었지만 이들의 구매력은 시간이 갈수록 점점 약해질 수밖에 없다. 기업의 입장 장기적 관점으로 관리해야 하는 계층은 젊은 20대였다. 하지만 당시 20대는 LG를 그리 호의적인 눈으로 바라보지 않았다. '기술의 LG', '전자제품하면 LG'라는 인식을 갖고 있는 4~50대 충성 계층과 달리 20대들에게 LG는 상대적으로 '고루한' 브랜드이고, '나와 거리가 먼' 브랜드였던 것이다. 특히 'LG제품'에 비해서 'LG'라는 기업 브랜드의 소비자 이미지가 낮게 측정되었는데, 이것은 20대에게 보다 밀접하고 장기적인 브랜드 관리전략이 필요하다는 것을 의미했다.

그룹의 브랜드 전략을 담당하는 부서원들로서는 조사 결과가 충격으로 다가왔고, 20대들에게 LG에 대한 브랜드 호감도를 높이는 것이 가장 시급한 미션이라는 점을 인식했다. LG의 '젊은 브랜드화' 전략이 필요한 시점이었다. 어떻게 해야 20대들에게 LG를 '우리와 같은 감성을 지닌 브랜드'로 인식시킬 것인가 하는 문제는 생각보다 쉽지 않았다. LG그룹의 20대 커뮤니케이션을 총괄하는 ㈜LG의 홍보팀은 HS애드와 함께 20대 중에서도 어느 층을 공략할 것인가를 먼저 파악했다. 다양한 분석 끝에, 이미 직장을 얻어서 사회생활 중인 사람들보다는 아직 사회에 진출하지 않는 20대, 즉 대학생이 커뮤니케이션 효율성이 높은 계층이라고 판단했다. 곧이어 20대 대학생들에 대한 효과적인 커뮤니케이션 방법을 찾아보기로 하였다.

포화 시장, 비어 있는 곳을 찾아라

현재 우리나라에서 대학생들을 대상으로 운영되는 대외활동과 공모전은 대략 2,000여 개 정도이고, 일반 공모전까지 합치면 약 3,000여 개 정도 된다. 각 활동마다 모집 대상과 활동 내용이 모두 다르다. 대학생 홍보대사, 블로그 기자단, 대학생 봉사단, 대학생 마케터, 국토대장정, 해외탐방단까지 그 가짓수만 해도 엄청나다. 대학생을 대상으로 진행되는 기업들의 참여형 마케팅은 이미 포화상태에 다다랐고, 대부분 형태가 비슷비슷하여 그 차별성을 찾기가 어려운 상태. 때문에 대학생들과 기존에 없던 새로운 관계를 맺어야 하는 LG의 입장으로선 될 수 있는 한 차별적인 포지셔닝positioning을 가져갈 수밖에 없었다. 쉽게 말해서 대학생 마케팅이라고 하는 형태의 시장의 '그리드Grid'에서 가장 비어 있는 곳에 자리를 잡아야 했다.

대학생들은 언제 대외활동을 시작하고 언제 마무리를 할까? LG

는 우선 대학생들의 아웃캠퍼스 활동에 대해서 분석해 보았다. 20대 그룹의 유력 프로그램을 분석하고 각 프로그램들의 목적, 특징, 활동 내용, 타깃그룹을 구체화시켰다. 그랬더니 두 가지의 중요한 인사이트Insight를 얻게 되었다. 첫 번째는 대학생들 중에서 아직 1학년을 대상으로 한 프로그램은 존재하지 않다는 것이다. 두 번째는 자신이 왜 그토록 열심히 살아야 하는지에 대해서 의문을 품고 있는 학생들이 많다는 것이다. LG그룹은 이 두 가지 핵심적 요소를 기반으로 전혀 새로운 프로그램을 기획하기로 하였다. 세상에 없는 새로운 프로그램이 탄생하는 순간이었다.

오직 1학년 신입생들에게 초점을 맞추자

대한민국의 사회적 문제 중에서 입시와 사교육을 가장 큰 병폐라고 손꼽는 이가 많다. 이는 출신 대학의 간판이 미래를 결정해버리는 기형적인 사회구조 때문일 것이다. 그래서 고교생과 그 부모들은 좋은 대학교에 들어가기 위해서 모든 것을 대학 입시에 '올인'한다. 대한민국 고등학생들에겐 취미생활도, 미래를 위한 진지한 고민도, 친구와의 우정도 모두 사치스러운 짓으로 치부된다. 오직 대학 입시만 있다. 대입 합격은 있지만 내가 공부하고 싶은 학문은 없다. 가고 싶은 대학은 있으나 공부하고 싶은 학문 분야는 없다. 비상식적인 결과가 캠퍼스를 뒤덮고 있지만 아무도 그 문제를 해결해 볼 생각을 하지 않는다. '진학 교육은 있어도 진로 교육은 없다'는 말에 모두가 수긍하지만 선뜻 '내가 이 문제를 해결해 보겠다'며 나서는 사람도 없다. 쉬운 일이 아니기 때문이다.

고등학교 3년을 오직 대입만 바라보고 살아왔던 학생에게 '대학 합격증'은 한마디로 내 맘껏 놀 수 있는 티켓과 같다. 그래서인지 대

학 신입생들은 1학년을 실컷 놀고 맘껏 누리는 시기라고 생각한다. 부모 또한 대학 1학년 때에는 으레 노는 때라고 생각한다. '나 때는 더 놀았다'고 말하는 부모도 있다. 그런데 문제는 '노는 것'에 있는 게 아니다. 노는 것 자체는 괜찮다. 하지만 그때를 놓치면 바로 취업과 진로에 대한 현실적 압박에 쫓겨서 제대로 자신의 진로와 지향을 찾지 못한다는 것을 알 수 있었다.

LG는 모든 대학생들이 1학년 때 '어어'하다가 군대를 가거나 토익, 학점, 면접 준비에 올인하게 되는 현상을 주목하였다. 더군다나 마케팅적 관점으로 보더라도 1학년은 다른 경쟁기업, 어느 누구도 거들떠보지 않는 계층이었다. 대외활동을 하기에는 아직 뭘 잘 모르는 나이였고, 실제 대학 1학년들은 아직 스펙이나 학교 밖 활동에 대한 관심이 높지 않은 시기였기 때문이다.

㈜LG의 홍보팀 관계자들은 경쟁자들이 아직 선점하지 않았고, 성장의 가능성이 높은 1학년이라면 LG의 프로그램 핵심 타깃층으로 삼아도 좋을 것 같다고 판단하였다. 제대로만 운영한다면 대학교 1학년들과 LG 간에 긍정적 관계를 맺을 수 있는 든든한 끈을 마련할 수 있었다.

왜 꼭 '꿈'이어야 하는가

대학생 대외활동은 대개 프로그램을 운영하는 주최기관(혹은 기업)의 목적에 따라서 그 형태가 다르지만, 대부분은 기업이나 제품에 대한 홍보를 목적으로 운영된다. 온라인상에서 블로그를 통한 홍보

가 필요하다면 '대학생 블로그 기자단'을 운영하거나, 참신한 방법의 오프라인 홍보가 필요하다면 '대학생 마케터즈' 프로그램을 운영하면 된다.

그러나 대학생 대외활동을 운영하려면 적지 않은 비용이 들기 마련이다. 때문에 기업이 많은 예산을 들여서 운영하는 대학생 프로그램일수록 그에 상응하는 마케팅 효과를 얻기 위해 참여 대학생들에게 이런저런 미션을 요구하는 편이다. 신제품에 대한 기사를 써야 하고, 명동이나 신촌 등 번화가에서 각종 홍보활동을 해야 한다. 어찌 보면 이런 활동은 대학생을 활용한 효과적인 영업활동, 그 이상도 이하도 아닌 경우다.

사정이 이렇다 보니, 대외활동이라고 하면 으레 20만 원 내외의 월간 활동비를 받고, 온라인 홍보기사 써 주는 일이라 생각하는 학생들이 늘어났다. 이런 부정적 풍조의 확산은 오히려 진정성을 강조하는 LG에게는 호재로 작용하였다. ㈜LG의 홍보팀이 대학생 프로그램의 큰 그림을 그릴 때, 기본적 전제는 '대학생이 가장 절박하게 원하는 것을 주자'였다.

LG는 대학생이 가장 필요로 하는 것, 그것을 '꿈'이라고 규정했다. 대학생 전문 주간지인 「대학내일」 조사에 따르면 대학 신입생 중에서 45%는 명확한 꿈이 없다고 이야기한다. 꿈이 있다고 말한 학생 중에서도 꿈을 이루기 위해서 무엇을 해야 하는지 안다고 답한 사람은 20%에 불과했다. '집단심층면접FGI, Focus Group Interview' 결과에서도 취업을 위해 고교시절과 다름없이 스펙을 쌓는 노력을 하지만 정작 자신이 좋아하는 일은 뭐고, 무슨 일을 하고 싶어 하는지 생각할 기회조차 없다는 고민을 가진 학생들이 많았다.

이러한 배경에서 '꿈'이라는 주제는 무엇보다 대학생들에게 매력적이고, 긍정적으로 어필하였다. 오직 '꿈'만을 다루는 프로그램은 당시만 해도 존재하지 않았다. 가장 매력적이지만 아직 아무도 발견하지 못했던 금광을 LG는 철저한 타깃 분석을 통해서 발견한 것이었다.

어떻게 가장 LG다운 꿈 찾기 캠프를 만들 것인가

LG가 처음 프로그램을 기획하면서 가장 고민했던 부분은 기존에 있었던 진로캠프와 어떻게 차별화할 것인가였고, 더불어 LG만의 차별적 자산을 어떻게 만들어 나갈 것인가였다. 이를 위해서는 먼저 프로그램의 실무 기획과 개발을 담당하는 운영사와 주관사인 LG가 눈높이를 맞추는 작업이 선행되어야 했다. 이를 해결하기 위해서 LG는 그룹의 브랜드 구조와 철학을 이해할 수 있는 자료를 충분히 제공하였고 때로는 민감할 수 있는 자료라도 '같은 배를 탄 파트너'이기에 믿음에 기초하여 요청에 응했다. 주관사와 운영사 간 깊이 있는 대화를 통해서 운영사의 담당자들이 LG의 브랜드와 철학을 충분히 이해한 사례는 시사하는 바가 크다. 초기 기획은 거창하지만 실무가 진행되면서 삐걱대거나 잡음이 있는 경우가 많다. 주관사와 운영사가 서로 생각하는 바가 애초부터 다르기 때문이다. LG는 이러한 문제도 특유의 기업문화인 '천천히, 그러나 확실히' 진행하는 스타일로 완벽히 극복할 수 있었다.

　기존의 진로 프로그램 중에서 가장 유명한 것은 스티븐 코비Stephen Covey의 이론을 중심으로 진행되는 한국리더십센터의 '7Habit'형 진로캠프와 카네기리더십센터의 진로캠프이다. 둘 다 장단점이 있었지만 차별화를 염두에 둔 LG로서는 이들과 다른 프로그램을 만들어야 했다. 결국 기존에 있던 프로그램을 변형하는 형태가 아니라 완전히 새로운 프로그램을 만들어야 했다. 다행히 프로그램 초기 LG드림챌린저를 담당했던 실무자가 프로그램의 취지에 전적으로 공감하였고, 전체적인 기획부터 세부적 프로그램 운영안까지 함께 고민하였기 때문에 프로그램이 만들어진 이후에도 결재라인에서 뒤집히는 일은 발생하지 않았다.

LG이기에 가능한 작지만 새로운 시도들

　프로그램은 3일 동안 진행되는 숙박 형태의 캠프로 진행되었으며, '1일차: 나에 대해서 알기', '2일차: 내 꿈 알기', '3일차: 미래의 꿈 만나기'라는 큰 줄기 하에 다양한 프로그램을 만들 수 있었다. 여기에 LG드림챌린저의 특징을 몇 가지 소개하자면 다음과 같다.

　　　〈평생 가는 언니 오빠들 – 대학생 멘토제도〉

　LG드림챌린저에는 6명으로 구성된 1개 팀에 정예 4학년 선배가 멘토로 배치된다. 우수한 대학생 중에서 멘토로 적합하다고 생각되는 대학생을 선발하여 별도의 교육을 거친 뒤 멘토로 활동케 한다.

실제 캠프가 끝난 후에도 멘토와 참가자 간에는 긴밀한 네트워크가 만들어지는데, 대개 1년이 넘게 관계가 지속되면서 대학생활 전반에 걸친 멘토링이 지속적으로 이루어지는 효과를 보였다. 또한 예전에 1학년 참가자로 참여했던 학생들이 고학년이 되어 멘토로 다시 캠프에 참여하는 긍정적 선순환이 만들어지곤 한다.

〈네가 쓰면 우리는 만든다 - 명함 및 사명서〉

캠프의 문제점은 3~4일이라는 짧은 시간 안에 프로그램의 성과를 내야 한다는 점인데, 좋은 아이디어가 있어도 현실적인 어려움 때문에 포기할 수밖에 없다. 하지만 LG드림챌린저는 되도록 남들이 하지 않는 새로운 도전을 했다. 가령 2일차에 자신의 브랜딩을 담은 문구를 만들면 바로 다음 날인 3일차 오전에 실제로 맞춤 인쇄된 명함을 만들어 주는 시스템을 구축했다. 자신이 직접 적은 '비전 사명서' 또한 3일차 아침에 실제 액자로 제작되어 선물되는데, 이를 받은 많은 참가 학생들이 감동을 받았다고 한다.

〈대학생활 모두를 알려 주마 - 멘토링 박람회〉

LG드림챌린저에서 가장 만족도가 높은 프로그램인 '멘토링 박람회'는 대학생의 감춰진 니즈를 현실적으로 반영한 좋은 예다. 대학생들이 궁금해하는 장학금, 동아리, 공부 비법, 연애, 대외활동, 여행

등 수많은 주제를 모두 풀어 낼 수 없는 캠프의 현실적 장벽을 '박람회'라는 형태를 빌려서 해결한 것이다. 강당 규모의 장소에 대략 15개 내외의 주제별 부스를 세워 학생들이 원하는 곳에서 상담을 받도록 한 이 프로그램은 최근 여러 대학에서 벤치마킹을 하고 있는 등 좋은 반응을 일으키고 있다.

LG드림챌린저, 기업의 본질을 생각하게 하다

  LG드림챌린저는 기업이 어떻게 고객과 관계를 맺어야 하는가를 보여준 사례라고 할 수 있다. 20대 고객들에게 잠재되어 있던 니즈를 찾아내서 그들에게 기회를 제공하는 방식으로 실현했던 점, 진정성을 가지고 꾸준히 뚝심 있게 밀고 나가는 저력, 당장의 이익이 아닌 먼 미래를 바라보고 추진하는 점 등은 기업의 본질과 우리 사회에서 기업의 역할은 어떠해야 하는가를 보여주는 좋은 사례다.

  LG드림챌린저의 특징 중 하나는 기존 참여자들이 후배들에게 추천하는 프로그램이다. 4년차였던 2013년 참가 신청자들 중 적지 않은 이들이 신청서류의 지원동기 항목에 선배의 추천, 친언니, 친오빠의 추천을 기재했다. 자신이 경험해 보고 좋았던 것을 주변에 홍보하는 것, 이것이 입소문이 지닌 강력한 힘이다. 내가 믿는 사람의 추천에는 수많은 광고와 홍보를 이기는 힘이 있다. LG드림챌린저는 프로그램의 내용성, 완성도, 멘토 네트워크, 지속적 관리 등의 강점을 기반으로 수많은 참가자들의 자발적 홍보요원화를 이루었다. 이것이 활동비를 주고 홍보를 요구하는 기성 프로그램과 LG드림챌린저의 차이다.

꿈의 홍수 시대, 어떻게 차별화할 것인가?

최근 대학생 관련 트렌드는 바로 '꿈'과 연관이 있는 듯하다. 아시아나항공의 경우, 자신의 꿈을 발표하고 이를 오디션 형태로 경쟁하도록 한 뒤, 최종 우승자가 실제 꿈을 이룰 수 있도록 도와주는 '아시아나 드림윙즈'를 론칭하여 큰 호응을 얻고 있다. 요즘 대학가에도 '취업캠프' 이전에 '진로캠프'를 운영해야 한다는 학생들의 요구에 따라서 각 대학별로 다양한 형태의 '꿈 찾기 캠프'가 열리고 있다. 물론 그 형태야 각기 다르겠지만 큰 그림에서 보자면 LG드림챌린저와 크게 다를 바가 없다.

모두가 꿈을 외면할 때 '꿈'이라는 화두를 잡았던 LG드림챌린저는 이제 다들 꿈, 꿈, 꿈을 외칠 때 어떤 선택을 해야 할까? LG드림챌린저의 실무 운영을 맡고 있는 HS애드의 신두식 국장은 이에 대해서 "결국은 누가 얼마나 본질에 다가가느냐의 문제다. 지금은 꿈이라는 것이 시대적 화두가 되어서 모두 관심을 갖게 되지만 몇 년 지나지 않아서 다른 화두가 유행처럼 번질 것이다. 그때에도 지속적으로 꿈이라는 것을 계속 붙들고 있어야 오리지널이 된다고 본다. 큰 시각으로 멀리 보는 쪽이 이기기 마련이다"라고 현실을 진단했다.

롱런을 위한 차별화 전략

20대 대학생을 대상으로 한 LG그룹의 CSR은 'LG드림챌린저', 'LG글로벌챌린저', 'LG러브제너레이션 기자단'이 있다. 현재 이들 간의 협업이나 구체적인 연계성은 높지 않지만, 세 프로그램 간에 긴밀한 협력이 있어야 서로에게 힘이 되고, 상호 시너지 효과가 날 것이다.

지금은 LG드림챌린저의 활동을 LG러브제너레이션 기자단이 취재하고, LG글로벌챌린저 출신자들 중에서 LG드림챌린저의 멘토로 활동하는 학생들이 있는 수준이지만 이를 능가하는 구조적 상호협력방안이 절실하다.

    대학생 프로그램도 하나의 유기체와 같다. 태어나서 성장하고 쇠퇴하며, 결국에는 소멸한다. 1~2년 만에 소리 소문 없이 사라질 것인지, 아니면 지속적인 자기 변화를 통해서 성장의 시기를 늘려갈 것인지는 전적으로 스스로의 몫으로 남겨졌다. 같은 맥락으로 LG드림챌린저가 롱런하기 위해서는 몇 가지 자기 변화가 필요하다. 첫째는 LG드림챌린저 참가자들을 위한 지속적인 '케어care'가 필요하다. 겨우 3일간의 캠프로는 실질적인 변화를 기대하기 쉽지 않다. 때문에 캠프를 기회로 보고 그 이후의 변화를 어떻게 이끌어 낼 것인가는 무척 중요한 과제이다. 둘째는 LG드림챌린저의 규모적 성장이다. 현재 매년 기수당 50여 명이 7~8차수를 참여하고 있는 상황에서 앞으로 LG드림챌린저를 경험하는 대학생 수를 획기적으로 넓힐 수 있는 방안을 고려해야 한다. 학교를 직접 방문해 홍보하는 등 새로운 변화을 가져야 한다. 마지막으로 LG드림챌린저의 브랜드 확장이다. 성공적인 안착을 경험한 프로그램이라고 해서 그저 단일 프로그램으로 인식되는 것은 암탉이 일주일에 한 개의 알만 낳게 하는 것과 같다. 앞으로 새롭게 브랜드 정책을 만들어서 확장을 통한 새로운 시도를 과감하게 해볼 필요가 있다.

〈LG드림챌린저〉
LG드림챌린저
운영사무국 김미진 차장

1. WHAT IS 〈LG드림챌린저〉?

LG드림챌린저는 대학 신입생만을 위해 만든 국내 최초의 비전 찾기 캠프입니다. 2박 3일간 열리는 캠프는 '드림맵Dream Map' 만들기, 스무 살 비전 찾기 워크숍, 캠퍼스커리어 플래닝 강의, 드림멘토 만나기 등 대학 1학년생이 향후 대학생활 및 미래 설계에 도움을 받을 수 있도록 다양한 특강과 체험행사로 구성되어 있습니다.

2. HOW TO JOIN 〈LG드림챌린저〉?

멤버가 되기 위해서는 '꿈을 찾고자 하는 의지'와 '나의 성장 이야기'를 담은 지원서를 제출해야 하는데요. LG드림챌린저 운영사무국과 청소년 및 자기계발 분야 전문가들로 구성된 심사위원단이 공동으로 지원자들의 대학생활에 대한 진지한 고민, 캠프 참가에 대한 열의, 진솔함 등 여러 측면으로 공정하게 심사하여 선발합니다. 캠프는 2학년을 준비하는 겨울방학 동안 진행되는데, 주로 학내 홍보 및 SNS 채널, 그리고 주변 선배나 지인의 추천을 통해 많이 참석하고 있는 것 같아요. 'LG럽젠 사이트(www.lovegen.co.kr)'에 오시면 더 많은 정보를 찾을 수 있습니다.

3. BEST EPISODE OF 〈LG드림챌린저〉?

캠프 프로그램 중에 '1년 뒤 나에게 쓰는 편지'가 있어요. 1기에 참여했던 친구가 당시 자신의 1년 계획을 열 가지 정도 적었는데, 프로그램이 끝난 후 다시 생활로 돌아가 그걸 잊게 되었죠. 그런데 어느 날 편지가 도착했다는 거예요. 그리고 조심스럽게 편지를 열어 보니, 자기도 모르게 열 가지 내용 중 이미 아홉 가지를 이룬 자신의 모습을 발견했다며 연락한 친구가 있었어요. 그때의 감동은 지금도 잊지 못할 기억 중 하나예요.

기자단
현대자동차 영현대 글로벌 기자단

young HYUNDAI 대학생들의 커뮤니티 공간을
대학생들의 이야기로 채우다

현대자동차, 대학생들과 만남의 허브를 만들다

2003년 11월에 현대자동차가 개설한 '영현대Young HYUNDAI'는 2013년까지 10년째 운영되고 있는 현대자동차의 공식 대학생 커뮤니티다. 미래 인재인 대학생들에게 글로벌 자동차 산업의 중요성과 현대자동차의 비전을 전하고 대학생들의 바람과 의견을 공유하려는 목적으로 개설

된 영현대는 지난 10년의 세월 동안 수많은 대학생들과 호흡하며 성장해 왔다. 그렇다면 영현대가 이렇게 롱런할 수 있었던 비결은 무엇인지 살펴보도록 하자.

대학생과 함께 만들어 가는 커뮤니티

영현대가 오랫동안 대학생들과 호흡을 같이 하며 성장할 수 있었던 가장 큰 이유는 대학생들과 함께 만들어 가는 장을 마련했기 때문이다. 현대자동차가 영현대를 기획할 당시 가장 중요하게 여겼던 것은 수요자인 대학생들이 원하고 공감하는 '공간적' 의미로서의 자

리매김이었다. 그러나 기업의 시각으로 생산된 콘텐츠는 수요자인 대학생들의 눈높이를 맞추기 어렵고, 설사 맞춘다 하더라도 맞지 않은 옷을 억지로 입은 모양새로 비칠 가능성이 상당했다. 이러한 고민 끝에 탄생한 것이 영현대의 대표 프로그램 '영현대 글로벌 대학생 기자단'이다. 영현대만의 공간을 채울 콘텐츠를 학생들이 직접 만들도록 연출한 것이다. 현재 영현대 글로벌 대학생 기자단은 9기가 활동 중이며, 영현대의 콘텐츠 기획 및 제작자의 역할을 담당하고 있다. 영현대 커뮤니티 내 대부분의 콘텐츠는 이들 손을 통해 만들어지고 있는 셈이다.

영현대를 통하면 현대자동차가 보인다

현대자동차의 채용정보가 알고 싶으면 어디를 찾아가야 할까? 현대자동차에서 진행하는 대학생 프로그램에 참여하고 싶거나, 현대자동차 직원들이 궁금하다면 어디로 가야 할까? 이 모든 질문의 답은 영현대가 해줄 것이다.

영현대는 현대자동차의 공식 대학생 커뮤니티인 만큼 현대자동차에 대한 모든 정보를 담고 있다. 현대자동차의 최신 이슈, 채용정보는 물론이고 임직원들의 인터뷰와 그들의 직무 내용까지 대학생들이 궁금해할 만한 알짜배기 기업정보를 영현대 안에서 쉽게 찾을 수 있다. 뿐만 아니라 홍보, 인재, 마케팅, R&D, CSR 등과 관련된 사내 대학생 프로그램들은 모두 영현대를 통해 참여할 수 있도록

설정했다.

영현대는 단지 대학생들에게 현대자동차를 알리기 위해서만 존재하지 않았다. 현대자동차에 대한 다양한 정보 외에도 대학생 기자단에서 만들어 낸 다양한 20대 문화생활 트렌드 기사와 더불어 해외 각지의 생생한 정보도 담고 있기 때문이다. 특히 해외 거주 학생 기자들에 의해 작성되는 학교생활과 지역 소식은 국내에서 유학과 여행을 준비하는 대학생들에게 큰 도움을 주고 있다. 또한 대학 내 생생한 소식 전달을 위해 최근 개설된 '학보사 캐스트'는 소식 전달의 역할과 함께 대학 언론사에서 작성된 훌륭한 기사를 보다 많은 학생들에게 알리는 역할까지 담당하고 있다. 이 밖에도 영현대는 20대를 위한 에세이북 제작 배포와 다양한 대학생 대상 프로그램 운영을 통해 대학생들에게 실질적인 도움이 될 수 있는 방법을 끊임없이 모색하고 있다는 점에서 20대 커뮤니티의 좋은 사례로 꼽힌다.

국내 최고 최대의 글로벌 대학생 기자단

영현대 커뮤니티는 앞선 언급한 바와 같이 영현대 글로벌 대학생 기자단을 중심으로 운영되고 있다. 2004년 10여 명의 대학생들로 구성된 '영리포터'와 '캠퍼스 전문가'로 시작한 영현대 글로벌 대학생 기자단은 취재, 사진, 영상, 외국인, 선임 5개 부문으로 구성되어 있다. 또한 국내 대학생들과 해외에서 거주 중인 대학생들까지 총 100여 명에 가까운 인원이 활동하고 있어 양적으로나, 질적으로나 국내 최고 최대의 기자단 프로그램으로 자리 잡았다. 특히 2012년부터는 해외 거주 대학생뿐만 아니라 국내에 유학 중인 외국인 대학생들도 기자단으로 활동하고 있다는 점에서 명실상부한 '글로벌' 기자단 프로그램으로 평가 받고 있다.

다양하고 고르게 구성된 '영현대 글로벌 기자단' 구성

구분	취재	사진	영상	외국인	해외거주	선임(2년차)
인원	18	10	15	12	27	10
비고				스웨덴, 폴란드, 일본, 몽골, 등 다양한 구성	20개국에 분포	8기 우수기자 중 선발

'영현대 글로벌 대학생 기자단'의 특징을 살펴보면 아래와 같다.

〈공포의 대상이자 성공의 밑거름, '피드백 시스템'〉

다른 기자단 프로그램에서 찾기 어려운 영현대만의 가장 큰 특징은 바로 '피드백 시스템'이다. 영현대의 기사는 기본적으로 전문기자의 피드백 과정을 거쳐야 한다. 기사 작성 전 기획단계부터 하나의 기사가 탈고될 때까지, 모든 과정은 꼼꼼한 피드백을 통한 지도과정으로 이어진다.

그리고 이러한 과정을 통과한 기사만이 영현대 커뮤니티에 공개된다. 또한 한 달에 한 번씩 이루어지는 기획회의에서는, 기자단 상호간에 기사 기획에 대한 토론을 하고 서로의 기획을 평가하거나 보완하는 시간을 갖는다. 이렇게 어려운 과정을 거치는 이유는 대학생 기자들의 성장이 곧 영현대의 가치를 높여 줄 것이라는 현대자동차그룹의 믿음 때문이다. 즉 일방적으로 기사를 받기만 하는 것이 아니라 꼼꼼한 관심과 피드백을 통해 참여하고 있는 대학생들을 성장시키고자 자극하는 셈이다.

〈프로 기자와 동일한 대우를 받는 대학생 기자단〉

기자단은 개인 활동과 팀 활동을 통한 자율 취재 형식으로 운영된다. 기자들은 대부분의 기사를 자율적인 기획으로 작성하고 취재 범위 또한 한정을 두지 않는다. 이러한 활동 외에도 특별한 한 가지가 더 있는데, 그것이 바로 '특별취재제도'다.

특별취재란, 현대자동차그룹에서 진행하는 다양한 행사를 취재할 수 있는 기회를 제공하는 것이다. 취재 공고 후, 기자들의 자발적 지원과 선발 과정을 통해 진행된다. 매월 평균 5~10회 정도 진행되며, 대표적으로 신차 발표회, 채용 상담회, 사내 임직원 인터뷰 등이 있다. 특이한 점은 이 과정에서 영현대 글로벌 대학생 기자단은 외부에서 취재 온 기자들과 동등한 대우를 받는다는 점이다. 실제 프로 기자들과 어깨를 나란히 하며 그들의 취재 경쟁에 함께 동참함으로써, 학생들은 진정한 기자로서의 자각과 더불어 현장에서만 체험할 수 있는 다양한 경험을 할 수 있다.

영현대 글로벌 대학생 기자단의 실력은 현대자동차 내에서도 이미 유명하다. 전술한 것과 같이 이미 프로 기자들과 동등한 대우를 받는 것은 물론 이들이 만들어 낸 콘텐츠 또한 다양한 영역에서 많이 활용하고 있기 때문이다. 기자단에서 낸 기사는 현대자동차의 사보에 실리기도 하고 영상물로 제작되어 사내방송에서 소개되기도 한다. 특히 현대자동차의 대학생 해외탐방 프로그램인 'B.G.F Be Global Friends'가 2012년 12월 터키 이스탄불을 취재 중 제작한 브랜드 홍보 영상인 〈안녕, 현대〉(youtu.be/QCziHPgVtWo/)의 경우 현대자동차

그룹 내에서 굉장히 큰 호평을 받기도 했다. 비단 사내에서만 기자단의 실력이 인정받은 것은 아니다. 2013년 3월에는 영현대 글로벌 대학생 기자단에서 영상기자로 활동한 용인대학교 디지털미디어학과 신재인 학생이 'OECD Forum 2013: Video Competition'에서 최종 입상자 3인 중 한 명으로 선정되어 영현대의 명성을 높였다. 이 밖에도 사하라, 아타카마, 고비 사막에 이어 남극대륙 마라톤까지 4개 극지 마라톤을 모두 완주하여 세계 최연소 '그랜드 슬래머Grand-Slammer'가 된 동국대학교 문예창작학과 윤승철 학생, KBS 31기 공채 조수빈 아나운서, 구글코리아의 김태원 인더스트리 매니저 등도 영현대 출신이다.

대학생에게 '진짜' 도움을 주려는 영현대의 고민

2012년부터 각종 미디어와 서적, 강연은 '멘토'와 '힐링'으로 가득 채워졌다. 오랜 취업난과 나날이 어려워지는 사회 분위기에 지친 대학생들에게는 '달콤한 꿀' 같은 위로였기 때문에 이 열풍은 쉽게 가라앉지 않았다. 영현대를 운영하고 있는 현대자동차 홍보실은 멘토와 힐링을 자처하는 몇 권의 책과 몇 번의 강연들이 대학생들의 인생을 현실적으로 변화시킬 수 없다고 판단하였다. 이에 단 시간, 단발성이 아닌 대학생 스스로 자신의 가치와 꿈을 발견하고 점진적으로 발전해 나갈 수 있는 계기를 만들어 주려는 노력을 시작했다. 그들에게 무언가의 가치와 철학을 주입하기보다는 각자가 갖고 있는 서로 다른 가치들을 스스로 발견하고 깨달아 자신만의 길을 만들어 가길 바랐기 때문이다. 이에 따라 영현대는 대한민국 대학생들의 조력자 역할을 자처하였다. 그러한 목표 아래 진행한 프로그램들의 성공사례를 일부 소개하자면 다음과 같다.

〈NTNP 캠프〉

'New Thinking. New Possibilities.'는 새로운 생각과 새로운 가능성을 가지는 사람만이 새로운 가치를 창조하고 변화시켜 나아갈 수 있다는 현대자동차그룹의 슬로건이다. 특히 대학생 시절이야말로 세상에 없는 자신만의 생각과 가능성의 길을 모색

해야 할 시점이다. 이에 따라 영현대는 자신의 길을 마련하는 인생의 중요한 지점에 선 이들에게 도움을 줄 수 있는 자리를 기획하였다. 세상에 없는, 자신만의 새로운 여행을 꿈꾸는 20명의 대학생을 모아 서로의 꿈과 여행, 나아가야 할 길에 대해 대화할 수 있는 자리를 마련한 것이 바로 'NTNPNew Thinking. New Possibilities. 캠프'다. 20명의 대학생들은 NTNP 캠프를 통해 김수영, 손보미, 용감한 형제들(배장환, 배성환) 등 총 네 명의 멘토와 함께 서로의 꿈을 나누고 즐겁게 이야기함으로써 자신의 생각과 경험을 공유하였다. 어떤 철학이나 가르침을 전달하려 하지 않고 영현대가 제공하는 자유로운 경험을 통해, 학생들은 스스로의 가치를 발견하고 자신의 꿈까지 이를 수 있는 길을 모색할 수 있었다.

〈독서캠페인, 그리고 현대자동차 감성에세이북 - 『내가 사랑한 여자, 내가 사랑한 남자』〉

영현대는 지난 2년 동안의 겨울방학 때마다 독서를 통해 자신을 돌아보고 새로운 해를 맞이하자는 의미로 '해피북이어' 캠페인을 진행해 왔다. 해피북이어는 총 100권의 좋은 책을 선정하여 그중 방학 동안 보고 싶은 책 50권을 선택하면 50권의 책과 책꽂이를 선물하

는 캠페인으로서, 많은 대학생들의 참여와 호응을 얻었다. 이러한 성과에 힘입어 2013년 8월에는 20대 대학생들을 위한 도서를 기획하여, 『내가 사랑한 여자, 내가 사랑한 남자』(2013)를
출간했다. 책은 피아니스트 김정원, 사진작가 김홍희. 드라마 작가 노희경, 작가 목수정, 산악인 박정헌, PR전문가 여준영, 소설가 최인호, 여행수필가 김남희, 방송PD 김진만, 연극배우 박정자, 소설가 신경숙, 시인 안도현, 숭실대학교 법대학장 오시영, 소설가 이순원, 북디자이너 정병규, 생물학자 최재천 등 총 16인의 문화인물들이 청춘시절의 고민과 사랑을 담담한 에세이로 담아냈다. 현대자동차는 이 책을 통해 20대의 불안과 무료함, 치기와 변변찮음으로 뒤섞인 잉여의 시간이 혼자만의 고민이 아님을 알리고자 했다. 또한 현재의 방황 속에서 자신에 대한 사랑과 목표를 발견하기를 바라는 마음을 담았다고 한다.

현대자동차는 에세이북 발간 시점에 맞춰 양재사옥 대강당에서 작가들과 함께하는 토크콘서트를 진행함으로써 대학생 700여 명과 함께 호흡하는 시간을 가지기도 했다.

20대 청춘들의 파트너를 자처하는 브랜드가 되자

우리는 지금 이 순간에도 수많은 대학생 대외활동 프로그램과 공모전 등이 만들어졌다가 사라지는 일명 '대외활동의 홍수시대'에 살고 있다. 그 속에서 영현대는 지난 10년과 마찬가지로 향후 10년, 더 나아가 끊임없는 생명력으로 대학생들과 호흡하는 것을 가장 큰 과제로 안고 있다. 이를 이루기 위해서는 대학생들과 함께 만들어 가자는 프로그램의 초기 의도와 목  적을 잃지 말아야 한다. '스무 살, 꿈의 파트너'는 영현대의 슬로건이다. 파트너란 무엇인가. 바로 지속적인 이해와 믿음을 쌓고 서로의 편이 되어 함께 발맞추어 가는 존재다. 따라서 영현대는 20대 청춘들에게 가르침과 인생의 길을 제시하는 스승이 되기보다, 그들에게 다양한 경험을 제공하고, 그 속에서 고민을 들으며 이야기를 나누는 조력자가 될 수 있도록 노력해야 한다.

'New Thinking', 새로운 생각을 할 수 있도록 기존 기성세대의 사고와 길 안에 청춘들을 가둬 놓지 않으려 한다. 'New Possibility', 그리고 그러한 청춘들과 함께 새로운 가치와 가능성을 발견하여 이를 공유하려 한다. 결국 영현대는 청춘들의 파트너이자, 젊음을 상징하는 현대자동차의 브랜드로 계속 성장해 나가야 할 것이다.

〈영현대〉
현대자동차
문화홍보팀 김은정 사원

1. WHAT IS 〈영현대〉?

20대를 사랑하며, 사랑 받고 싶은 영현대! 영현대는 현대자동차와 현대자동차그룹의 20대 청년 프로그램을 한눈에 만날 수 있는 공간이며, 대표적으로 '영현대 글로벌 대학생 기자단'을 운영하고 있습니다.

2. HOW ABOUT 〈영현대〉?

먼저 영현대 글로벌 대학생 기자단의 해외 취재기사 과정을 소개해드리겠습니다. 기자단은 해외에서 유학하며 활동 중인 해외 기자의 기사와, 활동 기간 중 우수기자로 선발되어 현대자동차의 글로벌 거점으로 파견되는 B.G.F 팀의 기사가 있습니다. B.G.F 팀은 1년에 세 번 중국, 미국, 브라질 등 현대자동차의 글로벌 생산 거점에 파견되어 현지의 자동차 산업부터 캠퍼스 트렌드, 지역 문화 및 예술 등 다양한 주제로 기사와 영상을 만들어요. 그러니까 파견을 다녀올 때마다 한 권의 '매거진'이 완성된다고 보시면 됩니다. 우수기자 선발이 완료되면 운영국에서는 왕복비행기 티켓과 숙소 바우처, 공란의 일정표만 제공합니다. 약 1개월의 준비기간 내에 기획기사, 광고, 다큐 등 콘텐츠 계획은 물론 동선까지 모두 B.G.F 팀이 계획합니다. 저를 포함하여 전문기자의 수많은 "킬!" 소리와 함께요. B.G.F 팀은 엄청 고생합니다. 종일 취재에 밤샘회의까지 정신없죠. 귀국해서는 편집하는

라 또 밤샘이고요. 이 과정을 통해 우리 영현대 기자들은 '크리에이티브 creative'와 '근성', 그리고 적극적인 '실행력'을 기를 수 있습니다. 실제로 B.G.F 팀의 파견 과정과 결과는 모두 성공적으로 평가 받고 있습니다. 이는 모두 영현대 기자들이 끈질기게 이뤄 낸 덕분이죠.

3. BEST EPISODE OF 〈영현대〉?

아무래도 최근 20대를 위한 감성에세이북 『내가 사랑한 여자, 내가 사랑한 남자』를 발간한 일이지 않을까요. 언뜻 보면, 연애소설 같은데요, '당신은, 지금 누굴 사랑하고 있나요?'라는 프롤로그로 시작되는 영현대 에세이북은 우리 20대 청년들이 좋아하는 문화인물들이 20대 시절 사랑했던 이야기들을 담고 있습니다. 삶에서 가장 중요한 것은 '사랑'이라고 생각합니다. 화려한 꿈과 열정만으로 얼마나 행복하며 의미 있는 삶을 살 수 있을까요? 그런 부분을 많이 깨달았던 것 같아요. 참! 2013년 여름에 출간된 에세이북은, 벌써 전국 2만 명 대학생들에게 선물되었답니다. 영현대 공식페이스북(www.fb.com/younhyundai)을 통해서 신청하시면 무료로 받아보실 수 있습니다.

서포터즈
삼성전자 아이크리에이터

 마케팅을 꿈꾸는 대학생,
대학생을 꿈꾸는 마케터와 만나다

삼성전자, 끊임없이 새로운 아이디어를 갈망하다

　삼성전자의 마케팅 실무진들은 해당 분야에 있어서 다양한 경험과 지식을 겸비한 최고의 전문가들이다. 하지만 실무를 진행하다 보면, 오히려 마케팅 담당자이기 때문에 놓치기 쉬운 부분이 발생하기 마련이다. 운영담당자 역시 어떤 현상에 대해 문제점이라고 감지하지 못하고 대수롭지 않게 넘어가게 되는 일은 물론, 제3자의 객관성이 요구되는 순간들이 많이 있다고 말한다. 특히 삼성전자 마케팅 실무진이 가장 이해하기 어려운 타깃은 바로 20대였다. 삼성전자에게 유스 타깃은 너무나 젊었고, 트렌드에 매우 민감하며 빠르게 변하는 그룹이었다. 그런 점에서 오히려 이들의 색다르고 신선한 아이디어는 삼성전자에게 매우 필요했다. 삼성전자 마케팅 실무진들은 '우리가 보지 못한 인사이트를 20대의 눈으로 발견할 수 있지 않을까?'라는 질문을 던졌고, 그렇게 '아이크

리에이터I-Creator'가 탄생했다.

삼성전자 한국총괄 조아람 대리는 "요즘 대학생들에게는 어떤 주제가 이슈되고 있는지, 어떤 고민을 하는지 등 궁금한 부분이 많았는데, 프로그램을 운영하면서 20대의 생생하고 밀착되어 있는 이야기를 들을 수 있었던 좋은 기회인 것 같습니다"라며, 무엇보다 유스 타깃과의 커뮤니케이션 속 접점에 대한 열망이 있었다고 한다. 이처럼 기업의 입장에서는 20대와 보다 가까워질 수 있으며, 참여자에게는 삼성전자의 제품, 유통, 프로모션 등 다양한 마케팅 실무를 경험하고 현장에서 활약하는 실무진과의 만남을 통해 마케팅 리더로 성장할 수 있는 발판을 마련해 주는 프로그램이다.

유스 타깃과의 거리를 좁히다

삼성전자의 제품군은 모바일부터 냉장고, TV 등 가전까지 매우 다양하기 때문에, 모든 제품들을 한 번에 살펴볼 수 있어야 했다. 따라서 삼성 디지털프라자, 삼성 모바일숍 등 삼성전자의 제품을 유통하는 장소에서 아이크레이터는 예비 마케터의 시선으로 홍보, 진열, 제품 체험 방안 등에 대한 기획서를 주로 작성한다. 이후 그렇게 작성한 미션 기획안을 바탕으로 삼성전자 마케팅 실무진 앞에서 직접 발표할 수 있는 기회가 주어지며, 우수 사례의 경우 실제로 실현되기

도 한다. 최신 IT기기 지원과 우수활동자의 해외탐방 경험은 아이크리에이터가 되면 누릴 수 있는 대표적인 혜택이다.

하지만 아이크리에이터를 운영하면서 가장 중요한 성과는 청년 시각에서 당사가 갖고 있는 고민들을 함께 공유하고 해결할 수 있다는 점이다. 또한 자사에 대한 이야기뿐만 아니라, 유스 타깃과의 거리를 좁히기 위해 20대 트렌드에 주목하기도 한다. 월별 미션으로 당사 품목에 대한 마케팅 이슈뿐만 아니라 최신 트렌드와 관련한 과제들을 구성하는 이유가 바로 그것이다. 아이크리에이터를 통해 대학생들에게 삼성전자의 긍정적인 이미지를 어필했다는 점 역시 프로그램의 운영 성과로 볼 수 있다. 운영담당자는 실제로 아이크리에이터 활동 수료 이후 내부 설문조사에서 프로그램 참여 이전보다 삼성전자에 대한 애착도 및 로열티 부문이 향상된 결과를 확인할 수 있었다고 한다.

아이크리에이터만의 네트워크 형성

아이크리에이터는 현재 4기까지 운영되면서 약 200명의 수료자를 배출하였다. 그 과정에서 대외활동이라는 단편적 관계로 그치지 않고 참여했던 학생들과  의 지속적인 네트워크를 갖고 있다는 점이 큰 특징이다.

삼성전자 아이크리에이터를 담당하는 이유진 대리는 "얼마 전에는 처음으로 홈커밍데이도 진행했습니다. 현 기수가 행사를 직접 준비하고 1~3기 선배들이 참석하는 형식이었는데 전체적으로 학생들의 호응도 좋았고, 무엇보다 아이크리에이터다운 끈끈한 인연이 이어지는 것 같아 의미가 깊었어요. 또한 OB 선배들의 특강을 통해 취업을 준비하는 후배들에게도 매우 유익한 시간이었고요"라며 당시 분위기를 소개했다.

실전형 마케터 프로그램으로서의 차별화 강화

아이크리에이터를 연 1회 운영하는 데 있어 운영담당자의 입장에서 바라볼 때, 현재 가장 큰 고민은 아이크리에이터의 아이디어를 실제 현장에 접목시킬 수 있는 방법을 찾는 것이다. 그러기 위해서는 우선 기수마다 핵심 콘셉트를 잘 정해야 한다. 또한 월별 미션을 전달할 때 명확한 가이드가 필요하고, 무엇보다 실무진과의 관계를 더욱 돈독히 해야 한다. 아이크리에이터 수료자뿐만 아니라 앞으로 선발될 예비 아이크리에이터 학생들에게도 자신의 반짝반짝한 아이디어가 실무에 적용되는 모습을 많이 볼 수 있길 기대해 본다.

활동 수료 후 애프터 프로그램 운영

운영담당자는 "아이크리에이터를 운영하다 보니, 성장하는 대학생들의 모습을 보면서 뿌듯하기도 하고 대견하기도 했는데 그런 친구들과 삼성전자가 함께 윈-윈win-win할 수 있는 새로운 형식의 프로그램을 운영할 예정입니다. 한 번 맺은 인연은 소중하니까요"라고 말하며, 현재 아이크리에이터를 수료한 OB 학생들과 지속적으로 소통할 수 있는 운영 프로그램에 대해 진지하게 고민하고 있다.

〈삼성전자 아이크리에이터〉
삼성전자
한국총괄 CMI 이유진, 조아람 대리

1. WHAT IS 〈아이크리에이터〉?

아이크리에이터는 삼성전자의 다양한 유스마케팅 활동을 기획 및 실행하는 대학생 그룹입니다. 삼성전자의 제품, 유통, 프로모션 등 다양한 마케팅 실무를 경험하고 현장에서 활약하는 실무진과의 만남을 통해 마케팅 리더로 성장할 수 있습니다.

2. HOW TO JOIN 〈아이크리에이터〉?

프로그램 참여에 대한 열의 및 적극성, 그리고 창의성 등은 서류나 면접 전형에서 가장 중요한 요소이며, 다양한 사람들과 소통해야 하기 때문에 열린 마음도 필요합니다. 책임감과 성실함은 당연히 중요한 부분이고요. 지원동기에 있어 삼성전자 아이크리에이터가 어떤 목적을 가지고 운영되는 프로그램인지 정확히 파악하여 본인의 성장과 아이크리에이터의 참여 목적을 맞추어 가는 것이 중요한 것 같습니다.

3. BEST EPISODE OF 〈아이크리에이터〉?

기본적으로 제품, 유통, 프로모션 등 다양한 마케팅 영역에 있어 프로그램을 구성하지만 기수별로 핵심 콘셉트를 가지고 운영을 하고 있습니다. 당연히 모든 기수의 활동들이 의미 있고 기억에 남지만 그중에서도 2기의 경우 삼성전자에서 청년들을 타깃으로 새로운 유통인 삼성 모바일숍과 딜라이트숍을 론칭했고, 대학생 시각에서 젊은 고객을 대상으로 집객하기 위한 온, 오프라인 프로모션을 직접 기획하고 실행한 바 있습니다. 더운 여름에도 불구하고 48명의 아이크리에이터 멤버들이 하나가 되어 매장을 알리기 위해 밤새워 프로그램을 기획하고 직접 발로 뛰며 실행하는 모습이 가장 기억에 남는 행사였습니다.

4. 〈아이크리에이터〉 IN MY LIFE!
아이크리에이터 1기가 제언했던 많은 부분들이 담당자뿐만 아닌 임원진들에게 새로운 자극제가 되었기에, 그 가능성을 인정받아 4기까지 매년 운영하고 있습니다. 아이크리에이터가 제안한 아이디어를 현업에 적극 반영하고자 하는 노력도 하고 있고요.

해외탐방
LG글로벌챌린저

 세상을 향한 대학생들의 도전과 열정을 지원하자

LG그룹, 국내 최초로 대학생을 세상에 내보내다

LG글로벌챌린저는 국내 최초의 대학(원)생 대상 해외탐방 프로그램이자, 국내에서 가장 오랜 전통을 가진 프로그램으로 2013년에 19회째를 맞았다. LG글로벌챌린저의 시작은 1996년으로 거슬러 올라간다. 1995년 1월 럭키금성에서 'LG'라는 새 이름을 달고, 2월에 제3대 회장인 구본무 회장이 취임했다. 그리고 3월, 현재의 LG글로벌챌린저가 '21세기 선발대'라는 이름으로 탄생했다. 이렇게 LG글로벌챌린저는 LG의 역사와 함께한다.

인터넷도 없던 1995년, LG의 21세기 선발대는 그야말로 센세이션이었다.  어학연수, 배낭여행, 해외 인턴십, 해외봉사활동 등을 통해 해외 체류 경험이 많은 2013년의 대학생들에게도 아직까지 '해외'라고 하면 솔깃하다. 게다가 특정 주제를 정해, 아무 때나 가고 싶은 곳으로 떠나는 테마여행에 여행경비 부담조차 없다. 1995년의 대학생들은 그야말로 목숨을 걸고 도전했고, 20팀 모집에 1,013개 팀이 지원하게 되는 기염을 토했다. 예상보다 훨씬 뜨거운 관심에 LG는 당초의 선발인원을 배로 늘려 40팀을 선발했다.

LG가 21세기 선발대를 기획한 배경은 '세계화'였다. 당시 세계화의 물결이 온 사회를 휩쓸고 개방과 통합으로 국경이 무의미해진 무한경쟁시대를 헤쳐 나가기 위한 생존전략으로 LG는 세계화를 겨냥했다. 럭키금성에서 LG로 CI를 변경하면서 'LG 고객은 세계입니다'의 슬로건을 세계에 전파하기 위한 전략적 캠페인이 필요했다. LG는 당시 세계화가 가장 절실한 대상으로 대학생을 고려했고, 이들에게 세계 최고 수준의 선진 기술과 정책, 문화 등을 경험하고 연구하여 국제적인 감각과 안목을 키울 수 있는 기회를 주자는 취지에서 21세기 선발대를 세상에 내놓았다.

LG글로벌챌린저는 대학(원)생들이 직접 탐방활동의 주제 및 국가를 선정한다는 점에서 단순한 해외여행이 견학과는 다르다. 대학생들이 보다 넓은 세상에서 새로운 가치를 창조할 수 있도록 돕자는 LG의 CSR 취지에도 부합하는 프로그램이다. IMF라는 전 국가적 위기 속에서도, 전 세계적 금융위기의 불황 속에서도 젊은 꿈을 키우는 마음으로 살아남아 대학생 참여 선호도 1위의 해외탐방 프로그램으로 자리 잡은 LG글로벌챌린저는, 대학생들이 보다 넓은 세상에서 새로운 가치를 창조할 수 있도록 적극 돕고 있는 한 기업의 한결같은 사랑과 이에 보답하고자 한 청춘들의 뜨거운 열정이 있었기에 성공할 수 있었다.

대한민국에 영향을 끼친 LG글로벌챌린저

LG글로벌챌린저는 2013년 현재까지 총 620개 팀, 2,340명의 챌린저 대원을 배출하였으며, 연평균 21.1:1이라는 높은 경쟁률을 기록하고 있다. LG글로벌챌린저를 통해 국내 대학생들은 해외 60개국, 총 770개 도시를 탐방하였는데 이를 거리로 환산하면 1,257만 8,622㎞, 즉 지구와 달을 14.2번 왕복한 것에 해당한다. 이처럼 LG글로벌챌린저는 세계금융위기의 불황 속에서도 국내 최고의 대학생 해외탐방 프로그램의 대명사로 자리 잡았다.

LG글로벌챌린저 운영 성과 중 눈에 띄는 건, 탐방대원들의 보고서가 정부와 각 지자체, 연구소 등에 배포되어 활용된다는 것이다. 가장 대표적으로 활용된

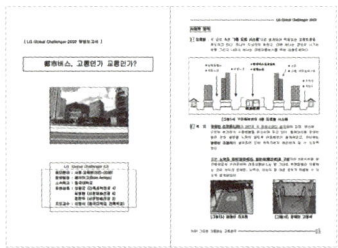

케이스는 2002년 대상 수상팀의 탐방 주제였던 '도시교통문제 해결을 위한 신개념 버스'다. 이 보고서는 서울시가 현재 운영하고 있는 버스 중앙차로제와 환승제도를 만드는 데 기초자료로 쓰였다. 이처럼 탐방대원들의 보고서는 단순히 탐방기록으로 그치는 것이 아니라 사회 전반에 큰 영향을 끼치고 있다.

탐방계획서 심사, 면접 등의 과정을 거쳐 선발된 대원들은 발대식 후 탐방 교육을 받으며 더 큰 세상을 향해 한 발 내디딜 준비를 한다. 이후 여름방학 중 각 팀별로 자율적인 탐방계획에 따라 2주일간 해외탐방활동을 떠난다. 이 준비과정을 포함한 모든 일정은 대원들이 직접 기획한다. 스스로 관심 있는 주제를 찾아 공부하고 직접 탐방함으로써 자신의 꿈을 확인할 수 있고 한 분야의 전문가로서의 초석을 놓을 수 있다. 해외탐방활동을 다녀온 대원들은 LG글

로벌챌린저 활동이 인생의 터닝 포인트로 작용하여 자신만의 진로계획이나 사업계획을 세우는 등 사회 다방면에서 제 역할을 해내고 있다.

또 LG글로벌챌린저는 시대를 발 빠르게 내다보고 끊임없이 새로운 운영을 시도했다. 'UCC'라는 것이 생소했던 1997년부터 인터넷을 통

한 탐방 중계를 실시하여, 미션을 수행하는 챌린저 팀들의 실황을 홈페이지로 제공한 것이다. 이를 통해 대원들이 자신들의 젊은 꿈을 이루어 나가는 과정을 보다 많은 이들에게 생생하게 전달할 수 있었다. 또 2001년에는 기존 21세기 선발대에서 'LG글로벌챌린저'로 명칭을 변경하고, 선발 대상을 대학원생까지 확대했다. 2006년부터는 대상과 최우수상 수상팀에게 LG그룹에 입사할 수 있는 기회를 주기도 했다. 지금까지 대학 4학년에게는 입사 기회, 1~3학년에게는 여름방학 동안의 인턴 기회를 주고 있다. 이를 통해 LG그룹 차원에서 LG글로벌챌린저를 얼마나 많은 관심을 갖고 지켜보고 있는지 알 수 있다.

LG글로벌챌린저의 프레스티지 제공

LG글로벌챌린저가 꾸준히 대학생들에게 큰 인기를 얻다 보니 이를 표방한 여러 해외탐방 프로그램들이 우후죽순 늘어났다. 경쟁 프로그램이 많아진 상황에서도 20년 넘게 꾸준히 운영되어 온 LG

글로벌챌린저지만, 이 명성을 계속 이어나가기 위해선 몇 가지 과제를 해결하여 LG글로벌챌린저만이 가질 수 있는 로열티를 향상시킬 수 있는 방법들을 끊임없이 고민해야 한다.

 무엇보다 LG글로벌챌린저만이 가질 수 있는 '프레스티지Prestige'를 제공해야 한다. 지금까지 LG글로벌챌린저는 '가장 오래된 대학생 해외탐방 프로그램'이라는 타이틀만으로도 많은 대학생들의 도전 열정을 자극했다. 하지만 여기서 얻을 수 있는 혜택은 사실 다른 탐방 프로그램에서도 비슷하게 얻을 수 있다. 이제 그 타이틀만이 줄 수 있는 무언가가 있어야 하는데, 바로 20년 넘게 쌓아온 인적, 지적 인프라를 활용하는 것이 가장 좋은 해결책이다. LG글로벌챌린저가 가진 가장 강력한 힘은 아무도 넘볼 수 없는 20년이라는 세월이다. LG글로벌 챌린저가 2013년까지 배출한 610개팀, 2,340명의 챌린저 대원들이 좀 더 유기적으로 소통할 수 있다면, LG글로벌챌린저는 다시 큰 도약의 시대를 맞이할 수 있을 것이다.

〈LG글로벌챌린저〉
LG글로벌챌린저
운영사무국 HSAD 양선제

1. HOW ABOUT 〈LG글로벌챌린저〉?

대학생들의 자율성과 창의성을 매우 존중하는 프로그램입니다. 탐방활동의 전 과정(주제 및 국가 선정, 탐방계획서 작성, 탐방활동, 탐방보고서 작성)을 대학생 스스로 진행한다는 점, 그리고 탐방에 필요한 경비의 전액을 지원한다는 점, 탐방 보고서 심사 후 본상(대상, 최우수상, 우수상)을 수상한 팀에게 LG그룹 입사 자격 및 인턴 기회를 부여한다는 점이 LG글로벌챌린저만의 특징이라고 할 수 있습니다. 또한 일반적인 해외여행이나 어학연수와 달리, 주제, 장소, 탐방기관, 일정 등 모든 부분을 자율적으로 결정할 수 있을 뿐 아니라 탐방 주제에 따라 세계적인 기업이나 단체를 방문하여 인터뷰할 수 있는 기회도 가질 수 있습니다. 예를 들면 구글 본사, WTO 등의 기관에 개인의 이름으로 방문하여 전문가와 직접 인터뷰할 수 있는 기회를 얻는 것이지요.

2. HOW TO JOIN 〈LG글로벌챌린저〉?

1차는 탐방계획서를 통한 서류 전형, 2차 면접을 통해서 선발됩니다. 서류 전형에서는 심사의 공정성을 위해, 학교나 다른 지원자의 인적사항은 모두 삭제하고, 오로지 주제와 탐방 내용으로 심사합니다. 면접은 정말 얼마나 준비했는지, 탐방에 대한 열정과 태도를 본다고 생각하시면 됩니다.

3. BEST EPISODE OF 〈LG글로벌챌린저〉?

해외탐방 프로그램이기 때문에 한국에 있는 담당자로서는 물리적으로 도와주기 힘든 불의의 사건, 사고가 일어날 때 가장 힘듭니다. 학생들에게는 탐방이 가장 중요하겠지만, LG의 입장에서는 학생들의 안전을 최우선으로 대처하고 있습니다. 보험은 물론이고, 사전 안전교육과 전 세계 네트워크를 가진 SOS 프로그램 등을 운영하여 안전사고를 예방할 수 있도록 최선을 다하고 있지요. 올해의 경우도 일본으로 탐방을 떠난 학생들의 안전을 고려하여 원전사고지역의 탐방은 전화인터뷰로 대체하고, 탐방을 마친 후 학생들의 의견을 고려하여 예외적으로 조기귀국을 허락하였습니다. 귀국 후 바로 병원에서 방사능 관련 검진을 받게 한 것은 물론이고요.

대학생마케터
기아자동차 펀키아 디자이너

FunKIA 자사와 연계한 '색다른 체험'의 제공으로 20대 마음을 사로잡다

버스보다, 지하철보다도 대학생에게 먼 자동차

2006년 8월. '최고디자인책임자CDO, Chief Design Officer'로 영입한 피터 슈라이어Peter Schreyer의 등장으로 기아자동차는 'Design KIA' 콘셉트의 고유 이미지와 패밀리 룩을 선보이며 시장의 판도를 완전히 뒤집어 놓는다. 'K5'와 'K7', '스포티즈R' 등 그의 손을 거치면서 기아자동차는 더욱 감각적이고 디자인 중심적인 포지셔닝을 구축했다. 더불어 매출과 BIBrand Identity 확립이라는 두 마리 토끼를 동시에 잡을 수 있었다. 그러나 디자인 중심으로 젊은 감각을 외치던 기아자동차가 잠시 놓치고 있었던 고객이 있었으니, 이들은 바로 대학생이었다. 자동차 시장에서 대학생은 명백하게도 주요 구매층은 아니었다. 이러한 이유로 기존 자동차 기업들 대부분은 마케팅적인 측면에서 대학생을 자주 배제시키곤 했다. 그럼에도 불구하고 기아자동차는 도대체 왜, 어떠한 이유로 대학생을 주목했을까?

기아자동차에서 '펀키아 디자이너FD, Fun KIA Designer' 운영을 담당하는 마케팅팀 김민규 사원은

"버스나 지하철보다도, 대학생들에게 자동차는 너무 멀었습니다. 이것이 FD 프로그램을 기획하게 된 배경이었습니다"라고 말했다. 펀키아 담당자의 말처럼 대학생들에게 '자동차'는 버스보다도, 지하철보다도 훨씬 먼 존재였다. 기아자동차그룹은 겉으로 보이는 젊은 이미지뿐 아니라, 어떻게 하면 진짜 젊은이들에게 공감을 사고 인정받는 브랜드가 될 수 있을지 고민하던 중에 이와 같은 맹점을 잡아낸 것이다. 그들은 아직 구매 능력이 없는 대학생이지만, 언젠가는 사회생활을 하고 자동차 구매를 고려할 시기를 겪는다는 점에서 기아자동차의 잠재고객으로 봐야 한다는 결론에 이르렀다. FD 프로그램이 기획된 2010년 당시 국내 20대 자동차 수요 영향요인을 분석한 한국자동차산업연구소KARI, Korea Automotive Rearch Institute의 양진수 연구위원 역시 20대 인구 감소에 따른 판매 하락 영향을 최소화하기 위해 미래 고객 대상의 마케팅을 강화하고, 시장 중심이 중고령층으로 이동할 것에 대비한 장기적인 준비가 필요함을 크게 강조했다.

대학생과 자동차를 어떻게 가깝게 만들 것인가

대학생 그룹도 기아자동차의 타깃 고객으로 정의해야 한다는 결론이 나왔음에도 불구하고 한 가지 문제가 있었다. 바로 '자동차'에 친숙한 대학생들이 소수에 불과하다는 것이었다. 결국 대학생 프로그램을 기획하는 데 있어 기아자동차에게 가장 중요한 과제는, 학생들에게 자동차를 가깝게 만들어 줄 수 있는 효과적인 방법을 찾는 것이었다. 따라서 먼저 참가자들에게 자동차를 소개해 주고, 그들이 다시 대학생의 시각에서 콘텐츠를 만들어, 또 다른 대학생들에게 친숙하게 자동차를 소개해 줄 수 있도록 프로그램의 방향을 설정하였다. 다시 말해, 자동차에 대한 정보나 콘텐츠를 단순히 전달하는 것이 아니라, 대학생이 직접 자동차와 관련한 이야기를 전달할 수 있도록 만든 것이다. 또한 자동차에 관심이 많은 학생들뿐 아니라 국내외 모든 대학생들이 공감할 수 있는 콘텐츠를 다루기 위해 M(Motors)팀과 CS(Culture & Sports)팀, CY(Culture & Youth)팀으로 나눠 선발과 활동을 진행하였다.

기아자동차 스토리텔링 그룹으로서 발돋움하다

FD의 가장 큰 특징은 학생들에게 가능한 한 '많은' 그리고 '독특한' 경험을 제공한다는 점이다. 기아자동차의 신차, 브랜드, 커뮤니케이션, 마케팅 프로모션 등 생생한 마케팅 현장을 직접 체험함으로써 기아자동차의 스토리텔링 그룹으로서 자리 잡은 FD 유형은 아래와 같이 나눠 볼 수 있다.

〈M(Motors)팀 – 대학생에게 자동차를 선물하다〉

M팀은 자동차에 특화되어 있는 팀으로 기아자동차와 관련한 전략차종 홍보와 모터쇼 취재 등을 담당한다. M팀만이 가지는 가장 큰 특권 중 하나는 기아자동차의 신차를 가장 먼저 시승할 기회가 주어진다는 데 있다. 대학생들이 직접 차량을 시승해 보며 느끼는 경험들은 차량에 대한 학생들의 이해 수준을 높여 주고, 차량 관련 콘텐츠 제작에 결정적인 도움을 준다. 뿐만 아니라 '현대기아 R&D 모터쇼', '코리아 스피드 페스티벌 KSF, Korea Speed Festival' 등 일반 대학생들이 참여하기 쉽지 않은 다양한 차량 관련 행사에 우선적으로 참석할 수 있다. 또한

M팀에 소속된 학생들은 직접적으로 자동차 마케팅과 연계한 콘텐츠를 기획 및 제작할 수 있다.

<CS(Culture & Sports)팀 - 자유로운 콘텐츠 기획을 맡기다>

CS팀은 기아자동차에서 주최하거나 후원하고 있는 문화 및 스포츠 행사를 취재하는 역할을 담당하고 있다. 부산국제영화제BIFF, Busan International Film Festival에서 '시네마데이'를 포함한 각종 전시회부터 프로야구 기아타이거즈 경기, 한국여자오픈 골프선수권대회 등 기아자동차에서 후원하는 문화 및 스포츠 행사에서 '프레스Press' 자격으로 대학생이 직접 참여하고 취재한다. 무엇보다 '자동차'라는 소재에 얽매여 있지 않고, 대학생이라면 누구나 관심 가질 법한 여러 가지 문화행사를 생생하게 체험할 수 있다는 점이 돋보인다. 참고로 CS팀은 다른 팀에 비해 비교적 콘텐츠 구성과 기획이 자유롭다. 기아자동차가 후원하는 문화 및 스포츠 행사를 대학생의 입장에서 다른 대학생들에게 소개하고 전달할 때 그들만의 자유로움과 개성이 가장 큰 무기가 될 수 있을 것이라는 판단 때문이다. 실제로 FD 참여 학생들의 행사 취재에 별도의 제재를 하지 않음으로써, 그들의 관여도를 최대한 높였다. 결과적으로 양질의 콘텐츠를 생산할 수 있었다.

〈CY(Culture & Youth)팀 - 대학생의 시선으로 바라보다〉

CY팀은 말 그대로 유스 타깃을 전문으로 한 대학생 관련 콘텐츠를 담당한다. 대학생들에게 펀키아를 소개하거나 모집 홍보 프로모션을 진행하며, 현대자동차그룹이 후원하는 '해피무브 글로벌 청년봉사단', '에코원정대'와 같은 해외봉사나 해외탐방 프로그램 참여까지 폭넓은 기회가 주어진다. 쉽게 말해, 대학생들이 관심 가질 법한 대외활동을 소개하거나, 그 프로그램에 직접 참여하여 자신이 느낀 주관적인 경험을 다른 대학생들과 공유하는 것이다. 이로 인해 대외활동에 관심 있는 대학생들의 경우, 같은 정보라도 펀키아 블로그를 통해 정보를 얻고자 한다. 단순히 어떤 프로그램을 소개해 놓

은 일반적인 포스트보다, 프로그램을 후원하는 기업을 가장 잘 이해하고, 직접 체험해 보았던 FD가 직접 쓴 포스트를 상대적으로 더 신뢰하는 것이다.

FunKIA Desinger, 20대의 시선으로 기아자동차를 바라보게 하다

2010년 10월, 1기(20명)를 시작으로 2013년 현재 5기까지 총 104명의 학생들이 펀키아 활동을 수료하였으며, 총 500여 개 이상의 콘텐츠가 제작되었다. 참여 학생의 절반 이상은 해외취재 파견 기회까지 제공 받는 등 FD는 이제 기아자동차를 대표하는 성공적인 대학생 마케터 프로그램으로 자리매김하였다. 앞서 언급했듯이 FD 프로그램의 특징은 스토리텔링 콘텐츠의 제작과 전달을 대학생들에게 직접 맡기는 데 있다. 그렇기 때문에 대학생들의 참신한 아이디어를 바

탕으로 만든 콘텐츠는 또 다른 학생들에게 전파되고, 대중들이 결국 20대의 시선으로 기아자동차를 바라볼 수 있게 만들어 주었다. 아래 대표적인 콘텐츠를 한 번 살펴보자.

좌측의 사진은 기아자동차 K사원의 프러포즈 장면을 담은 블로그 UCC의 일부다. 어디서든 기아자동차가 필요할 때 달려간다는 콘셉트로 연인들의 프러포즈 이벤트는 물론, 고3 수험생의 귀갓길까지 담당하고 있는 'FunKIA 택시'는 학생들이 직접 참여하고 콘텐츠를 제작하는 형태로 이루어진다. 특히 K사원의 프러포즈 UCC의 경우 기획 단계부터 학생들이 촬영과 편집, 이벤트 준비 등 마케팅 전반에 대부분 투입되었다. 자사의 제품(자동차)을 이용한 마케팅 홍보가 '프러포즈'라는 요소와 접목되어 로맨틱한 감동과 재미를 주었고, 결과적으로 45만 개의 공식페이스북 '좋아요' 수와 400만 회의 총 도달 수를 기록하며 기업 SNS 콘텐츠로는 역대 최고 기록을 세웠다. 일반 기업의 실무 마케터들도 쉽지 않은 성공적인 홍보효과를 학생들이 직접 이끌어 냈다는 점에서 의미가 있다.

또한 FD 프로그램은 2011년 '잡코리아 선정 인기 대학생 프로그램' 9위에 선정된 것을 비롯하여, 2012년 '제8회 웹어워드코리아 대기업 일반부문' 최우수상 수상에 상당한 공헌을 하였다. FD가 제작한 콘텐츠가 업로드되는 펀키아 블로그(fun.kia.com/kr/main/main.aspx)의 경우 웹 개방성 강화 및 기아자동차 공식페이스북(www.facebook.com/kia.co.kr)과의 연계로 순방문자 수가 꾸준히 증가하여, 2013년 10월 현재를 기준으로 일 3,000명 이상의 고객들이 방문하고 있다.

콘텐츠의 참신성과 차별화

　　콘텐츠를 제작하는 대학생 프로그램의 경우, 매 기수가 늘어날수록 비슷한 콘텐츠가 생산될 가능성이 높기 때문에 늘 새로운 프로젝트의 기획을 고민할 수 있어야 한다. 기아자동차 FD 담당자 역시 FD 프로그램이 6기까지 지속되면서 매 기수마다 FD 브랜드를 내걸 만한 전체 프로젝트를 기획하고 운영해 볼 필요성에 대해 크게 공감하고 있었다. 그렇다면 콘텐츠의 참신성이 저하되지 않기 위해 어떤 방법을 강구해야 할까? 대학생들에게 최대한의 자유와 권한을 부여하는 것이 바로 그 방법 중 하나다. 단순히 기업 마케팅 이벤트 취재를 통해 콘텐츠를 제작하는 것이 아니라, 기업 실무자와 함께 직접 프로모션을 실행하고 콘텐츠 제작 단계까지 투입할 수 있도록 기회를 주는 것이다. 이는 대학생이 바라보는 젊은 생각과 아이디어를 기업 실무자가 철저하게 지지하는 행위라고 할 수 있다.

　　그렇다면 FD 담당자가 생각하는 본 프로그램의 향후 과제는 무엇일까? 담당자는 FD 프로그램 자체의 대학생 인지도를 높이는 것이라 말하면서, "FD 프로그램은 포괄적이고 기본적인 마케팅을 경험하는 것이기에, 자동차에 대한 관심이나 전문적인 지식이 없더라도 충분히 활동 가능합니다. 마케팅을 경험하고 배우고자 하는 모든 대학생이 경험하고 싶어 하는 프로그램으로 만들겠습니다"라고 덧붙였다. 이는 자동차에 대한 기본지식이 있어야 FD 프로그램에 참가할 수 있다고 생각하는 대학생들을 고려해 진입장벽을 낮추고, 더 많은 대학생들에게 펀키아를 알리겠다는 의지가 반영된 펀키아의 각오라고 볼 수 있다.

〈펀키아 디자이너〉
기아자동차
마케팅부 김민규 사원

1. WHAT IS 〈펀키아 디자이너〉?

기아자동차의 신차, 브랜드 커뮤니케이션, 프로모션을 기획 또는 경험하고 스토리텔링 콘텐츠를 통해 기아자동차를 홍보하는 '대학생 마케터 그룹' 입니다.

2. HOW TO JOIN 〈펀키아 디자이너〉?

자동차에 대한 기본지식이 있어야 FD 프로그램을 참가할 수 있다고 생각하는 대학생들이 많은 것 같아 아쉽습니다. 산업마다 마케팅 접근방식이 다른 것은 사실이지만, FD 프로그램은 포괄적이고 기본적인 마케팅을 경험하는 것이기에, 자동차에 대한 관심이나 전문적인 지식이 없더라도 충분히 활동이 가능합니다. 자동차는 FD들이 마케팅을 경험하고 배우는 과정 속에서의 하나의 요소 정도이며, 운전면허, 자동차 전문지식이 없어도 전국 대학교 재(휴)학생 누구나 지원이 가능합니다. 1차 자기소개서를 통한 서류전형과 면접을 통한 선발 과정을 통해 선발하는데요, 자기소개서를 통해 각 부문(영상, 사진, 작문)별 콘텐츠 기획 및 제작 능력과 창의성을 평가하며, 2차 면접에서는 팀 활동 수행을 위한 인성 위주로 평가합니다.

3. HOW ABOUT 〈펀키아 디자이너〉?

대학생들에게 자동차는 사실 큰 관심사는 아닙니다. 그렇기에 참여 학생들에게는 더없이 특별한 기회가 될 수도 있습니다. 실제로 FD 중에는 자동차를 전혀 모르는 상태에서 활동을 시작하는 경우가 있는데, 프로그램을 이수할 때면 일반 대학생들과는 확실히 다른 자동차에 대한 시각을 얻어가곤 합니다. 우수 FD들에게 주어지는 기아자동차의 글로벌 마케팅 활동 취재 역시 빼놓을 수 없는 장점이고요.

4. 〈펀키아 디자이너〉 IN MY LIFE!

마케팅 실무자로서 항상 젊은 감각을 유지할 수 있게 되었습니다. 입사한 지 4년이 채 되지 않았지만, 저 역시 저도 모르게 조금은 관성적인 행동과 마음에 물들었는데, FD 프로그램을 운영하다 보면 대학생 친구들에게 오히려 제가 배우는 것이 더 많은 것 같습니다.

홍보대사
KB캠퍼스스타

KB CAMPUS STAR
KB 국민은행 대학생 홍보대사

온·오프라인에서 20대와 가장 '가까운 지점'을 찾아라

KB국민은행, 20대의 가슴에 별을 달다

은행의 상품을 구매하고 영업점에 자주 방문하는 이들은 보통 정기적 수입이 있는 3~40대, 혹은 직접 관리해야 할 수입이 있는 50대다. 좋은 서비스 제공과 기업에 대한 신뢰가 있다면 주거래 고객은 늘 존재하기 마련이기 때문에, 그동안 은행들은 고정수입이 없는 20대에게 적극적으로 은행을 홍보할 필요를 느끼지 못했다. 그러던 중 은행들이 20대를 공략해야 한다고 생각하게 된 건 크게 세 가지 이유에서였다.

첫째, 굳이 영업점 밖으로 나서지 않아도 저절로 은행을 방문했던 30~50대에게 새로운 상품을 지속적으로 판매하는 것에 한계가 드러나기 시작했다. 그들은 주거래 은행에서만 거래하는 게 아닌, 자신에게 적합한 타 은행 상품들도 함께 사용하고 있었다. 때문에 이들을 위한 상품시장은 포화상태로서 새로운 상품을 출시한다 해도 큰

흥미를 유발하기가 힘들었다. 따라서 은행들은 아직 주수입이 없지만 언젠가는 미래의 고객이 될 20대로 시선을 돌릴 수밖에 없었다.

둘째, KB국민은행은 20대를 대상으로 은행 이미지 설문조사를 실시했다. 그동안 젊은 세대를 위한 상품이나 홍보를 진행한 적이 없기에 대략 예상은 했으나, 'KB국민은행의 이미지는 50대에 가깝다'는 조사 결과를 받고 KB국민은행은 적잖은 충격을 받았다. 이로 인해 사내에서는 '20대들을 위한 상품을 만들고 이 상품을 홍보하자', '학생들이 은행을 찾아오는 게 힘들다면 우리가 직접 20대를 찾아가자'는 움직임이 일어났고, 대학생 홍보대사를 기획했다. KB국민은행과 은행 상품 및 서비스를 알리고, 유스 고객을 위한 마케팅 제안과 기업이미지 제고를 위한 사회공헌활동까지 학생들이 참여할 수 있는 영역을 확장해, 20대와 가장 가까운 곳에서 20대가 직접 KB국민은행을 알릴 수 있도록 만든 것이다.

셋째, 20대는 정기적 수입은 없으나, 아르바이트 급여로 학자금 대출을 갚거나 은행에 저축하는 등 돈과 관련한 행태를 보였다. KB국민은행은 이들이 주로 이용하는 은행과 그 이유를 살펴보았다. 20대는 대부분 학교와 제휴를 맺어 교내에 입점해 있는 은행이나, 혹은 근거리에 설치된 은행 ATM기기를 주로 이용하고 있었다. 하지만 서울이나 경기 등 수도권 대학들은 이미 타 은행들과 전략적 제휴를 맺어 등록금 수납부터 교통카드까지 해당 학교 학생들과 거래하고 있는 실정이었다. KB국민은행으로선 해당 학교 캠퍼스에 들어가 KB국민은행을 공식적으로 알리는 홍보가 시급한 실정이었다. KB국민은행은 전국 대학교 근처에 30대 이하로 구성된 은행 직원들을 배치하여 그들이 일하는 세미나실과 은행을 결합한 '락스타'를 설치하는 등 20대들과 가까워지기 위해 노력하기 시작했다.

온, 오프라인을 넘나드는 20대 커뮤니케이션

KB국민은행은 김연아, 이승기, 손연재 등 홍보모델 선정에 변화를 꾀하고, 가수 바비킴은 KB의 변화를 얘기하는 CM송을 불렀다. 하지만 이전부터 KB국민은행은
'KB락스타樂star'와 'KB캠퍼스스타' 프로그램을 운영하며 오프라인에서 먼저 20대를 마주하고 있었다. 이를 토대로 20대들은 온라인으로 금융정보를 가장 먼저 접한다는 사실을 인지하기 시작했고, KB국민은행은 곧 금융블로그 운영을 준비했다. KB국민은행의 상품 관련 정보는 물론 20대의 올바른 재테크 방법이나 소비 트렌드 분석까지 양질의 정보를 블로그 내에 포스팅하며 온라인상에 KB국민은행의 족적을 남기기 시작했다.

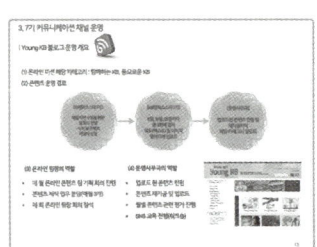
실제로 포털사이트에서 'KB국민은행'을 검색하면 공식홈페이지나 관련 기사만 검색결과로 떴던 이전과 달리 이제는 KB캠퍼스스타들이 만들어 놓은 20여 개의 블로그와 수백 개의 정보들을 찾아볼 수 있다. KB국민은행 고위층도 감탄하여, 내부에서도 KB캠퍼스스타를 매우 긍정적으로 평가했다. 또한 예전만 해도 젊은 친구들과의 마케팅 활동이 전무했기 때문에 KB국민은행의 이러한 시도에 대한 타 연령층의 반응도 즉각적으로 나타났다. KB캠퍼스스타와 함께한 오프라인 프로모션에서 일부 30~50대들은 "아니, 국민은행이 이런 활동을 해?"라고 물어보며 놀라움을 표현했다. 이러한 활동이 장기적인 계획으로 이루어지자 KB

국민은행은 '젊은 친구들과 함께 다양한 활동을 하고 여러 세대를 아우르며 소통하는 기업'으로 세상에 점차 알려지기 시작했다.

인재 채용과 연계하여 생각해 보자

　　KB캠퍼스스타 중 우수활동자에게는 입행入行 시 가산점을 부여하거나, 혹은 해외연수 기회 중 하나를 선택할 수 있는 특전을 제공한다. 이 중 입행 시 가산점을 부여 받은 지원자는 대개 서류전형을 통과하는 데 매우 유리한 편이다. 기수가 늘어날수록 KB캠퍼스스타에서 KB국민은행으로 입행한 학생 수는 점차 늘어났으며, 은행 내부에서도 'KB캠퍼스스타 우수활동자 출신'이라는 타이틀이 있으면 긍정적으로 바라보는 편이다. 또한 홍보대사의 인성이나 로열티를 높이 평가하기 때문에, 매년 2회에 걸쳐 진행되는 하계, 동계 인턴십의 경우 기본적인 지원 자격만 갖췄다면 KB캠퍼스스타에게 좋은 기회가 제공된다. 타 대외활동이 최종 우승자 한 명, 혹은 한 팀에게 인턴십의 기회를 주는 것과 비교해 보면, KB캠퍼스스타는 공식적으로 10명에게 가산점이 돌아가고, 장기적으로 봤을 때 우수활동자 20명에게 인턴십 및 공채 지원 시 합격 여부에 긍정적 영향을 미칠 수 있는 특전이 주어지는 것이다. 이렇게 입행 시 KB캠퍼스스타를 많이 선발하는 이유는 8개월간의 긴 활동을 우수하게 끝마쳤다는 데에

서 비롯한 KB국민은행의 로열티를 높이 평가하기 때문이다. 더불어 KB국민은행과 KB국민은행의 상품 및 서비스에 대한 이해도 역시 다른 지원자들에 비해

월등하게 높다는 것을 인정한다는 의미이기도 하다. 금융권 취업 희망자들은 대개 은행이나 증권사 한 곳만을 지원하는 게 아니라, 여러 은행과 증권사에 한꺼번에 지원하기 때문에 정보력이나 실력의 차이는 크지 않지만 그만큼 로열티를 구분하기도 힘들다. 허나 어떤 대외활동의 홍보대사를 했다는 것은 그 은행에 대한 확실한 충성심을 갖고 있다는 의미가 되기에 은행에서는 이를 높이 평가할 수밖에 없다. KB국민은행 대학생 홍보대사를 하면서도 타 은행에 입행한 사람들도 많은 편인데, 이는 금융이나 은행 업무 등에 대한 사전 정보를 대학생 때부터 관심 있게 지속적으로 지켜보고 활동했다는 의미이자 증거가 되므로 타 은행에서도 이를 높이 평가하고 있음을 알 수 있다.

사내 임직원들과의 활발한 교류, '멘토제도'

KB국민은행 내에는 KB캠퍼스스타 출신의 행원들이 점점 많아지고 있는 추세지만, 그래도 전체 비중을 놓고 봤을 때는 아직 적은 편이다(2013년 현재까지 약 20명 입행). 그럼에도 은행 내에서 KB국민은행을 대표하는 대학생 홍보대사의 활동을 지지하거나 그들을 자기 팀의 프로모션에 참여시키고 싶어 하는 행원들이 많다는 사실은, 은행 내에서도 KB캠퍼스스타의 입지와 이미지가 어떠한가를 알 수 있는 대목이다. 더불어 KB캠퍼스스타를 담당한 임직원들이

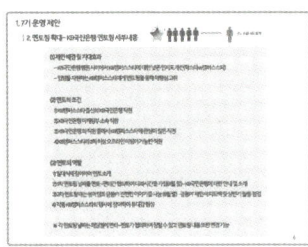

타 팀으로 이동해도 꾸준히 KB캠퍼스스타의 행사 참여를 지원하는 경우도 많고, 이를 통해 사내에 KB캠퍼스스타에 대한 입소문이 나면서 그 호감 정도도 매우 높아

졌다. 기업에서는 KB캠퍼스스타를 단순히 은행상품을 홍보해 주는 파트타이머로 바라보는 것이 아니라, 자신과 동일한 '대학생 행원'으로 인정하고 있다. 대외에 KB국민은행을 알리는 활동 외에 KB캠퍼스스타 7기의 경우, 대내외적으로 KB국민은행 내 KB캠퍼스스타의 이미지와 인지도 제고를 위한 '멘토제도'를 시행하기도 했다.

KB캠퍼스스타 7기 활동이 시작되는 시점에 대리부터 과장급까지 행원들은 대학생 홍보대사와 함께 정기모임을 갖고, 활동에 대한 피드백이나 친목을 도모하는 멘토를 선정하였다. 현재까지 총 10명의 멘토가 바쁜 회사 업무 속에서도 팀원들과 만나는 정기모임에 빠지지 않고 열심히 활동하고 있으며, 심지어 KB캠퍼스스타 전체 공식행사인 발대식, 여름캠프, 해단식에도 빠짐없이 참여하는 등 열의와 애정을 보이고 있다.

KB캠퍼스스타 선후배 간의 지속적 만남 지원

기수가 늘어남에 따라 KB캠퍼스스타 출신의 전 기수와 현 기수 간의 만남도 지속되고 있는데, 주로 합격자가 발표되면 발대식 이전까지 전 기수와의 멘토링이 진행되는 형태로 선후배 간의 만남이 진행된다. 선배 기수가 멘티가 된 후배 기수에게 8개월간의 KB캠퍼스스타 활동을 통해 얻은 정보를 전달하거나 조언하고 앞으로의 더 나은 활동을 독려하는 데 그 목적이 있다. 멘토링 기간 이후에도 고충이 있으면 선배에게 먼저 연락을 하거나, 같은 학교일 경우 친목을 다지는 형태로 선후배 간에도 꾸준히 커뮤니케이션을 지속해 오고 있다. 발대식이나 해단식 때 스태프로 참여해 행사를 돕거나 축사를 하는 등 공식행사에서의 선배들의 활약도 KB캠퍼스스타 참여 학생들에게는 큰 혜택이다. 또한 8개월간 동고동락 同苦同樂 하면서, 공식행사 '태스크포스팀TFT, Task Force Team'을 운영하면서, 각종 팀장이나 온라인팀장을 담당하면서, 각 팀마다 열 명에서 스무 명의 다른 친구들을 만날 기회가 생긴다. 즉 KB캠퍼스스타를 8개월간 열심히 참여하면 전국 각지에서 90여 명의 좋은 친구들을 얻을 수 있다. 이것이 바로 KB캠퍼스스타만의 장점이다.

새로운 변화를 맞이하는 끊임없는 고민

KB국민은행 내에서도 이제는 KB캠퍼스스타뿐만 아니라, 'KB락스타챌린저', 'KB락스타서포터즈' 등과 같은 20대와 소통하기 위한 프로그램을 기획 및 진행하고 있다. 이들에 비해 KB캠퍼스스타는 좀 더 견고하고 또 체계적인 기획으로 2013년까지 7년간 지속해 온 대선배 프로그램이다. 그러나 앞으로 어떤 식으로 새로운 변화를 이끌어 나가야 할지 새로운 고민이 필요한 시기다. 초등학생은 6학년이 되면 졸업하고 7학년이 아닌 중학교 1학년으로 새로운 국면을 맞는다. 지금 중학교 1학년이 7기를 기획하면서 내부의 견고함을 다지기 위해 '멘토-멘티제'를 확립했다면 이 부분에 있어서 부족한 점은 무엇인지, 대외적으로 소통할 때는 기존의 홍보방식이 아닌 어떤 새로운 방식으로 보다 효과적으로 상품과 서비스를 홍보할 것인지에 대한 가이드도 마련해야 할 것이다.

KB국민은행 외에도 이제는 많은 동종업계 은행들이 20대가 참여하는 프로그램을 만들고, 또 전략적으로 지점까지 프로그램 범위를 확충하는 등 공격적인 행보에 나섰다. 그 상황에서 KB국민은행은 대학생 홍보대사를 어떻게 하면 이에 맞설 수 있는 군단으로 성장시킬 수 있을지 고민해야 한다. 다만 이 지점에서 대학생 홍보대사를 통해 단순히 상품을 홍보하는 형태로 훈련시키려고만 한다면, 기존의 KB캠퍼스스타가 가졌던 '스스로 기획하고 활동하는 능력'을 잃을 수 있다. 끝으로 이 시대의 20대들이 과연 기존 은행업계에 어떠한 새바람을 불어넣을지 관심을 갖고 지켜보자.

〈KB캠퍼스스타〉
KB국민은행
마케팅부 구보람 대리

1. WHAT IS 〈KB캠퍼스스타〉?

KB캠퍼스스타는 KB국민은행의 브랜드 홍보는 물론, 다양한 사회공헌활동, 국민은행 행사 참여, 금융 아이디어 제안 등의 활동을 통해 KB국민은행의 미래를 만들어 가는 국민은행 대학생 홍보대사입니다.

2. HOW TO JOIN 〈KB캠퍼스스타〉?

서류전형과 면접전형을 거쳐 선발하는데, 짧지 않은 기간에 학업과 병행하며 많은 사람들을 만나고 다양한 활동을 잘하려면 자신감과 열정은 필수가 아닐까 생각합니다.

3. EPISODE OF 〈KB캠퍼스스타〉?

KB국민은행 천안연수원에서 개최된 'KB캠퍼스스타 Summer Camp 금융PT경진대회'가 가장 기억에 남습니다. 학생들이 제시한 은행 상품과 서비스에 대한 참신한 아이디어들도 놀라웠지만, 수상한 팀의 기쁨의 눈물과 수상하지 못한 팀의 아쉬움의 눈물을 동시에 보면서, 금융PT에 쏟아 부은 학생들을 열정은 절대 잊지 못할 것 같습니다.

4. 〈KB캠퍼스스타〉 IN MY LIFE!

개인적으로는 학생들의 넘치는 끼와 열정을 보면서 제 자신을 돌아본 경우가 많습니다. KB캠퍼스스타의 열정적인 활동으로 KB국민은행 또한 젊고 역동적인 이미지를 얻고 있습니다.

2013년 대학생 대외활동 및 공모전 5대 트렌드

1. 직업보다 직무 중심의 멘토링
   "너 졸업하고 뭐 할래?"

2. 더 이상 소수의 전유물이 아니다!
   "공모전, 어렵지~ 않아요!"

3. 이공계 특화 프로그램의 등장
   "공돌이들의 반란"

4. 누구나 실시간 이슈메이커가 될 수 있다
   "제 주특기는 SNS입니다"

5. 이제 대외활동도 온라인 전용으로
   "언제 어디서든, 대외활동"

캠퍼스 밖으로 나와 새로운 경험에 도전하고 짜릿한 성장을 만들어 가며,
다양한 사람들과의 소통을 통해 세상을 바라보는 가치관을
확장시켜 나가고자 하는 대학생들의 아웃캠퍼스 활동은
20대들의 관심사와 흥미를 비교적 정확하게 투영하고 있다.
20대들과의 소통과 공감을 하고자 하는 많은 기업과 기관들은
늘 예민하게 반응하는 20대들의 최신 유행 트렌드에 촉각을 곤두세우고 있다.
대학생 2명 중 1명꼴로 매년 1회 이상 참여하고 있는
대외활동 프로그램과 공모전의 2013년 한해 트렌드를 정리해 본다.

1. 직업보다 직무 중심의 멘토링
"너 졸업하고 뭐 할래?"

　엄마 손을 잡고 유치원에 가게 된 어느 날부터 대학교를 졸업하는 날까지 '학생'이라는 울타리를 벗어나기 전 누구나 수십 번, 수백 번 들어 보았을 그 말, "너 커서 뭐 할래?".

　하지만 어릴 적 그 질문에 우리는 "회사원이요! 간호사요! 의사요! 선생님이요! 화가요!"라고 쉽게 답할 수 있었던 것에 반해, 이제는 이상하게 대답을 할 수 없는 어른이 되었다. 그도 그럴 것이, 어릴 때는 '회사원'이라고 통칭되었던 직업이 지금은 'HR(인사)', '마케팅', '홍보', '구매' 등 여러 갈래로 나뉘었기 때문이다. 이처럼 요즘엔 어떤 회사에 가서 무슨 직업을 갖느냐보다 내가 그 조직 안에서 어떤 역할을 하느냐, 어떤 일을 맡느냐가 더 중요한 세상이 되었다. 눈물겨운 노력 끝에 원하는 회사에 들어갔지만, 맡은 업무와의 괴리 때문에 이직을 생각하기도 한다. 취업포털 사람인에 따르면 기업 입사 후 1년 내에 퇴사하는 조기퇴사자의 비율은 32%로 신입사원 10명 중 3.2명이 1년 이내에 퇴사하는 것으로 나타났다. 실제로 이들을 대상으로 조사결과 응답자의 40.5%가 '직무와 적성이 맞지 않다'를 퇴

사 이유로 꼽았다.[49] 취업난 속 '일단 붙고 보자'식의 마구잡이 지원의 부작용이 수면 위로 떠오르기 시작한 것이다. 이러한 인재 손실은 회사의 소중한 가족을 잃는 문제임과 동시에 교육 및 훈련 비용 등 경영상의 비용 문제도 함께 수반한다. 그래서 기업은 학생들을 대상으로 하는 멘토링 프로그램의 중심에 '직무'라는 콘텐츠를 두었다.

 2011, 2012년 두 시즌을 성공리에 끝마친 '삼성직업멘토링'도 새 단장에 나섰다.[50] 기존에 멘토들을 지역별, 계열사별로만 분류해 선택할 수 있게 했다면, 이번 시즌에는 한 걸음 더 나아가 '직무별'로 멘토를 선택할 수 있게끔 구성했다. 참여 학생들은 각 계열사별 안에서도 직무를 선택할 수 있게 되면서 더욱 내가 관심 있는 회사와 해당 업무에 대해 상세히 알 수 있게 되었다. 멘토와 멘티 비율이 1:7에서 1:5로 축소된 것도 멘토링의 내용이 보다 잘 전달될 수 있도록 한몫 거들었다.

 롯데그룹도 올해부터 'LOTTE Job Mentoring'을 실시했다. 삼성직업멘토링의 운영이 멘토-멘티의 스케줄에 맞춰 그룹별로 자유로이 운영되었던 것에 반해, LOTTE Job Mentoring의 경우 단 하루 동안 한정된 공간에서 진행된다. 각 직무별 클래스가 열리고, 이에 맞춰 멘

---

[49] "신입사원 조기퇴사 비율 '1년 이내 퇴사자가 32%!' 사표 쓴 이유 1위는?", 「SBS 연예스포츠」, 2013.06.10(http://etv.sbs.co.kr/news/news_content.jsp?article_id=E10003916484/).
[50] 삼성직업멘토링 시즌3 홈페이지 참조(http://mentoring.youngsamsung.com/).

티들이 각 희망 클래스를 골라 신청을 할 수 있게끔 진행되었다. 각 멘티는 사전에 16개의 직무 중 5개의 직무에 신청이 가능하고, 이 중 선정된 두 개의 직무 클래스를 들을 수 있다.

　삼성그룹과 롯데그룹이 대학생 전 학년에 초점을 맞추어 진행했다면, 채용 시즌에 맞추어 대학생 3, 4학년들을 공략한 기업들의 활약도 돋보였다. CJ의 '내:일 멘토링'[51], 외국계 기업 로버트 보쉬의 '멘토링 프로그램 시즌 2'가 그 사례다. CJ의 경우 하반기 대졸 공채 전 예비지원자를 대상으로 맞춤 멘토링을 진행하였다. 회사 선배와의 일대일 맞춤 멘토링, 계열사별 인사담당자와의 간담회, CJ 문화콘텐츠 체험 등 기존의 직무 및 채용 정보에 대해 일방 전달하던 방식을 탈피하여 학생들에게 큰 인기를 끌었다.[52] 로버트 보쉬의 경우는 국내 대학생뿐 아니라 해외 대학생까지 그 대상을 확대하여 함께 진행했다는 점, 해당 멘토링 코스만 수료하더라도 인턴십 프로그램 지원 시 서류전형을 통과시켜 주는 특전을 준다는 점에서 이슈가 되었

다.[53] 직무 멘토링을 채용 및 인턴십 설명회, 커리어 멘토링, 실제 공장 견학, 그룹발표 경연 등 총 7개의 세션으로 구성하여 멘토링

---

[51] CJ그룹 채용사이트 공지사항 참조(http://recruit.cj.net/).
[52] "CJ그룹, 1:1 맞춤형 채용 멘토링 개최", 「연합뉴스」, 2013.08.30(http://news.naver.com/main/read.nhn?mode=LSD&mid=sec&sid1=101&oid=001&aid=0006456226/).
[53] 한국 내 보쉬 공식블로그 참조(http://blog.naver.com/bosch_korea/).

프로그램에 참여하는 것만으로도 회사 문화 및 채용 프로세스 전체를 사전에 직접 경험할 수 있도록 하여 예비지원자들에게 회사 문화와 각 직무를 깊이 있게 알릴 수 있는 장이 되었다.[54]

직업에서 직무 중심의 콘텐츠로 전환되면서 멘토링은 앞으로 어디로 향할 수 있을까? 해답은 멘토링의 실질적인 참여자인 대학생들 안에 있다. 다양한 대외활동의 홍수 속에서 대학생들은 원하는 대외활동을 고르는 '선택자Picker'를 넘어 자신이 원하는 것을 직접 만드는 기획자가 되기에 이르렀다. 실제로 대학생들이 직접 기획하는 축제, 잡지 등 그들 스스로 주인공이 되어 만들어 내고 참여하는 활동들이 계속해서 대두되고 있다. 이러한 대학생들의 활동에 귀 기울여야 한다.

이 흐름 속에서 멘토링 역시 내가 하고 싶은 직무를 직접 '내'가 주체가 되어 진행해 보는 활동이 인기를 끌 것으로 보인다. 기업이 단순히 직무를 제공하고 대학생이 대상이 되는 일방적인 멘토링 방식이 아니라, 대학생이 주체가 되어 진행하는 멘토링이 그들의 마음을 보다 확실히 사로잡을 것으로 전망된다.

---

[54] "보쉬, 대학생 멘토링 프로그램 참가자 모집", 「매일경제」, 2013.05.06(http://news.mk.co.kr/newsRead.php?year=2013&no=350382/).

2. 더 이상 소수의 전유물이 아니다!
"공모전, 어렵지~ 않아요!"

유재석과 이적이 함께 부른 〈말하는 대로〉처럼 지금은 바야흐로 말하는 대로 이루지 못할 게 없는 세상이 되었다(가사와는 동떨어지긴 하지만). 소수의 능력자만의 상징이었던 '공모전 수상'이 이제는 흔한 일이 되기 시작했다. 공모전이 대학생들에게 '상금'과 '스펙'이라는 두 마리 토끼를 잡을 수 있는 활동으로 대두되며 큰 인기를 끌었다. 또한 공모전 참가를 준비하다 보면, 회사 자료 검색을 통해 기업 상품이나 문화가 공모전 참가자에게 자연스럽게 홍보된다. 때문에 공모전을 만들고 주최하는 기업 입장에서도 공모전을 선호할 수밖에 없다.

여기에 다양한 기술의 발달이 한몫 거들기 시작했다. 스마트기기의 발달은 전 국민을 전문가로 만들었다. 누구나 손쉽게 사진을 편집하고 수정하는 것은 물론이고, 손바닥 만한 스마트폰으로 전문 DJ처럼 친구들과 음악을 '믹싱mixing'하는 것도 예삿일이 아니다. 이러한 수단들이 활성화되면서 대학생 누구나 손쉽게 공모전에 참가할 수 있는 소위 말해 '능력자'가 되었다. 대학생뿐 아니라 기업 역시 이젠 각종 기술의 발달로 못하는 것이 없다. NFC Near Field Communication 기술을 활용한 마케팅 활동, 다양한 스마트폰 애플리케이션, 휘어지는 디스플레이Flexible Display 등 대학생들이 참신한 시선으로 반짝이는 아이디어만 내준다면, 기업은 이를 시행해 낼 수 있는 능력을 갖추고 있다.

 2013년, 평균 스펙이 높아진 지원자들 틈에서 수십 장의 그럴 듯한 기획서보다는 기발한 아이디어 한 장이 더 가치 있는 시대다. 이에 따라 공모전은 가히 '홍수'라 표현해도 어색하지 않을 정도로 쏟아지고 있다. 이러한 상황 속에서 보다 많은 공모작을 확보하기 위해 누구나 참여 가능한 공모전들이 경쟁하듯 등장하기 시작했다. 사진 한 장, 1분 이내의 짧은 UCC, 내가 다녀온 여행 루트 등 내 일상의 모든 것이 공모전의 소재로 사용되기 시작하였다.

한국도로공사의 '고속도로 공공디자인 공모전'55은 제출방식과 형식 모두 가히 파격적이었다. 단지 국민들이 바꾸고 싶은 고속도로의 특정 지점, 터널 입구, 휴게소 등을 사진으로 찍고 간단한 이유와 함께 제출하는 것만으로 공모전 응모가 끝난다. 제출방법 역시 페이스북, 멀티미디어 메시징 서비스MMS를 통해 간단히 이루어진다. 전국을 잇는 고속도로를 이용객으로 하여금 직접 점검할 수 있도록 한다는 점에서 참여자, 주최자 모두 원-윈win-win할 수 있는 공모전으로 주목 받았다.

 짧게는 1분, 길게는 몇 십 분짜리 단편영화까지 함께 다루던 기

---

55 "도공, '고속도로 공공디자인 공모전' 개최", 「이데일리」, 2013.08.14(http://www.edaily.co.kr/news/NewsRead.edy?SCD=JD31&newsid=01820406602907320&DCD=A00403&OutLnkChk=Y/).

존의 UCC 공모전 역시 더 간단한 응모방법으로 변화를 모색하였다. 박카스는 지난 2013년 9월 23일까지 '대한민국에서 OOO으로 산다는 것'이라는 오픈 주제로 29초 이내 영상을 공모했다.[56] 친숙한 주제 제시를 통해 누구든 자신의 일상을 소재로 쉽게 공모전에 참여할 수 있도록 하였다. 2013년 9월 27일부터 진행된 본선 주제 역시 민족의 명절 추석을 맞이하여 '나의 한국음식'이라는 주제로 연령에 상관없이 모두가 쉽게 응모할 수 있도록 하였다. 또한 홈페이지에 컴퓨터를 이용한 동영상 편집방법, 안드로이드 및 아이폰을 이용한 편집방법 등을 동영상으로 제작 후 공지하여 보다 많은 사람들이 응모할 수 있도록 안내하기도 했다.

한글날을 맞이하여 국민이 직접 참여하는 '한글날 예쁜 엽서 공모전'도 진행되었다.[57] 서울시청과 「한겨레신문」이 함께 진행한 이번 공모전은, 기존 전문예술인, 예술전공 학생들의 참여가 대다수였던 전문 디자인 공모전에 비해 현저히 완화된 기준으로 시선을 끌었다. 한글의 자모를 활용한 스케치, 회화, 일러스트레이션, 타이포그래피 등 어떤 형태든 모두 접수 가능했다. 우체국에서 우편엽서 구매 후 작품 응모를 하는 방식으로 본인이 원하는 대로 우편엽서에 간단히 표현함으로써 남녀노소

---

[56] '박카스 29초 영화제' 공식홈페이지 참조(http://www.29sfilm.com/).
[57] 네이버 카페 '아웃캠퍼스'에 업데이트된 공모전 모집요강 참조(http://cafe.naver.com/outcampus/256243/).

불문하고 간편히 참여할 수 있도록 하였다.

이러한 시각적인 요소뿐 아니라 청각적인 요소인 '소리'도 공모전 대상이 되었다. 2012년 국민메신저로 급부상하여 문자메시지 서비스를 대신하고 있는 카카오톡은 2013년 8월 26일부터 9월 8일까지 대국민 공모전을 실시하였다.[58] '사용자와 함께 만드는 카카오톡 알림음 공모전'은 카카오톡 사용자라면 누구나 개인이나 단체로 응모할 수 있으며, 선정된 알림음은 전 세계 카카오톡에 탑재되어, 많은 사람들의 호기심과 관심을 이끌어 내는 데 성공했다. 응모방법 역시 간단하여, 자신이 만든 알림음 파일을 'wav, mp3, wma' 형태로 녹음해 이메일로 보내기만 하면 된다. 기존의 소리 관련 공모전들이 '음악, 작곡' 등 전문적으로 음향을 전공하고 전문기기를 활용했던 데에 반해 국민 누구나, 이용자 누구나 간편하게 참여할 수 있다는 점에서 '소리' 역시 전문가와 일반인의 경계가 허물어졌다고 할 수 있다.

테팔은 '주방제품'이라는 자사의 카테고리를 이용하여 '요리 공모전'까지 범위를 확대해 대중들에게 친숙하게 다가갔다. 2013년 3월 테팔은 '제3회 테팔 집밥 요리왕 선발대회'를 개최하였다. '평소에

즐겨먹는 나만의 특별한 집밥 요리 한 가지'라는 주제로 진행된 본 공모전은, 일반부와 전공자부로 나누어 진행하여 요리 전공자가 아니더라도 부

---

[58] 카카오톡 공식블로그 참조(http://blog.kakao.com/).

담 없이 도전할 수 있도록 기획했다. '요리왕'이라는 거창한 타이틀과 달리 공모전 응모는 매우 간단하다. 공모전 해당 사이트에 요리 완성컷 한 장을 포함하여 요리 재료 및 과정만 간단히 설명하면 접수가 완료된다. 또한 예선 통과 20팀이 일반부 15팀, 전공자부 5팀의 구성으로 명시되어 있어 보다 많은 일반 도전자들의 도전을 장려하고 있음을 엿볼 수 있다. 대회뿐만 아니라, 본선 진출자에게는 '멘토링 셰프'라는 코너를 마련하여 스타 셰프 4명을 직접 만나 요리 멘토링을 받을 수 있는 기회를 제공했다.

3. 이공계 특화 프로그램의 등장
'공돌이들의 반란'

'스펙'이라는 단어를 빈번하게 사용하고 있는 이 시대, 이력서나 자기소개서에서 학점만큼이나 중요한 4대 스펙이 있다. 바로 '어학 성적', '공모전', '대외활동', '봉사활동'이 그 주인공이다. 영웅신화의 비범한 영웅처럼 어느 분야에서 남들보다 특출난 이가 아니라면, 이 네 가지를 고루 갖추는 것은 기본이라고 여기는 세상이다. 왠지 이 정도는 해야 회사에 이력서라도 내밀 면목이 생기는 것 같다. 특히 대외활동은 어떤 활동에 참여하느냐에 따라 알짜배기 스펙과 스토리를 동시에 가져다주기 때문에 많은 학생들의 이력서 작성 전 필수코스로 손꼽힌다. 이러한 이유로 대외활동은 대부분 학생들의 새 학기 'to do list'의 최상단을 차지하고 있다. 하지만 대외활동을 위해 온라인 커뮤니티와 대학생 잡지를 뒤지는 어떤 학생들 중 상당수는 한숨을 쉬며 돌아선다. 바로 우리나라 미래창조경제의 원동력이라는 '이공계' 학생들이다.

서포터즈, 홍보대사, 기자단 등 수많은 대외활동이 인문과 상경

계열 학생을 중심으로 돌아가고 있다. 때문에 '공대생'으로 불리는 이공계 학생들은 대부분 전공 제한이 없는 봉사활동을 선호한다. 본인들의 전공을 살릴 만한 대외활동이 상대적으로 적기 때문이다. 하지만 안타까운 한숨으로 마무리 짓기엔 이르다. 2013년 한 해 동안 이들을 대상으로 한 대외활동 프로그램이 점차 증가하였기 때문이다. 다양한 공모전을 넘어 학생참여활동까지 '공대생 맞춤'으로 제공되고 있는 추세다.

'삼성전자 소프트웨어 멤버십'[59]은 '생활밀착형 앱 개발'이라는 주제로 다양한 이공계 전공생들과 함께한다. 공공정보, 국가DB를 활용한 공학 앱, 공공 API를 활용한 생활밀착형 앱 개발을 목표로 한다. 이공계 학생을 대상으로 하는 것뿐 아니라 서울, 부산, 광주 등 기존 삼성전자가 갖고 있는 인프라를 활용하여 전국 700여 명의 회원 규모로 활동을 진행한다는 것도 눈에 띄는 부분이다. 대학생 개발자들에게는 24시간 연구 개발할 수 있는 최적의 환경과 활동 프로그램은 물론, 수료회원에게는 삼성전자 입사 특전을 제공하고 있어 전국 각 학교의 이공계 학생들의 참여가 쇄도하고 있다.

국내에 안착한 외국계 기업도 예외는 아니다. 퀄컴 코리아 역시 침체된 이공계를 부흥시키자는 분위기 속에서 지난 2003년부터 '퀄컴 IT 투어'를 지속하고 있다.[60] 매년 미국 본사 견학은 물론, CEO와의 특별 만남이라는 기회 제공으로 공대생을 위한 맞춤형 대외활동

---

[59] "[인재 경영] '과거 현재 미래 핵심 가치는 人材'", 「조선일보」, 2013.08.30(http://biz.chosun.com/site/data/html_dir/2013/08/29/2013082902284.html/).

[60] 퀄컴 IT 투어 공식홈페이지 참조(http://www.qcitour.co.kr/).

이라는 평가를 받고 있다. 국내의 IT기술이 세계적으로 인정받고 있는 상황 속에서 미래의 꿈나무들이 해외 유수한 기업들을 탐방하고 직접 체험할 수 있는 기회를 제공한다. 이렇게 미래 IT 개발 주역을 위한 발판을 마련하고 있는 점에서 인재 육성이라는 국가적 의의도 지니고 있다.

이공계 새내기만을 대상으로 하는 맞춤 프로그램 역시 대두되었다. 'LG드림챌린저 이공계 캠프'는 재계에서 유일하게 대학 1학년생을 대상으로 한 '맞춤 캠프'다.[61] 기존 'LG드림챌린저'가 분야에 상관없이 그들의 꿈 찾기 캠프로서 진행되었다면, 'LG드림챌린저 이공계 캠프'는 이공계 대학생들이 꿈을 향해 도약하는 발판 역할을 위해 특화캠프로 별도 진행되었다. 2013년 상반기에는 카이스트, 이화여자대학교, 중앙대학교, 고려대학교 등 4개 대학 학생 200명을 대상으로 진행되었다. 이공계 유명인사가 참여하는 '예비공학자 드림특강', '3, 4학년 선배들의 이공계 맞춤형 상담' 등을 실시함으로써 본격적으로 이공계 학생들에게 보다 나은 미래를 준비할 수 있는 계기를 마련하고 있다.

국가의 정책적인 이공계 장려정책 역시 계속되고 있다. 미래창조과학부가 주최하고 카이스트가 주관하며, 삼성전자가 후원하는 '2013 웨어러블 컴퓨터 경진대회 Wearable Computer Contest'도 이에 속한다. 전자 및 IT기기를 입는다는 뜻의 'wearable'은 IT와 패션의 만남이라고 할 수 있다. 현재 출시된 제품으로는 안경과 스마트기기를 합

---

[61] "LG, 이공계 氣살리기 나선다. 대학 돌며 드림챌린저 캠프", 「매일경제」, 2013.01.23.(http://news.mk.co.kr/newsRead.php?year=2013&no=54115/).

친 '구글 글래스', 손목시계와 스마트기기를 합친 '갤럭시 기어' 등이 있다.[62]

웨어러블 컴퓨터가 스마트폰의 다음 기기로 주목되는 만큼, 이러한 경진대회는 미래 IT 인력들에게 '입는 컴퓨터' 제작의 기회를 제공하여 한국의 '입는 컴퓨터' 산업 분야에 희망적인 청사진을 제시하고 있다. 공모전은 크게 제작비를 지원 받아 주제에 맞는 웨어러블 컴퓨터를 제작하는 본 대회와 아이디어 및 구현 방법 등을 포스터 형식으로 제출하는 아이디어 공모로 나뉘어 진행된다. 서류심사를 거쳐 본선에 진출한 15개 팀에게는 150만 원의 시작품 제작비와 삼성전자 스마트 IT기기가 지원된다. 유비쿼터스 컴퓨팅Ubiquitous Computing, 웨어러블 컴퓨터 플랫폼Wearable Computer Platform 및 인간 대 컴퓨터 상호작용 등에 대한 교육을 받을 수 있는 기회도 주어진다. 공모전에는 참신한 아이디어만 있으면 누구나 참여할 수 있어서 제작이 어려운 학생들에게도 문이 열려 있다.[63]

공모전에 참여하는 학생들은 하드웨어와 소프트웨어 모두를 직

---

[62] "구글 글래스와 증강현실이 세상을 바꾼다?", 「동아일보」, 2013.09.26(http://it.donga.com/16016/).
"삼성전자, 스마트 워치 '갤럭시 기어' 공개… 시계야? 휴대폰이야? '관심 폭발'", 「매일신문」, 2013.09.05 (http://www.imaeil.com/sub_news/sub_news_view.php?news_id=44497&yy=2013/).
[63] "KAIST, 웨어러블 컴퓨터 경진대회 참가접수", 「디지털 타임스」, 2013.04.04(http://www.dt.co.kr/contents.html?article_no=2013040502012069731002/).

접 제작하는 기회를 통해 관련 이론, 실습을 체험하는 교육 효과를 볼 수 있다. 국가와 IT산업 분야 입장에서는 다양한 아이디어 창출 및 특허 획득이라는 산업 저변 확대를 기대할 수 있다. 또한 해당 공모전의 다양한 언론 노출을 통해 '입는 컴퓨터'의 홍보와 대중의 관심이 확대될 것이다. 이로써 IT산업에 대한 전 국민적 관심 확대를 통해 어렵다고만 여겨지는 이공계 분야에 대한 관심도 기대해 볼 수 있다.[64]

---

[64] Wearable Computer Contest 공식홈페이지 참조(http://www.ufcom.org/).

4. 누구나 실시간 이슈메이커가 될 수 있다
   "제 주특기는 SNS입니다"

　　국민 5명 중 1명 사용, 하루 평균 73.2분 이용. 20대를 중심으로 확산된 새로운 생활양식. 바로 'SNS'를 말한다. 2013년 7월 22일, 프랑스 조사기관인 입소스 코리아에 따르면 전국 18~64세의 스마트폰 이용행태를 조사한 '한국 모바일 소비자의 이해'의 조사 결과, 국민 스마트폰 보급률 67.6%로 한국이 세계에서 가장 높은 수치를 차지했다.[65] 2년 전 27%에 비해서 3배 가까이 늘어난 수치다. 정보통신정책연구원의 국내 조사 결과, 특히 20대의 경우에는 스마트폰 보급이 93.5%에 달해 10명 중 9명이 스마트폰을 사용하고 있을 정도로, 높은 보급률을 자랑한다.[66]

　　이런 스마트폰의 성장세를 등에 업고 SNS도 2년 동안 많이 진화하고 발달하였다. 2012년부터 웹페이지에서 풍부한 정보를 전달하던 블로그를 제치고 페이스북의 열풍이 지속적인 강세를 보이고 있다. 넘쳐나는 정보들 속에서 사람들의 마음을 잡기 위해, 각 기업들은 더욱 바빠졌다. 기존 마케팅팀이 관리하던 SNS 계정에서, SNS 전담

---

[65] "韓 스마트폰 보급률 67.6%… 세계 1위", 「ZDNET KOREA」, 2013.06.25(http://www.zdnet.co.kr/news/news_view.asp?artice_id=20130625085933/).

[66] "20대 93.5% 스마트폰 보유… '절반은 없어서는 안 될 매체'", 「IT daily」, 2013.06.04(http://www.itdaily.kr/atl/view.asp?a_id=40807/).

팀을 별도 구성해 고객과 소통하는 등 SNS는 주요 마케팅 툴로서 기업마케팅의 중심에 자리매김하였다. 기업의 입장에서는 그 어느 전통매체도 이토록 단시간, 저비용으로 정보를 빠르게 확산시키고 고객의 반응까지 실시간으로 파악할 수 있는 건 없었다는 점에서 SNS 매체의 중요성을 더욱 체감하고 있다. 이러한 페이스북 열풍 속에서 SNS를 활용한 학생참여활동도 지각 변동 현상을 보였다.

이토록 중요한 SNS의 주 이용 연령은 20대가 61%로 과반수 이상을 차지하고 있고, 콘텐츠의 생성과 확산의 중심에는 대학생이 있기 때문에, 각 기업에서는 이를 활용하기 위한 다양한 대외활동을 개발하였다. 2013년에는 기존의 활동에 'SNS 바이럴Viral' 등을 추가 수단으로 이용하는 것을 넘어, 홍보채널을 SNS로만 한정해 활동하거나, 기업 SNS를 대학생이 직접 운영해 볼 수 있게끔 전담을 맡기는 프로그램도 등장하였다.

외교통상부의 '2013 세계사이버스페이스 총회' SNS 서포터즈 '사이버디Cybuddy'[67]의 경우는, 모집된 100명의 서포터즈에게 SNS를 이용한 활동을 강조한 새로운 활동이다. 블로그에 새로운 기사를 작성하는 기존의 바이럴 마케팅 활동과는 달리, '좋아요' 누르기, 트위터 리트윗하기, 인증샷 올리기, 게시물 공유하기 등이 주 과제다. 서포터즈를 선발하여 페이스북과 트위터에서 이를 활용해 기업의 SNS 콘텐츠 사례를 증가시킴으로써 학생참여활동의 새

---

[67] " '2013 세계사이버스페이스 총회' SNS 서포터즈 발대식", 「연합뉴스」, 2013.08.28(http://news.naver.com/main/read.nhn?mode=LSD&mid=sec&sid1=102&oid=001&aid=0006452487/).

로운 방향을 제시했다.

반면 롯데 캐시비의 '롯데 캐시비 SNS 홍보대사'[68]처럼, 기업 자체 SNS를 운영하거나 SNS 내 이벤트를 기획 및 운영을 전담하는 형태도 새로이 등장하였다. '소셜 매니저'라는 이름의 '롯데 캐시비 SNS 홍보대사'의 경우, 캐시비 SNS 기획 및 이벤트 진행, SNS 바이럴 홍보, 캐시비 사용 리뷰 포스팅 등의 활동을 진행하며 롯데 캐시비 SNS 공식계정 운영의 전반을 학생들이 직접 도맡아 관리해 볼 수 있는 새로운 형태의 대외활동으로 주목 받았다. 대학생이 콘텐츠를 생산하고 이를 바이럴하는 역할만 담당했던 기존의 소극적인 모습과 달리, 캐시비 SNS 홍보대사의 경우 직접 그룹의 이미지를 대표하는 계정을 전담 운영하게 함으로써 타 프로그램과 차별성을 두었다.

학회, 포럼 등 다양한 세미나 현장을 SNS로 실시간 중계하는 캐스터 형태의 대외활동이 새로이 등장하기도 했다. 학생들에게는 실제 세미나 형태의 공식 모임, 포럼을 경험할 수 있는 특별한 기회가 되고, 주최 측에게는 내부 행사를 언론을 통하지 않고도 대외적으로 홍보할 수 있는 기회가 되었다. 이제 스마트폰이라는 매개체는 '실시간'이라는 키워드와 결합하여 새로운 마케팅 수단으로 사용된

---

[68] '이비카드 '캐시비카드 홍보대사에 도전하세요'」, 「파이낸셜 뉴스」, 2013.05.08(http://www.fnnews.com/view?ra=Sent0401m_View&corp=fnnews&arcid=201305080100076760004072&cDateYear=2013&cDateMonth=05&cDateDay=08/).

다. 더불어 활동기간이 몇 개월에서부터 1년인 타 대외활동과는 달리 행사기간도 2~3일 정도로 짧아 긴 과정의 대외활동이 부담스러운 학생들에게 인기를 끌었다.

아산정책연구원은 'New World Disorder'를 주제로 전 세계 400여 명의 정책전문가, 전현직 정부 관료 및 학자들을 한자리에 모아 국제질서에 대한 도전과 과제에 대한 해법을 모색하는 연례회의인 '아산 플래넘Asan Plenum'을 개최하였다.

이 과정에서 2013년에는 국내 대학 및 대학원 재학생을 'Asan Plenum Young Scholars'로 선발하여, 정상급 전문가들과 교류할 수 있는 기회를 제공함과 동시에, 비공개회의를 직접 관람하고 SNS를 통해 실시간으로 연사들의 메시지와 강연의 감동을 전하는 리포터로 활동하도록 하였다. 선발된 인원은 비공개회의 참석, 세계적 석학과 토론할 수 있는 세미나 참석의 특전도 누릴 수 있었다. 우수활동자 별도 시상, 아산정책연구원 인턴십 지원 시 가산점 부여 등의 혜택도 제공하였다.[69]

「조선일보」에서 개최한 '제4회 아시안 리더십 콘퍼런스Asian Leadership Conference' 역시 '조선스피치' 10개 중 일부와 특별세션 1개를 직접 관람하고, SNS를 통해 실시간으로 연사들의 메시지와 강연의 감동을 전하는 ALC 캐스터를 공개 모집하였다. 2013년에 신설된 '조선스피치'에서는 세계 3대 자동차 디자이너로 손꼽히는 피터 슈라이어Peter Schreye

---

[69] "신청, 'assan plenum 2013 new world disorder'", 「대학내일」, NO. 645 NEWS(http://www.naeilshot.co.kr/magazine-section/naeil-career/out_campus/9637/).

현대, 기아자동차 디자인 총괄 사장, 구글의 인기 명상전문가 차드 멍 탄Chade-Meng Tan, 베스트셀러 『습관의 힘: 반복되는 행동이 만드는 극적인 변화』(갤리온, 2012)의 저자인 찰스 두히그Charles Duhigg 「뉴욕타임스」 기자 등 파워 연사 10명이 각각 남다른 리더십과 성공비결 등을 주제로 강연을 진행하였다. ALC 캐스터들은 세계적인 연사들과의 만남을 짧은 메시지에 담아 페이스북, 트위터 등 SNS를 통해 중계했다.[70] '조선스피치'는 영어, 일본어, 중국어 등 외국어로 진행되지만 동시통역을 제공하여 세션에 참가하는 학생들의 부담을 덜 수 있었다는 점에서, 전문적인 콘퍼런스임에도 학생들의 진입장벽을 낮췄다는 평을 들었다.

---

[70] '아시안 리더십 콘퍼런스' 공식홈페이지 참조(http://www.alcchosun.com/).

5. 이제 대외활동도 온라인 전용으로
"언제 어디서든, 대외활동"

　타인과 타인을 연결해 주는 소통의 매개체 역할에 충실하던 스마트폰은 소통을 넘어 일상의 많은 부분을 대신하게 되었다. 두꺼운 책을 들고 다니는 대신 전자책e-book을 휴대폰에 넣어 다닐 수 있게 해 주는가 하면, 클라우드 서비스를 이용해 다양한 파일을 업로드 하거나 다운로드할 수 있게 해 준다. 당연히 무거운 노트북 없이도 문서 열람이 가능하다. 이러한 서비스들은 누구나 시간과 장소에 구애 받지 않는다는 점에서 더 매력적이다. 그래서 최근 이러한 업무환경을 활용한 '스마트워킹Smartworking'이 대두되기도 하였다.[71]

　이 모든 것이 가능하게 된 중심에는 'ICT'가 있다. ICT란 Information, Communication, Technology의 약자로, 정보통신기술을 일컫는 말이다. 정보 운영, 관리에 필요한 소프트웨어 기술과 이를 이용하여 정보를 수집, 생산, 가공, 보존, 전달, 활용하는 모든 커뮤니케이션을 포함한다.[72] 쉽게 말해, 온라인 기반의 스마트폰, 태블릿 PC 등이 이를 활용한 하드웨어 기기이며, 앞서 보았던 SNS, 스마

---

[71] 이메일 보고와 화상회의, 전화회의 등을 적극 활용하고, 대면회의는 최소화하는 업무 처리의 한 방식. 업무의 낭비 요소를 줄이고 몰입도를 높여 고객 가치를 극대화하기 위한 업무 개선 방법.
[72] IEEE-SA 한국 공식블로그 참조(http://ieeesablog.com/379/).

트폰 앱, 모바일 메신저 등이 이를 활용한 소프트웨어 서비스라고 할 수 있다. 이러한 스마트함은 비단 직장인뿐 아니라, 대학생들에게도 필요한 부분이 되었다. 과거 '낭만', '청춘'으로 대표되던 대학생이 시대적인 흐름 속에서 각종 스펙 쌓기에 매진하면서 그 어느 세대보다 바쁜 사람이 되었다. 누구보다 빠른 시간을 살고 있는 그들에게, ICT라는 기술은 시간을 단축할 수 있는 가장 좋은 방법이 아니었을까?

대외활동들도 이러한 틈을 노리기 시작했다. 바빠서 참여할 수 없다는 대학생들에게, 그들의 시공간을 허물며 다가갔다. 오프라인 기반의 모든 것들이 온라인에서도 구현 가능해지면서, 대외활동의 장이 '온라인'으로 이동하기 시작했다. 해피무브는 지난 9, 10기 글로벌 청년봉사단 선발을 위한 지원설명회를 온라인에서 개최하였다. 약 두 시간에 걸쳐 생방송으로 진행된 설명회는 '라이브스트림Live Stream'이라는 생방송용 프로그램을 통해서 방송할 수 있었다. '소셜 지원설명회'라는 타이틀로 진행된 온라인 지원설명회는 페이스북 접속을 통해서 해당 방송페이지로 쉽게 이동할 수 있게 하였다.[73] PC 접속자의 경우 시청 중 채팅창을 통해서 실시간 Q&A에도 참여할 수 있도록 하여, 일방적으로 정보를 제공하는 것이 아닌 쌍방향 소통을 가능케 하였다. 해피무브 봉사단원이 전국에서 모집되는 만큼, 지역적 한계를 뛰어넘어 지원설명회 현장을 방문하지 못한 지원자들의 아쉬움을 해소하고자 했던 새로운 시도라고 볼 수 있다.

2013년 8월, 삼성그룹 역시 온라인 설명회로 전국 대학생들과 소통하려는 시도를 하였다. 담당자와 궁금한 점을 해당 시간 안에 직

---

[73] '해피무브' 공식블로그 참조(http://blog.naver.com/happy_move/).

접 묻고 답할 수 있다는 점에서 학생들에게 인기를 끌었다. 실시간 방송으로 진행된 해피무브와 달리, 열정기자단과 서포터즈 온라인 모집설명회는 저녁 8시부터 9시까지 한 시간 동안 해당 게시글에 댓글을 남기면, 프로그램 운영 담당자가 실시간으로 답변 댓글을 다는 채팅 형태로 진행되었다.[74]

시각적인 화면이 마련된 스트리밍 콘텐츠는 아니었지만, 온라인에서 실시간 소통을 가능케 했다는 점에서 ICT 기반 커뮤니케이션이 잘 이루어진 사례라고 볼 수 있다. 또한 해당 게시글은 방송시간 이후에도 열람이 가능하도록 하여 본 방송시간에 참여하지 못한 학생도 질의응답을 확인할 수 있도록 만들었다. '실시간' 이후의 상황까지 고려하며 학생들과의 시공간적 한계까지도 초월한 모집설명회라는 평을 들었다.

그런가 하면, 공모전 평가에도 ICT기술이 도입되기도 하였다. 안전행정부, 국토교통부, 대통령직속청년위원회, 중소기업청이 공동주최하는 '공공데이터를 활용한 창업경진대회'의 경우 평가단 모집 시 스마트폰 소지자만 가능하다는 조건을 내세

---

[74] '영삼성' 공식홈페이지 참조(http://www.youngsamsung.com/).

웠다. 경진대회에 대한 평가를 스마트폰을 이용하여 진행하기 때문이다. 행사 당일 현장에서 스마트폰을 이용하여 청중평가시스템에 접속하고 이를 활용해 최종심사에 참여할 수 있게 하였다. 종이에 점수나 순위를 매기고 취합해 사람이 합산하던 기존 방식에 ICT기술을 도입함으로써 번거로움이 줄었다. 더불어 점수의 합산 역시 효율적이고 빠르게 이루어져 행사 당일의 진행을 보다 원활히 할 수 있었다.

이러한 흐름 속에서 채용의 무대도 온라인으로 옮겨 가고 있다. GS의 경우 2009년부터 업계 최초로 온라인 채용설명회를 진행하였다. GS칼텍스의 온라인 채용설명회의 경우 스튜디오에서 생중계로 진행되었다. 다양한 영상, 웹툰, 인포그래픽 자료를 활용하여 회사 및 채용 팁과 관련한 소개가 가능했다. 예전에는 생중계가 실시간성을 담보하는 요소였다면, 지금은 모바일 환경이 많이 좋아짐에 따라 오히려 생중계보다 원활히 재생할 수 있는 VOD를 통해 정보를 전달하고, 즉각적인 피드백을 반영함으로써 실시간성을 보완하고 있다.[75]

2013년 GS칼텍스 하반기 채용의 경우, 이공계 지원자를 대상으로 엔지니어에 특화된 콘텐츠들을 많이 제공하였다. 실제로 근무하게 될 여수에서의 삶과 다양한 '커리어 패스Career Path'를 통한 엔지니

---

[75] 'GS칼텍스' 공식홈페이지 참조(http://www.insightofgscaltex.com/).

어의 체험을 간접적으로 제공하는 한편, 카테고리별 '듀얼 멘토제'를 통해 이공계 선배와 비이공계 선배의 고른 멘토링을 접할 수 있도록 기획했다. 더불어 2012년부터는 '소셜 멘토링' 제도를 통해 지원 전 일주일간 페이스북을 통해 질의응답을 받는 등 설명회 이전의 소통도 늘려갔으며, 이러한 온라인 활동을 기반으로 '점심 멘토링' 등 오프라인 활동까지 연계하여 실제 참여자들로부터 높은 만족감을 이끌어 내기도 하였다.

지난 2012년 11월, ICT기술과 가장 잇닿아 있는 기업인 구글코리아 역시 자사의 화상채팅기능을 이용하여 실시간 온라인 화상채용 설명회를 마련하였다. 구글코리아는 전국의 구직자가 참여할 수 있도록 실시간 화상채팅기능인 '구글플러스 행아웃 온에어'를 활용하여 온라인 채용설명회를 진행하였다. 구글코리아는 한 시간 동안 소프트웨어 엔지니어링 부문의 채용정보 관련 질의응답 내용을 구글플러스 공식페이지에서 생중계하였다. 채용담당자와 실제 근무 중인 소프트웨어 엔지니어 2명이 실시간 질의응답세션에 참여하여, 지원자들이 가장 궁금해하는 '영문이력서 작성 시 고려할 점', '구글의 채용절차와 지원방법', '구글의 기술면접' 등을 집중적으로 다루었다. 사전 질문을 통한 실시간 답변뿐 아니라, 행아웃 온에어에서 진행되는 포스트에 댓글을 달아 실시간 답변까지 진행하는 등 중계 순간까지 고려한, 그야말로 '실시간 채용설명회'였다.[76] ICT산업을 실제로 다루는 기업이라는 점에서 '구글플러스 행아웃 온에어'와 같은 자체 툴을 활용한 온라인 채용

---

[76] "구글, 실시간 화상채팅기능 '행아웃 온에어'로 채용설명회", 「NSP통신」, 2012.10.24.

설명회 진행은 공간적 한계를 넘어선 설명회임과 동시에 기업 내의 실제 업무까지도 지원자들에게 생생하게 전달할 수 있었던 사례로 꼽히고 있다.

SNS 속 20대 이야기

기업, 20대의 SOCIAL & COMMUNICATION

그 많던 오락실은 다 어디 있을까

 그 많던 싱아를 누가 다 먹었는지는 궁금하지 않지만 가끔 그 많던 오락실은 다 어디로 사라졌는지 궁금할 때가 있다. 학교 앞 오락실이 하굣길의 학생들을 이리 오라 손짓할 때가 불과 몇 년 전이다. 이 땅의 청소년들에게 무소불위無所不爲의 유흥권력으로 군림하던 오락실이 백악기 공룡처럼 갑자기 사라져 버린 이유는 무엇일까. 소싯적의 나보다 요즘 아이들이 게임을 덜 좋아해서? 게임 중독을 이유로 '셧다운shut down제' 운운하는 현실을 보면 그건 아닌 것 같다.
 게임회사들이 다 문을 닫아서인가? 물론 문을 닫은 곳도 더러 있겠지만 그건 자체 경쟁력 결여 때문이지 오락실의 폐망과 명확한 인과관계를 찾기가 어렵다. 동네 극장이나 작은 서점처럼 대기업 자본이 침투한 흔적도 없기 때문에 신자유주의에 혐의를 덮어씌우기도 겸연쩍다. 아이들은 전에 없이 게임에 열광하는 세대가 되었고, 잘나가는 게임회사는 야구단도 창단할 만큼 벌어들이는 수익이 막대해졌다. 이처럼 게임산업은 그 어느 때보다 호황을 맞았기 때문에 오락실이 망할 이유는 전혀 없어 보였지만 결과적으로 오락실은 망했다.
 SNS의 시대, 비즈니스 블로그의 시대가 본격적으로 도래했다고 난리다. 기획서마다 'SNS'나 '스토리텔링'이라는 말을 집어넣지 않으면 통과되지 않을 정도다. 주변을 봐도 모두 스마트폰으로 페이스북을 하고 앉아 있으니 페이지만 개설한다면 기업으로서 브랜드를 알리기란 땅 짚고 헤엄치기보다 쉬워 보인다. 하지만 안타깝게도 대부분의 기업 페이지나 잘나가는 페이스북 페이지들은 오락실형 운영에서 크게 벗어나지 못하고 있다.

다시 처음으로 돌아가 오락실 이야기를 해 보자. 오락실은 대기업 자본의 횡포나 반사회적인 악행 때문에 대중의 외면을 받은 게 아니다. 그들이 사라질 수밖에 없었던 결정적 이유는 단순한 콘텐츠 전달의 역할만 했기 때문이다. 오늘도 국내의 많은 브랜드들이 20대와 함께 뛰어놀고 싶어 그들이 와글거리는 페이스북이나 블로그에 브랜드 관련 페이지를 개설한다. 하지만 아직도 대부분의 기업 SNS 담당자들은 소셜미디어를 20대와의 진정한 소통채널로 인식하지 못하고 과거 습성에 따라 단순한 콘텐츠의 유통과 확산의 채널로만 인식한다.

SNS는 20대 소통의 만병통치약이 아니다. 20대와의 소통을 목적으로 개설한 기업 SNS는 오락실형 운영만으론 분명한 한계를 지닌다. 기업은 SNS를 단순한 홍보채널로 인식하지 말고 20대와 인터랙티브_interactive_하게 소통하는 다양한 훈련의 장으로 만들어야 한다. 콘텐츠 채널 관리자라는 생각에만 함몰되어 있다면 '오락실 주인' 꼴을 못 면한다. 20대와 소통하려는 SNS의 관리자들은 자신이 관리하는 페이스북이나 블로그가 단순한 콘텐츠 채널이 아니라 콘텐츠 디렉팅_directing_의 장이란 사실을 명심할 필요가 있다. 물론 잘 만들어진 콘텐츠가 SNS마케팅 문제 해결의 전부는 아니지만 시작점은 될 수 있다.

이 장에서는 그런 이야기를 해 보고자 한다. 지금도 SNS로 20대와 소통하라는 밑도 끝도 없는 회사의 지시에 덜컥 회사 SNS 운영을 맡긴 했으나, 어떤 부분에서 일반적인 SNS 채널과 달라야 하는지 도무지 감을 잡지 못하고 울상인 이들을 위한 장이다.

20대를 향한
SNS마케팅은 달라야 한다

SNS 1순위 연령대별 서비스사 이용률

(단위 : %)

순위	10대(응답자=529명)	20대(응답자=532명)	30대(응답자=571명)	40대(응답자=337명)
1	카카오스토리 (33%)	페이스북 (38.9%)	카카오스토리 (41.4%)	카카오스토리 (39.6%)
2	페이스북 (23.9%)	트위터 (22%)	싸이월드 미니홈피 (19.1%)	페이스북 (23.2%)
3	싸이월드 미니홈피 (23%)	카카오스토리 (20.8%)	페이스북 (18.8%)	트위터 (22.7%)
4	트위터 (13.8%)	싸이월드 미니홈피 (15.2%)	트위터 (18.2%)	싸이월드 미니홈피 (9.4%)
5	기타 (6.4%)	기타 (3.1%)	기타 (2.6%)	기타 (5.1%)

※ 연령대별 SNS 서비스사 이용률 분석에서 응답자가 100명 미만인 10대 미만과 50대 이상은 연령대에서 제외했으며 1순위 응답을 기준으로 분석함
〈표1〉 정보통신정책연구원, 2013.04

SNS를 주도하는 세대, 20대

2013년 4월 정보통신정책연구원에서 10,319명을 대상으로 한 연령대별 서비스 이용률 조사 자료에 따르면 국민들의 SNS 평균 이용률은 23.9%로 나타났다. 헌데 유독 20대만 3배에 가까운 61%의 SNS 이용률을 보였다. 이를 두고 20대가 스마트폰 시장을 주도하는 세대이기 때문이라는 손쉬운 분석을 내놓기도 하지만, 같은 스마트폰 콘텐츠임에도 게임이나 채팅이 아닌 하필 SNS라는 점에서 우리는

좀 더 이 지점을 들여다볼 필요가 있지 않을까.

그런 20대가 주도하는 Facebook

카카오스토리의 공격적 마케팅과 그에 따른 이용자 증대로 한때 국내 페이스북 유저가 줄어들 것이란 의견도 있었다. 태생적 기반이 다른 두 플랫폼을 단순 비교하는 것과 둘 사이의 인과관계가 명확히 떨어지지 않는다는 점을 들어 그런 의견엔 다소 회의적이었지만 어쨌든 카카오스토리의 유저가 늘어난 것만은 사실인 듯하다. 이는 2013년 4월에 발표된 정보통신정책연구원의 자료 〈표1〉을 놓고 봐도 쉽게 알 수 있다. 하지만 그런 카카오스토리의 유행 속에도 20대에게서만큼은 페이스북이 여전히 부동의 1위 자리를 고수하고 있다는 사실은 흥미롭다. 이는 2012년도 페이스북 세미나 자료 〈표2〉에도 드러난다.

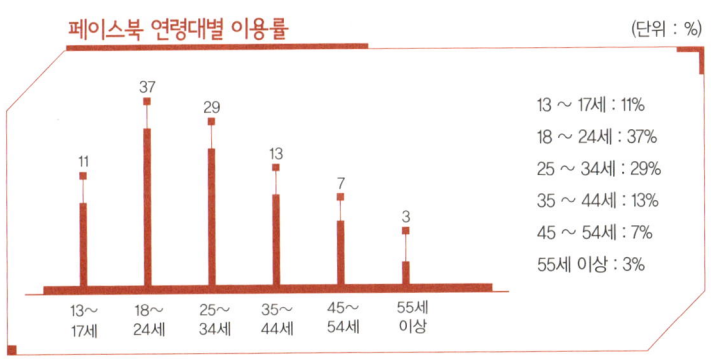

〈표2〉 Facebook 세미나, 2012.06

이유는 무엇일까. 다른 서비스에 없는 페이스북만의 '킬러 콘텐츠 killer contents'가 있기 때문일까. 기능 때문이라면 국내의 카카오스토리나 국외 링크드인 Linked In, 핀터레스트 Pinterest 같은 소셜네트워크 서비스가 훨씬 다채롭고 화려하다. 심지어 수시로 업데이트되는 페이스북의 새 기능조차 그 이용률이 높지 않은 걸 보면 기능적인 소구는 20대와 무관한 추측인 것 같다. 이런 분석만으로는 SNS 시장에서 우리 브랜드에 대한 20대 참여자 Interactive User의 지지를 이끌어 낼 수는 없다.

20대에게 도달률만 높이면 된다?

　문제는 사정이 이렇다 보니 대부분의 기업 페이지가 20대 도달률을 높이는 광고 설정만 해두고 '페이지 좋아요'만 끝없이 높이고 있다는 데 있다. 물론 그 책임을 무조건 기업의 페이스북 담당자에게만 뒤집어씌울 수는 없다. 직장 내에서 숫자로 보고해야 하는 담당자의 고충이나 경쟁사와 항상 비교되는 스트레스 또한 모르는 바 아니다. 하지만 단순 광고 노출을 통한 도달률 제고는 이미 한계에 봉착했다고 생각하는 것이 좋다. 2012년 미국 CNBC 조사 자료에 따르면 이용자의 83.7%가 광고를 거의 클릭하지 않는다고 응답했으며 실제로 많은 기업들이 페이스북을 통한 브랜드 광고에 회의를 느껴 중단하는 추세에 있다. 단순히 20대가 좋아한다는 이유만으로 페이스북이라는 플랫폼에만 얹혀 가려는 조급한 마음이 원인이다. 다시 한 번 상기해 보자. 이런 식의 접근법은 이미 망해 버린 오락실 사장과 다를 바 없다. 이제 트래픽이 높다는 이유로 한때 싸이월드에서 트위터로, 트위터에서 다시 페이스북으로 옮겨 오는 화전민 같은 마케팅과 선긋기를 할 때다.

그래서 친구가 되었는가?

　오늘도 기업 페이스북 담당자는 '페친 여러분 안녕하세요?'라는 말로 하루를 연다. 금요일에는 오늘이 '불금'이라고 친절히 알려주며

〈KBS2 개그콘서트〉의 엔딩음악이 들리면 출근하기 싫다고 포스팅한다. 이렇게 예의 바르고 공감을 쏙쏙 뽑아내며 심지어 간혹 아메리카노까지 쏘는 우리 페이스북이 실패할 리 없다고 자신한다. 하지만 그래서 그 많은 페친들과 진정한 친구가 되었을까.

사람들이 SNS에 몰입하는 이유는, 성공을 위한 필수조건으로 '인맥 쌓기'가 필요하다는 바람이 작용한 탓도 있지만 한편으로는 그런 계산적인 인간관계에서 벗어나 정말 좋은 사람들끼리만 소통하고 싶다는 피로감에서도 찾을 수 있다. 헌데 20대는 이미 기업이 페이스북 페이지를 운영하는 이유를 뼛속까지 잘 알고 있다. 길에서 '도를 아십니까'라면서 말을 걸고 다니는 사이비 종교인만 만나도 하루 종일 불쾌한 게 사람이다. 하물며 온통 고객을 꼬일 속셈인 내용으로 도배된 기업의 타임라인을 좋아할 사람은 아무도 없다.

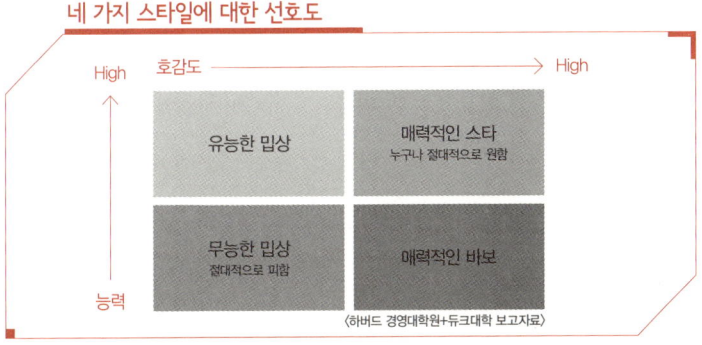

〈표3〉 하버드 경영대학원, 2005

2005년 하버드 경영대학원 HBS, Harvard Business School에서 조사한 자료 〈표3〉을 보자. 1만 명의 다양한 기업 종사자를 매력과 능력을 중심으로 네 가지 분류로 나눈 후 네 가지 스타일에 대한 선호도를 조사한 자료다. 이렇게 분류된 스타일 중 '매력적인 스타'나 '무능한 밉상'은 사람들의 선호도가 분명해 보인다. 그렇다면 '유능한 밉상'

과 '매력적인 바보' 중 대중은 어느 스타일을 더 선호할까? 이 조사의 목적도 여기에 있었다. 조사 대상자는 대부분 '유능한 밉상'보다 '매력적인 바보'를 선택했다.

모든 기업의 브랜드가 시장에서 1위를 꿈꾸지만 그 자리는 하나뿐이다. 물론 궁극적으로는 시장에 뛰어든 이상 1위를 추구해야겠지만 신생 브랜드가 당장 1위를 차지하는 것은 말처럼 녹록지 않다. 이 조사는 그런 후발주자들의 노력이 유능한 밉상(관계보다 기능 강조)과 매력적인 바보(기능보다 관계 형성을 중시) 중 어디에 집중되어야 하는지에 대해 힌트를 준다.

기업이 소셜미디어로 대중과 소통하는 이유는 페이스북으로 몇만 대의 스마트폰을 팔기 위해서라거나 최신 승용차의 판매량을 비약적으로 늘리기 위해서가 아니다. 대중이 대동소이한 제품 사이에서 갈등할 때 마지막 결정에 영향을 미치는 것은 '기능'보다 '관계'였다. 이제 비슷한 제품 카테고리에서 어떤 제품을 선택하든 조악한 제품이 걸릴 확률은 제로에 가까워졌다. SNS 마케팅의 가치는 이렇듯 마지막 선택에 영향을 끼치는 '관계'를 형성하는 데 결정적인 역할을 한다. 비단 소비재에만 해당되는 이야기가 아니다. 인재 확보에서 우위를 점해야 하는 기업의 채용 경쟁에서도 관계에 의한 결정은 중요한 요소다.

즐거운 직장? 어떻게 알려 줄 건데?

대학생이 입사하고 싶은 기업 TOP 10의 기업가치 분석

순위	기업명	최다 선택이유	득표율
1	삼성전자	급여수준	9.4%
2	국민은행	안전성	8.5%
3	대한항공	자부심	6.7%
4	CJ제일제당	선도기업 이미지	3.4%
5	한국전력공사	안전성	2.8%
6	KT	기업문화	2.6%
7	삼성모바일 디스플레이	급여수준, 성장가능성	2.4%
7	유한킴벌리	복리후생	2.4%
7	KT&G	기업문화	2.4%
7	NHN	기업문화	2.4%

2013 일하고 싶은 기업

순위	기업명	최다 선택이유	득표율
1위	삼성전자	구성원으로서의 자부심 우수한 복리후생	8.4%
2위	아모레퍼시픽	즐겁게 일 할 수 있는 기업 문화	5.8%
3위	대한항공	동종업계와 지역사회에서 선도기업 이미지	5.4%
4위	NHN	즐겁게 일할 수 있는 기업 문화	3.9%
5위	CJ제일제당	우수한 복리후생	3.3%
5위	한국전력공사	안정성(낮은 인력감축 위험 및 확고한 수익기반 등)	3.3%
6위	현대자동차	만족스러운 급여와 투명하고 공평한 보상제도	3.2%
6위	넥슨코리아	즐겁게 일할 수 있는 기업문화	3.2%
7위	기아자동차	만족스러운 급여와 투명하고 공평한 보상제도	2.4%
8위	아시아나항공	즐겁게 일할 수 있는 기업문화	2.3%
8위	국민은행	성장 가능성과 비전	2.3%
9위	경기도시공사	안정성(낮은 인력감축 위험 및 확고한 수익기반 등)	2.0%
9위	KT	우수한 복리후생	2.0%
10위	녹십자	동종업계와 지역사회에서 선도기업 이미지	1.9%
10위	포스코	동종업계와 지역사회에서 선도기업 이미지 우수한 복리후생 일 업무뿐 아니라 삶을 위한 가치 존중	1.9%

〈표4〉 인쿠르트, 2013

〈표4〉는 인쿠르트에서 매년 조사한 '대학생이 입사하고 싶은 기업 TOP 10'과 'TOP 10 기업하면 떠오르는 이유'다. 삼성전자, KT, 대한항공, 한국전력 등 전통의 인기 기업들이 여전히 강세인 것은

1년 전과 크게 다르지 않다. 그런데 대학생들이 입사 기업을 선택하는 요인이 눈에 띄게 변했다. 2012년에는 주로 급여나 안정성 등 현실지향적인 안정희구세력이 두드러졌다면 불과 1년 사이에 '즐겁게'라는 키워드와 '선도기업' 이미지가 그 자리를 꿰찬 것이다.

이는 경쟁자를 계속 밟고 올라가야 '성공'이란 타이틀을 거머쥐는 오디션 인생에 대한 짙은 피로감과 내 인생은 결국 내 욕망으로 즐겁게 살고 싶다는 실존적 깨달음이 포개진 결과다.

일에 대한 구체적 고민 없이 맹목적인 취업만을 원하는 바람에 회사를 그만두게 되는 경우가 최근 들어 무척 늘어나고 있는데 2013년 10월 3일 커리어에서 발표한 자료에 따르면 구직자의 53.6%가 '묻지마 지원'을 한 적이 있으며 이런 지원자는 평균 5개월 내에 회사를 그만둔다고 한다. 자신의 삶에 대한 진지한 성찰 없이 무조건 취업부터 하고 보자는 지원자들의 자세도 문제지만 기업 역시 지원자들이 원하는 가치보다 타성에 젖은 채용만으로 지원자를 뽑으려 했다는 혐의에서 자유롭기 힘든 건 마찬가지다.

이에 따라 지금부터는 브랜드의 스토리텔링, 스토리를 통한 관계 맺기에 대해 알아보려 한다.

SNS 스토리텔링

단순히 20대에게 듣기 좋은 이야기나 공감하는 척만 해주는 것으로 관계가 맺어진다고 착각해선 안 된다. 영혼의 진정성은 행동에서 나오는 법이다. 앞으로 보여줄 사례는 실제로 제품 구매나 직원 채용에서 진정한 이타성을 보여주는 '스토리'에 관한 것이다.

단순하지만 분명한 메시지, 프라이탁 – 가방을 넘어서

스위스 취리히 태생의 '프라이탁 FREITAG'은 트럭의 방수포와 폐기 직전 자동차의 차량용 안전벨트 등으로 만든 일명 '재활용 가방 recycling bag'이다. 창업자인 마커스 프라이탁 Markus Freitag과 다니엘 프라이탁 Daniel Freitag 형제가 자전거를 탈 때 맬 수 있는 가방을 만들어 사용하다가 브랜드를 론칭했고, 현재는 매년 30만 개 이상의 가방을 세계로 수출하며 상업적 성공을 거두고 있다.

개별성을 자극한 브랜드

이러한 프라이탁 열풍의 중심에는 20대가 있다. 그들은 개별성을 중시하지만 한편으로는 유행에도 민감하다. 헌데 유행이 되려면 어느 정도의 대량생산이 담보되어야 한다. 이는 개별성 추구라는 가치와 상충되는데 바로 이 지점을 프라이탁은 '개인주의적 대량생산'이라는 역설전략으로 소구했다. 트럭의 방수포는 충분히 많지만 이 방수포를 재단해 만들 수 있는 가방의 디자인은 오직 한 개뿐이다. 단 하나밖에 없는 유행상품. 이 역설이 개별성을 추구하면서도 유행에 민감한 20대를 자극한 것이다.

착한 스토리

보다 나은 세상을 만들겠다며 이타적인 행세를 하는 기업은 많지만, 20대는 기업의 근본 목적이 이윤 추구에 있다는 것을 정규교육 과정에서부터 학습한 세대다. 리차드 도킨스Richard Dawkins가 역설

한 신자유주의적 무한경쟁으로 생존 경쟁과 진화 원리를 사회에 적용한 '사회다원주의Social Darwinism'를 뼛속까지 실감하고 사는 세대이기도 하다. 물론 기업이 이기적인 행동을 추구한다고 해서 소비계층인 20대까지 그 행동에 찬동한다는 것은 아니다.

헌데 프라이탁은 20대에게 본질적인 변화를 이야기하기 시작했다. 20대가 프라이탁에 열광하는 또 다른 이유가 여기에 있다. 프라이탁이 가진 대단한 아이디어만으로 20대의 호감을 다 설명할 수 없다. 그들은 프라이탁이 대단한 아이디어가 아닌 이상적인 목표를 기반으로 하기 때문에 호감을 가진다. 프라이탁을 소비함으로써 스스로도 보다 나은 세상을 만들어 간다는 목표에 동참하는 듯 느끼기 때문이다. 더불어 이런 착한 스토리는 '이야기'에 열광하는 20대의 니즈와 맞물려 서적, 브랜드 잡지, SNS 등의 형태로 급속도로 확산되고 있는 추세다.

사회적 시선에 대한 저항감

여기에 더해 과거와 달리 대학생을 지성인으로 보지 않고 언제나 철없고 취업도 못하는 잉여로 취급하는 사회적 시선도 이들이 개념 있는 세대로 보이고자 하는 데 한몫하고 있다. 최근 대학생들 사이에서 유행하는 '기부팔찌' 문화나 '탐스슈즈Toms Shoes'의 유행이 모두 비슷한 맥락에서 이해될 수 있다. 내 몸에 하나 정도는 개념 있는 액세서리를 장착함으로써 이 팔찌의 스토리가 나에게도 그대로 투영된다고 믿는 것이다. 이런 스토리는 다시 개인의 SNS 타임라인이나 블로그 등에 포스팅되면서 '내가 이렇게 개념 있다'는 자랑질(?)로 확대 재생산되기도 한다.

　최근 「대학내일」이 페이스북을 통해 진행했던 '착한팔찌 살포 이벤트'에는 천 명에 가까운 대학생들이 응모했다. 기부를 이벤트화시켰다는 비난 댓글도 있었지만 대부분 '당첨되지 못하더라도 꼭 사서 좋은 일을 하고 싶다'는 선플이 줄을 이었다. 진위 여부와는 상관없이 비록 허세라 할지라도, 아무도 피해 입지 않고 누군가에게 도움이 된다면 그것은 결과적으로 '선善'이라고 생각할 수 있었다.

편샵의 채용

　기름 한 방울 나오지 않는 대한민국에서 사람의 중요성은 더 말해 봐야 숨 가쁘다. 그래서 봄이나 가을이 되면 많은 기업들이 좋은 인재들의 호감을 사기 위해 혈안이 된다. 하지만 그렇게 인재에 대한 욕망이 강했던 기업들도 막상 채용시즌이 되면 이런저런 잡무에 허덕이며 창의적 인재 확보에 대한 열망이 옅어진다. 더 나은 결과를 원하면서 방식은 매번 똑같은 것만큼 바보 같은 짓이 어디 있을까. 앞서 설명했듯 인재는 즐겁고 창의적으로 일할 수 있는 기업 분위기를 선호하는데 정작 기업 채용포스터 속 모델은 여전히 양복에 넥타이, 2대 8 가르마를 한 채 환하게 웃고 있다면, 그 포스터를 보고 웃는 이는 그 모델뿐일 것이다. 그런 딱딱하고 천편일률적인 포스터를 통해 얻을 수 있는 이미지는 상명하복의 직장구조와 경직되고 군림하는 사내 분위기뿐이다. 창의적인 인재를 원한다면 기업의 채용방식역시 창의적일 필요가 있다.

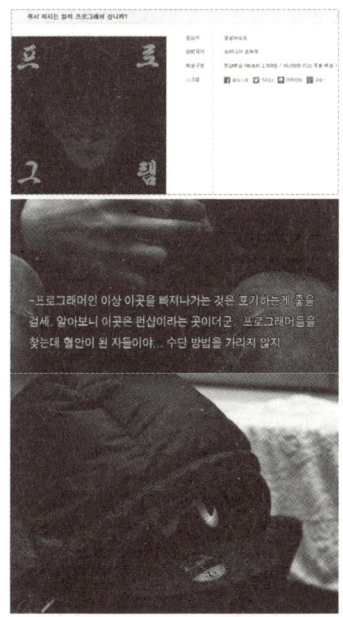

'편샵Funshop'의 채용은 이런 고민을 하는 채용 담당들에게 좋은 모범사례일 수 있다. 쇼핑몰이라는 자사 특성을 활용하여 채용공고 역시 쇼핑몰처럼 꾸며 놓았다.

편샵은 단순한 쇼핑몰 이상의 재미를 주기로 유명한 곳이다. 흔히 소비자는 구매를 강요하는 모습은 싫어하지만 구매 자체에는 희열을 느낀다고 알려져 있다. 그런데 편샵은 그런 구매에서조차 고객에게 재미를 준다. 그 이유는 결국 재미있는 사람이 만들어 나가기 때문이다. 이런 사람들은 어떻게 모을 수 있을까. 편샵은 우리가 그런 모습을 보여주지 못하면 당연히 그런 사람을 모으지 못한다고 생각하고 있다.

편샵의 개발자 모집공고나 에디터 모집공고를 보면 원하는 역량과 조건에 대해 매우 상세히 기술했지만 전달의 방법이 일반 채용공고와 확실히 다르다. 이제 채용에서도 '내가 말하고 싶은 것what to say'보다 '누군가 듣고 싶어 하는how to say' 방식을 고민해야 할 때가 된 듯하다.

SNS에서 20대를 이해하는
네 가지 코드

이 장에서는 단순히 나의 정보를 전달하려는 데 급급한 SNS 운영자들에게 20대 중심의 SNS란 무엇인지 그 코드를 짚어 보는 시간을 가져 보려 한다. 물론 이곳에 언급하는 코드들이 모두 정답일 수 없고 코드의 전부도 아니다. 이 장에서는 지금 20대를 고민하는 담당자라면 최소한 이해해야 하는 이슈들에 대하여 정리해 보았다.

말 많은 선생님이 되지 마라

기업은 대학생들에게 하고 싶은 말이 많다. 하지만 대학생들 입장에서 헤아려 보면 들으나 마나한 이야기들이 대부분이다. 20대는 말 많은 SNS를 싫어한다. 정확히 말하면 하나마나한 이야기를 떠드는 SNS를 싫어한다. 누구나 다 아는 이야기, 뻔한 이야기를 지극히 개인 미디어인 SNS에서마저 듣고 싶어 하는 마음은 없다. 강의는 교실에서 들어도 충분하다. 당연한 소리를 정색하고 진지하게 하는 기업의 페이지는 속칭 '선비' 취급당하기 십상이다. 그렇다고 무조건 짧게 쓰는 것도 곤란하긴 마찬가지다. SNS상에서 먹히는 콘텐츠는 1인칭으로 쓰인 응축된 글이 많은데, 이러한 기술이 중요한 것이 바로 '여는 글'이다.

진짜 친구는 타임라인을 통해 인사하지 않는다. 이것부터 이미 20대와 우리 기업은 친구가 될 수 없다. 가령 누군가 설악산 단풍의 아름다움을 이야기하려거든 단풍에 대한 경이로움에 대한 글로 시작할 것이다. 하지만 기업 페이지는 대부분 '페친 여러분 안녕하세요? 가을이네요. 오늘은 왠지 여행을 떠나고 싶어지는 날씨군요' 따위의 불필요한 말로 콘텐츠의 시작을 알린다. '페친 여러분 안녕하세요'로 콘텐츠를 시작하는 순간, 설악산 단풍의 감동은 이미 사라지고 없다.

내가 스타가 되려 하지 마라. 그들을 스타로 만들어야 한다

지난여름 캐나다로 다녀왔던 휴가 때 일이다. 꽤 높은 위도에 위치해 있어 여름에도 꽤 선선한 곳이었다. 휴가의 목적은 오직 한 가지, 야생 북극곰을 만나는 것뿐이었다. 여행 3일째 천신만고 끝에 끝없이 넓은 해변을 쉬지 않고 내달리는 북극곰을 만날 수 있었다. 북극곰은 행복해 보였다. 물론 북극곰이야 가까운 어린이대공원에 가도 훨씬 자세히 실컷 볼 수 있다. 하지만 우리 속에 갇혀 네 발로 멍하니 딛고 서서 사람들이 던져 주는 건빵이나 받아먹으며 하루하루 보내는 북극곰을 보고 있노라면, 과연 내가 진짜 북극곰을 보고 있는 것인가 하는 착각에 빠진 적이 한두 번이 아니었다. 동물원은 지극히 인간을 자기중심적으로 만드는 공간이다. 내가 던져 주는 먹이를 원숭이가 받아먹었으면 좋겠고, 초원을 달려야 하는 북극곰이 날 위해 우리에 갇혀 있어야 하는 것쯤은 감수해야 한다고 자연스럽게 생각해 버린다.

대부분의 기업 페이지가 바로 이런 동물원식 페이지를 운용하고 있다. 지극히 자기중심적인 이야기만 늘어 놓는다. 블로그든 SNS든

가장 중요한 첫 번째 조건은 내가 아닌 상대를 스타로 만들어 주는데 있다. 지금까지 대학생 주간지 「대학내일」의 킬러 콘텐츠는 표지 모델이다. 표지모델의 미모는 배포의 속도를 좌우할 만큼 결정적이다. 하지만 「대학내일」 표지모델이 단순히 예뻐서 인기를 누리고 있다고 여기지 않는다. 이처럼 표지모델이 대학생들에게 소구하는 가장 결정적인 이유는 자신의 주변에서 볼 수 있는 대학생들이 「대학내일」에선 스타가 되기 때문이다. 대학생들은 매주 월요일 어느 학교의 누가 표지모델이 되었는지 확인한다. '셀럽celeb'을 표지로 사용했다면 아무도 학교나 이름을 궁금해하지 않았을 것이다.

이처럼 팬을 스타로 만들어 주는 경향은 해외에서 이미 보편화된 방식이기도 하다. '레고LEGO'는 소비자가 아이디어를 내고 일

정 수 이상의 추천과 아이디어가 추가되면 실제 제품으로 출시하는 'Cusoo'를 통해 마니아층의 지지를 더욱 공고히 했다.

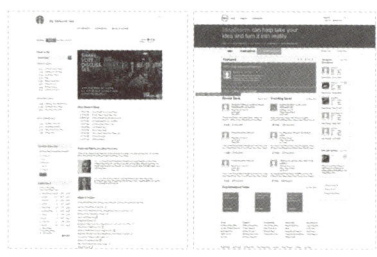

'스타벅스 STARBUCKS'의 '마이스타벅스닷컴', '델컴퓨터 Dell Computer'의 '아이디어스톰' 모두 고객의 아이디어를 실제 반영하여 제품이나 서비스에 적용하기로 유명하다. 물론 소품종 고비용의 이런 방식은 대량생산시대의 기조와 분명히 맞지 않다. 하지만 앞서 말했듯이 이런 시도는 브랜드를 단순한 메이커가 아닌, 소비자와 함께 만들어 가는 하나의 이미지로 가치를 부여한다. 덕분에 이런 이미지야말로 브랜드가 '매력적인 바보'가 되는 데 결정적인 역할을 한다.

20대를 이해하려면 잉여의 코드를 이해하라

최근 국내 대학생의 70%가 자신을 잉여라고 느낀다는 조사 보고가 있었다. 언제부터인가 우리 삶에 깊숙이 파고든 '잉여 剩餘'라는 단어는 특히, 20대의 삶을 조망해 보는 데 아주 중요한 열쇠말이 되었다. 우리 사회에 잉여가 유행처럼 번지기 시작한 것은 3년 전이다. 잉여는 본래의 뜻과 달리 경제불황과 그에 따른 급속한 경기냉각 속에서 청년실업 등의 이름으로 낙오된 청춘을 지칭하는 말로 쓰이기

시작했다. 그런 사회적 분위기와 맞물려 잉여는 희화화되기 시작했다. 흔히 죠리퐁의 개수를 세어 죠리퐁의 평균 개수를 계산한 사진 등이 대표적이다.

초기 이런 사진들을 보고 시간이 남아도는 잉여들의 '잉여짓'으로 여긴 일반인들은 자신과 잉여를 '선긋기'했다. 하지만 이런 구분과는 무관하게 세상은 속칭 잉여들이 만들어 내는 다양한 콘텐츠를 SNS상에서 소비하기 시작했다. 심지어 기업 페이지 역시 해당 잉여들을 활용한 다양한 콘텐츠를 만들어 내기 시작했다.

대검찰청의 트위터는 쓸데없는 질문에 재치 있는 답변으로 일관하며 화제가 되고 있으며 부산경찰청도 그들의 실제 수사결과를 흥미로운 텍스트와 엮어 올려 'SNS계의 음유시인'이라는 별명을 얻기도 했다. 20대는 기존의 무거운 틀이나 진지한 자세 등을 비꼬는 잉여의 태도에 열광하고 있다. 하지만 이러한 잉여문화가 고정관념을 깼기 때문에 가을날 들불처럼 번진다고 생각지 않는다. 우리가 바라보아야 할 잉여문화의 원인은 크게 세 가지다.

1_ 하고 싶은 일에서 돈이 나오냐, 쌀이 나오냐는 '먹고사니즘' 앞에 무기력하고 오직 돈 되는 일만 가치롭게 여기는 사회에 대한 피로누적
2_ 그렇게 난리쳤던 힐링과 멘토 열병 이후 결국 아무것도 남지 않고 무엇도 달라지지 않은 세대들의 자괴감과 비아냥
3_ '멘토놀이'에 실망한 세대들이 스스로 증명하고 스스로 만들어 가는 자발적 문화 확산

요컨대 잉여의 코드는 단순히 시간이 남아도는 아이들의 자괴감

의 산물이 아니다. 오히려 시대의 씁쓸한 단면이 만들어 낸 생산적인 저항문화 성격이 더 강하다.

친구의 라이프스타일을 완벽히 이해한 타이밍

과거 마케팅 수단은 매체 이용시간이 매우 중요했다. 하지만 SNS는 그런 고정변수를 완전히 무력화시켜 놓았다. 20대는 각자 편리한 시간에 행동하고 경험할 수 있다. 그런 변화는 특정 시간대를 활용한 마케팅보다 타깃층의 라이프스타일과 주변 상황을 고려한 마케팅의 중요성으로 연결되고 있다.

20대와 소통하는 마케터라면 최소한의 학사일정이나 20대 관련 뉴스에(사소하면 사소할수록 좋다. 화제의 가능성이 있지만 확산의 기회를 얻지 못한 사소한 화젯거리라면 더 좋다) 주목해야 한다. 모든 페이지가 '안녕하세요', '맛점하세요' 등의 진부한 인사로 이야기할 때 「대학내일」은 그들의 라이프스타일을 겨냥한 콘텐츠를 언제나 발행해 왔고 그런 콘텐츠는 항상 좋은 반응을 이끌어 냈다. 이것은 단순히 다른 페이지와 다르고 싶다는 이유 때문은 아니었다. 진짜 친구의 페이스북이라면 그래야 한다. 내 친구의 페이스북은 내 생활이나 내 주변의 화젯거리와 매우 비슷하게 돌아가고 있다. 수강신청, 중간고사, 축제, 소개팅, 군대문제 등 학점이나 토익 외에는 무미건조할 것 같은 대학생들의 삶도 그 속을 들여다보면 꽤 많은 빛깔의 이야기들이 있다.

어떤 형태의 사회에 보편적인 구조적 특성이 있을 때에는 분명히 그 구조로 인해 야기되는 갈등이나 화제가 뒤따라온다. 예컨대 수강신청을 앞두고 초조해하는 장면이라든가, 팀플(조별과제를 지칭하는 팀플레이의 준말) 때문에 이러지도 못하고 저러지도 못한 채 괴로

워하는 대학생이라든가. 그 나름대로 공유하는 문화와 갈등이 있다. 일주일에 한 번 정도는 특별한 용무 없이도 학교에 나가 그냥 캠퍼스 풍경을 쭉 감상할 필요는 분명 있다. 물론 바로 앞에 산적한 각종 보고서와 갑작스러운 회의 일정 때문에 선미보다 더 '24시간이 모자라'다는 것을 잘 알고 있지만, 언젠가 요긴하게 쓰일 이야기다.

성공하는 SNS 마케팅

친구라면? 20대와 함께 만들어 가는 SNS

지금까지 이야기한 내용을 다 잊어버리더라도 한 가지는 꼭 기억하자. 20대는 동물원의 동물이 아니라는 것. 20대를 공략하는 채용, 제품 구매 등의 SNS를 운용하려면 결코 20대를 동물원의 동물 보듯하며 무조건 우리 기업의 메시지를 바라봐 주길 바라서는 안 된다는 것이다.

20대와 소통하려는 담당자에게 묻고 싶은 게 있다. 당신의 글에 꾸준히 '좋아요'를 눌러 주는 유저를 기억하는가. 그들 사이에서 화제가 되었던 키워드는 무엇이었나? 누가 어떤 콘텐츠를 공유해 주었는가. 이 질문의 핵심은 간단하다. 당신은 20대 참여자Interactive User를 얼마나 정확히 알고 있느냐 하는 점이다.

다시 한 번 '매력적인 바보'를 상기해 보자. 이 '매력적인 바보'는 어떻게 만들어지는가. 1990년대 토론토 대학교University of Toronto에서는 의료소송을 당한 적이 있는 의사와 그렇지 않은 의사를 비교분석한 적이 있다. 소송 경험이 없는 의사들은 소송 경험이 있는 의사들보다 환자에게 단지 3분의 시간을 더 쓴다는 것을 알아냈다. 소송을 당하지 않은 의사들이 특별히 명의로 정평이 난 것도 아니었다. 그들은 그저 불안한 환자의 이야기를 곁에서 묵묵히, 그리고 귀 기울여 들어주었을 뿐이다. 결국 나의 이야기를 하는 것보다 고객의 이야기에 조금 더 귀 기울여 주는 게 신뢰의 핵심이란 소리다.

특별한 비결도, 하늘 아래 새로운 것도 없다

정말 친구라면 우리만 피자나 아메리카노를 쏠 게 아니라 내가 배고플 땐 친구에게 밥도 얻어먹을 수 있어야 한다. 그래서 「대학내일」 마스코트 고양이 '꾸니'의 '사료 선물하기 프로젝트'는 시작되었다.

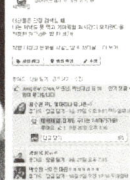
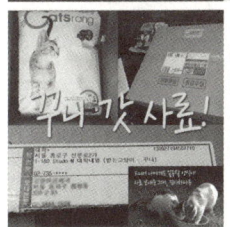

「대학내일」 사옥 앞마당엔 항상 길고양이들이 모여든다. 마당엔 항상 사료를 준비해 놓기 때문이다. 헌데 이 사료는 「대학내일」 직원들이 준비한 사료가 아니다. 「대학내일」 페이스북을 통해 사료를 기부 받으면 언제나 익명의 후원자들이 고양이 사료를 보내온다. 고양이를 모델로 「대학내일」 페이스북 페이지의 마스코트를 만들어, 이 고양이가 사료 기증자에게 감사의 포스팅을 한다. 그러면 다시 대학생들에게 그 마음이 가 닿아 콘텐츠가 확대 재생산된다. 아무리 스마트폰과 SNS가 확대되었다 하더라도 결국 우리가 움직여야 하는 것은 사람의 마음이란 사실을 잊으면 안 된다.

미국의 시인이자 사회운동가인 오드리 로드 Audre Lorde는 '새로운 아이디어란 없다. 그것들이 새롭다고 느끼게 만드는 방법만 있을 뿐'이라고 했다. SNS를 잘 운영하는 기업 페이지를 볼 때마다 '혹시 우리가 모르는 비결'이 존재하는 것은 아닐까 하고 이런저런 분석을 해본 기업 담당자들이 많을 것이다. 하지만 그렇게 분석을 마치면 언제나 결론 역시 원론적인 수준에서 크게 벗어나지 못하는 것을 알게 된다.

새로운 시대에 새로운 소통전략이 필요하다는 것은 일찍이 마키아벨리 Niccolò Machiavelli 시대부터 있어 온 부정할 수 없는 이야기다. 그 소통이 인간이 인간을 대상으로 한다는 대전제는 600년 전이나 지금이나 하나도 변한 게 없다.

참고 문헌

"[인재 경영] '과거 현재 미래 핵심 가치는 人材'", 「조선일보」, 2013.08.30.

"[책과 삶] 듣는 맛의 '팟캐스트', 책 읽는 맛을 돋울까", 「경향신문」, 2013.02.15.

"[허문명 기자의 사람이야기] '트위터 팔로어 130만 명' 작가 이외수", 「동아일보」, 2012.04.30.

"'2013 세계사이버스페이스 총회' SNS 서포터즈 발대식", 「연합뉴스」, 2013.08.28.

"'일베' 사용설명서", 「시사IN」, 2013.05.26.

"「책 읽으면 상품 줍니다」, 대학도서관 슬픈 이벤트", 「동아일보」, 2013.06.30.

"2030서 10·40·70대로 문화 소비시장 주역이 바뀐다", 「서울경제」, 2013.09.27.

"20대 93.5% 스마트폰 보유… '절반은 없어서는 안 될 매체'", 「IT daily」, 2013.06.04.

"갈수록 초라해지는 시청률 왜?", 「문화일보」, 2013.06.24.

"구글 글래스와 증강현실이 세상을 바꾼다?", 「동아일보」, 2013.09.26.

"구글, 실시간 화상채팅기능 '행아웃 온에어'로 채용설명회", 「NSP통신」, 2012.10.24.

"끼리끼리 뭉치는 요즘 사람들… 폐쇄형 SNS가 뜬다", 「조선비즈」, 2013.09.27.

"대학가 새로운 취업코드는 사회적 기업", 「동아일보」, 2013.06.12.

"대학생 63.% SNS, 피곤하고 부담스러워", 「머니투데이」, 2013.08.01.

"데상트, 25일 청계산서 익스트림 스포츠 대회 개최", 「한국경제」, 2013.05.24.

"도공, '고속도로 공공디자인 공모전' 개최", 「이데일리」, 2013.08.14.

"등산만 하는 건 지겨워, 레저족 이색스포츠 눈길", 「서울경제」, 2013.09.13.

"미국 TV 프로그램 평가에 트위터 첫 반영", 「경향신문」, 2013.10.08.

"방송 유통의 새 흐름, 스트리밍과 VOD", 「블로터닷넷」, 2013.10.01.

"보쉬, 대학생 멘토링 프로그램 참가자 모집", 「매일경제」, 2013.05.06.

"삼성전자, 스마트 워치 '갤럭시 기어' 공개… 시계야? 휴대폰이야? '관심 폭발'", 「매일신문」, 2013.09.05.

"詩는 죽었다? '봇' 안에 살아있네",「조선일보」, 2013.08.09.

"신입사원 조기퇴사 비율 '1년 이내 퇴사자가 32%!' 사표 쓴 이유 1위는?",
「SBS 연예스포츠」, 2013.06.10.

"신청, 'assan plenum 2013 new world disorder'",「대학내일」, No. 645 NEWS.

"오로지 치킨만 먹기 위해 모인 '프리한 유럽식' 동아리",
「캠퍼스잡앤조이」, 2013.06.19.

"온라인 커뮤니티 이대로 좋은가?",「매경ECONOMY」, 2013.08.27.

"이런 사람이 교사라니… 막나가는 '일밍아웃'",「한겨레」, 2013.05.29.

"이비카드 '캐시비카드 홍보대사에 도전하세요'",「파이낸셜 뉴스」, 2013.05.08.

"일베를 아십니까?", 〈SBS 현장 21〉, 2013.03.12.

"전효성, '민주화 뜻 모르고… 죄송합니다' 사과",「동아일보」, 2013.05.14.

"젊은이들, 독립출판 러시… 경쟁사회 속 자기표현·노출 욕구 담아",
「국민일보」, 2013.10.11.

"주요 커뮤니티 방문자 수 조사",「랭키닷컴」, 2013.07.

"지금 커뮤니티 하십니까?",「대학내일」, No. 656 Special.

"크레용팝 공식 입장, 일베·표절 논란 해명 '반인륜적 사이트인줄 몰랐다'",
「뉴스핌」, 2013.08.21.

"포털에 신간 연재한 조정래… 터치세대 열광 소설가들은 왜 모바일로 갔을까?",
「매일경제 Citylife」, 제378호, 2013.05.15.

"韓 스마트폰 보급률 67.6%…세계 1위",「ZDNET KOREA」, 2013.06.25.

"힐링은 이제 그만, 이제는 독설이다", 〈인터파크 도서〉 보도자료, 2013.02.15.

"CJ그룹, 1:1 맞춤형 채용 멘토링 개최",「연합뉴스」, 2013.08.30.

"KAIST, 웨어러블 컴퓨터 경진대회 참가접수",「디지털 타임스」, 2013.04.04.

"LG, 이공계 氣살리기 나선다. 대학 돌며 드림챌린저 캠프",「매일경제」, 2013.01.23.

"SNS 1일 평균 이용 73분…20대는 페이스북",「경향신문」, 2013.04.29.

"T스토어, 요일별 소설 연재 시작",「블로터닷넷」, 2013.08.29.

"TV에선 못 보는 SNS 드라마 아세요",「이투데이」, 2013.07.23.

Facebook,「세미나 발표자료」, 2012.06.

곽금주,『20대의 심리학: 미래의 나를 완성해주는, 20대를 위한 인생강의』,

랜덤하우스코리아, 2008.

김지윤, 『코리아 브랜드, 세계를 매혹시키다: 한국의 얼과 꿈을 세상에 펼친 사람들』, 명인문화사, 2012.

대학내일20대연구소, 『20대를 읽어야 트렌드가 보인다: 그들을 사로잡는 9가지 트렌드』, 도서출판 하다, 2012.

데이비드 커크패트릭, 『페이스북 이펙트: 전 세계 5억 명을 연결한 소셜네트워크 페이스북의 인사이드 스토리』, 에이콘출판, 2010.

도나 펜, 『젊은 창조자들: 스티브 잡스를 꿈꾸는 이들의 생존 보고서』, 이상미디어, 2010.

로리 바시 외, 『굿 컴퍼니, 착한 회사가 세상을 바꾼다: 위대한 기업을 지속가능하게 만드는 힘, 착한 회사가 세상을 바꾼다』, 틔움, 2012.

로히트 바르가바, 『호감이 전략을 이긴다』, 원더박스, 2013.

마크 펜 외, 『마이크로트렌드: 세상의 룰을 바꾸는 특별한 1%의 법』, 해냄출판사, 2010.

매트 리들리, 『이타적 유전자』, 사이언스북스, 2001.

미래경영연구소, 『NEW 경제용어사전』, 미래와경영, 2006.

박원순, 『올리버는 어떻게 세상을 요리할까?: 소셜 디자이너 박원순의 영국 사회혁신 리포트』, 이매진, 2011.

배성환 외, 『빅데이터와 SNS 시대의 소셜 경험 전략: 서비스와 제품의 경쟁력을 높이는 비즈니스 큐레이션』, 에이콘출판, 2012.

백욱인, 『디지털 데이터 정보 지식』, 커뮤니케이션북스, 2013.

수전 케인, 『콰이어트: 시끄러운 세상에서 조용히 세상을 움직이는 힘, Quiet』, 알에이치코리아, 2012.

신선, 「SNS 이용 현황」, 정보통신정책연구원, 2013.04.25.

에릭 퀄먼, 『소셜노믹스: 세상을 바꾼 SNS 혁명』, 에이콘출판, 2012.

에릭슨 컨슈머랩, 「TV and Media 연구 2013」, 2013.09.

이준구, 『페이스북 이펙트: 세계를 하나로 연결하는 힘』, 아라크네, 2010.

이형석, 『B급 문화, 대한민국을 습격하다: 기성의 권위를 비웃다』, 북오션, 2013.

정보통신정책연구원, 「SNS 연령대별 1순위 서비스사 이용률」, 2013.04.

정용찬, 「스마트세대 20대의 미디어 이용 행태」, 정보통신정책연구원, 2013.05.25.

제프 자비스, 『공개하고 공유하라』, 청림출판, 2013.

존 휘트필드, 『무엇이 우리의 관계를 조정하는가』, 생각연구소, 2012.

지그문트 바우만, 『리퀴드 러브: 사랑하지 않을 권리, 현대의 우울과 고통의 원천에 대하여』, 새물결, 2013.

짐 콜린스, 『좋은 기업을 넘어 위대한 기업으로』, 김영사, 2002.

하버드 경영대학원, 「듀크대학과의 공동 보고자료」, 2005.

CJ그룹 채용사이트 (recruit.cj.net/).

GS칼텍스 공식홈페이지 (www.insightofgscaltex.com/).

G마켓 공식홈페이지 (www.gmarket.co.kr/).

IEEE-SA 한국 공식블로그 (ieeesablog.com/).

MLB PARK (mlbpark.donga.com/).

Organic Media Lab 공식홈페이지 (organicmedialab.com/).

SLR클럽 (www.slrclub.com/).

Wearable Computer Contest 공식홈페이지 (www.ufcom.org/).

구글플러스 공식홈페이지 (plus.google.com/).

네이버 카페 디젤매니아 (cafe.naver.com/dieselmania/).

네이버 카페 아웃캠퍼스 (cafe.naver.com/outcampus/).

네이트 판 (pann.nate.com/).

다음 아고라(agora.media.daum.net/).

다음 카페 아이러브싸커 (cafe.daum.net/WorldcupLove/).

다음 카페 여성시대 (cafe.daum.net/subdued20club/).

다음 카페 엽기 혹은 진실 (cafe.daum.net/truepicture/).

다음 카페 이종격투기 (cafe.daum.net/ssaumjil/).

다음 카페 쭉빵 (www.jjuckbbang.net/).

대검찰청 공식트위터 (twitter.com/spo_kr/).

대학내일 공식페이스북 (www.facebook.com/UNIVtomorrow/).

대학내일 공식홈페이지 (www.naeilshot.co.kr/).

디시인사이드 (www.dcinside.com/).

랭키닷컴 공식홈페이지(www.rankey.com/).

레고 Cusoo 공식홈페이지 (lego.cuusoo.com/).

루리웹 (ruliweb.daum.net/).

마이스타벅스닷컴 공식홈페이지 (mystarbucksidea.force.com/).

박카스 29초 영화제 공식홈페이지 (www.29sfilm.com/).

보쉬 코리아 공식블로그 (blog.naver.com/bosch_korea/).

뽐뿌 (www.ppomppu.co.kr/).

삼성직업멘토링 시즌3 공식홈페이지 (mentoring.youngsamsung.com/).

아이디어스톰 공식홈페이지 (www.ideastorm.com/).

영삼성 공식홈페이지 (www.youngsamsung.com/).

오늘의 유머 (www.todayhumor.co.kr/).

오픈서베이 공식홈페이지 (www.opensurvey.co.kr/).

웃긴대학 (www.humoruniv.com/).

인쿠르트 공식홈페이지 (ww.incruit.com/).

일간베스트 저장소 (www.ilbe.com/).

카카오톡 공식블로그 (blog.kakao.com/).

쿠팡 공식홈페이지 (www.coupang.com/)

퀄컴 IT 투어 공식홈페이지 (www.qcitour.co.kr/).

클리앙 (www.clien.net/).

탐스슈즈 공식홈페이지 (www.tomsshoes.co.kr/).

테팔 공식홈페이지 (www.tefal.co.kr/).

펀샵 공식홈페이지 (www.funshop.co.kr/).

프라이탁 공식홈페이지 (www.freitag.ch/).

해피무브 공식블로그 (blog.naver.com/happy_move/).

〈네이버 지식백과〉
〈모바일앱 박문각 시사상식사전〉, 박문각, 2011.
〈위키피디아 한국어판〉

[부록]

숫자로 보는 2013년 대학생 대외활동 & 공모전

숫자로 보는 2013년 대학생 대외활동 & 공모전

1. 대외활동 & 공모전 참여현황

2013년 10월, 대학내일20대연구소(www.20slab.org)에서 전국 4년제 남녀 대학생 800명을 대상으로 대외활동/공모전 경험과 인식실태에 대해 알아보고자 진행한 설문조사의 결과입니다.

Q1. 귀하는 2013년 올해 안에 대외활동 프로그램에 참여하신 경험이 얼마나 있습니까?

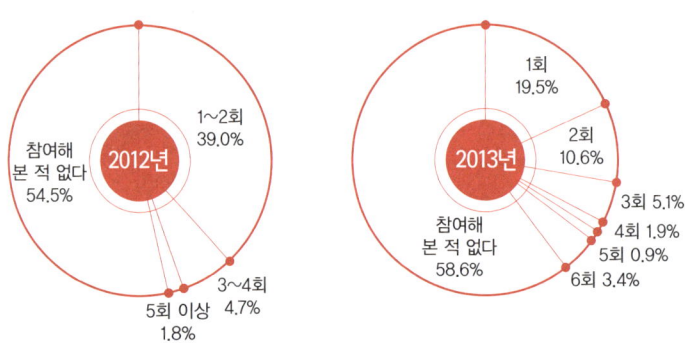

- 대학생 41.4%가 2013년 한 해 동안 대외활동에 1회 이상 참여했으며, 이는 전년도 경험비율(45.5%)보다 4.1% 감소한 것으로 나타남.
- 2013년 대외활동 참여자의 1인당 평균 참여횟수는 2.17회로, 전년도 1인당 평균 참여횟수(1.86회)에 비해 늘어난 것으로 나타남. 이는 대외활동 유 경험자가 반복해서 참여하는 비중이 늘어났음을 보여준다 하겠음.

Q2. 귀하는 2013년 올해 안에 공모전에 참가해 본 경험이 얼마나 있습니까?

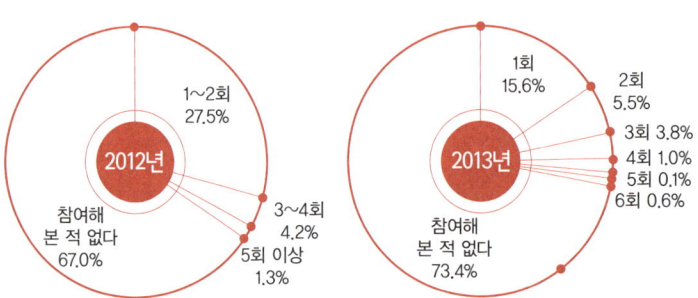

- 대학생 26.6%가 2013년 한 해 동안 공모전에 1회 이상 참여했으며, 전년도 경험비율(33.0%)에 비해 6.4% 감소하였음.
- 2013년 공모전 참여자의 1인당 평균 참여횟수는 1.74회로 나타났으며, 전년도 1인당 평균 참여횟수(1.91회)보다 다소 감소함.
- 대외활동과 공모전 모두 2012년도에 비해 경험비율이 소폭 감소한 것으로 나타남.

Q3. 귀하께서 가장 선호하는 대외활동 프로그램 유형은 무엇입니까?

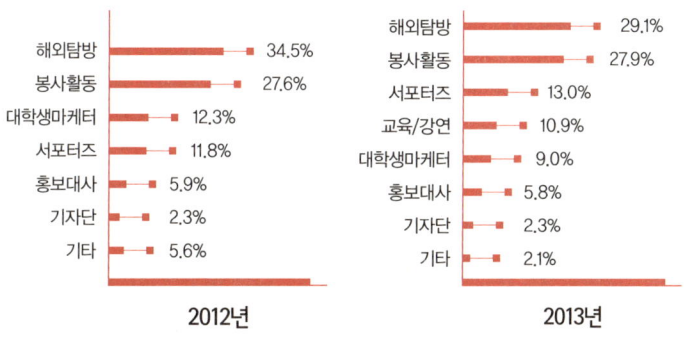

- 대학생이 선호하는 대외활동은 해외탐방(29.1%), 봉사활동(27.9%), 서포터즈(13.0%) 순으로 나타났으며, 대체적으로 전년도와 유사한 양상을 보임.
- 해외탐방(29.1%)의 경우 전년도(34.5%) 대비 가장 크게 감소(4.4%)했지만 여전히 선호도 1위인 것으로 나타남.

Q4. 귀하께서 대외활동 프로그램에 참여하는 가장 큰 동기는 무엇입니까?

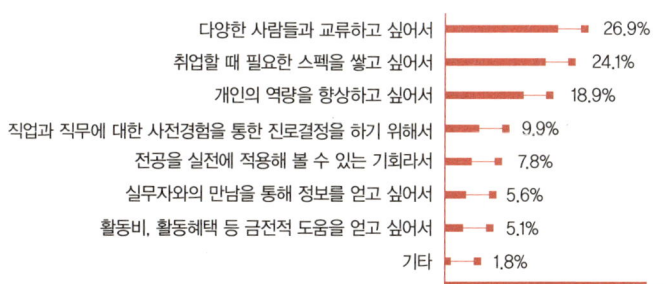

숫자로 보는 2013년 대학생 대외활동 & 공모전

- 전체 응답 대학생의 5명 중 1명이 대외활동에 참여하는 가장 큰 동기로 다양한 사람들과 교류하고 싶어서(26.9%)라고 응답했으며, 취업할 때 필요한 스펙을 쌓고 싶어서(24.1%)가 그 뒤를 이음.

Q5. 귀하께서 생각하실 때 각종 대외활동에 참여하기 위해서 갖춰야 할 가장 중요한 능력은 무엇입니까?

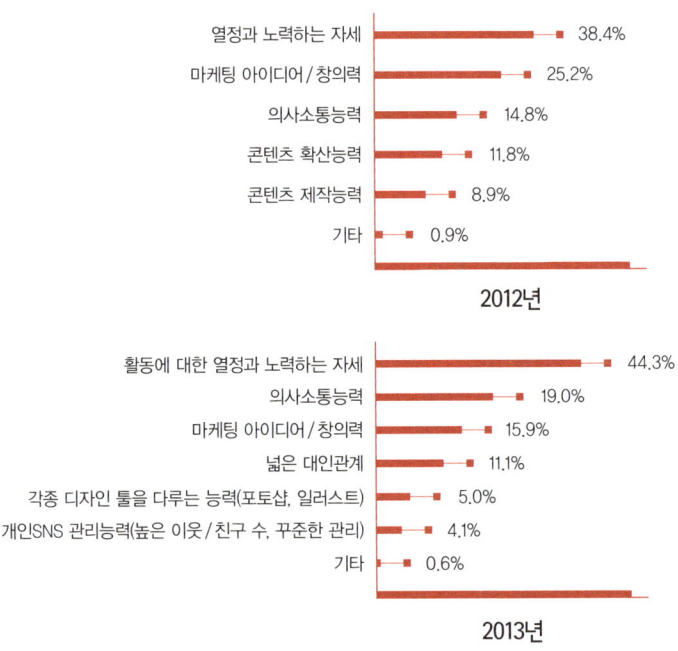

- 전체 응답 대학생의 44.3%가 대외활동에 참여하기 위해서 갖춰야 할 능력은 활동에 대한 열정과 노력하는 자세라고 응답했음.
- 의사소통능력(19.0%), 넓은 대인관계(11.1%), SNS 관리능력(4.1%)과 같은 커뮤니케이션 능력(34.2%)을 중시하는 비율 또한 비교적 높게 나타남.

2. 대외활동 & 공모전 운영현황

2013년 1월부터 10월까지 모집이 진행된 대학생 대외활동 프로그램 1,534개와 공모전 1,171개를 대상으로 대학내일20대연구소(www.20slab.org)에서 취합/분석한 결과입니다.

Q1. 2013년에 운영된 대외활동 프로그램 유형은 어떠했는가?

프로그램 구분	대외활동 프로그램 유형			
	2012년		2013년	
	개수	비율	개수	비율
봉사활동	273	31.3%	523	34.1%
서포터즈	148	17.0%	404	26.3%
기자단	124	14.2%	228	14.9%
마케터	106	12.2%	100	6.6%
홍보대사	67	7.7%	83	5.4%
해외탐방	23	2.6%	57	3.7%
교육/강연	39	4.5%	25	1.6%
기타	92	10.6%	114	7.4%

※ 프로그램 개수의 경우, 2012년에 비해 조사대상으로 선정한 대외활동 정보 커뮤니티가 추가되어 단순비교가 어려움

- 2013년 운영된 대외활동 수는 총 1,534개로 집계됨.

- 2013년 운영된 대외활동 프로그램 형태는 봉사활동(34.1%)이 가장 많았고 서포터즈(26.3%), 기자단(14.9%)이 그 뒤를 이어 전년도와 유사한 양상을 보였음.

- 봉사활동과 기자단, 해외탐방, 서포터즈 유형이 전년도에 비해 증가했으며, 특히 서포터즈(26.3%) 유형이 가장 큰 폭(9.3%)으로 증가함. 반면 마케터(6.6%) 유형은 가장 큰 폭으로 감소(5.6%)한 것으로 나타남.

숫자로 보는 2013년 대학생 대외활동 & 공모전

Q2. 2013년에 운영된 대외활동 프로그램 운영기관은 어떠한가?

대외활동 프로그램 운영기관				
프로그램 구분	2012년		2013년	
	개수	비율	개수	비율
민간복지단체	298	34.2%	379	24.7%
정부/공공기관	67	7.7%	168	11.0%
교육/연구기관	30	3.4%	116	7.6%
화장품/패션	80	3.4%	114	7.4%
지방자치단체	43	9.2%	110	7.2%
언론사/출판	67	7.7%	93	6.1%
전자통신/IT	58	6.7%	62	4.0%
엔터테인먼트	13	1.5%	60	3.9%

※ 17개 산업구분 항목 중 상위 8개만 표시함
※ 프로그램 개수의 경우, 2012년에 비해 조사대상으로 선정한 대외활동 정보 커뮤니티가 추가되어 단순비교가 어려움

- 2013년에 대외활동을 가장 많이 운영한 곳은 민간복지단체(24.7%)로 나타났으며 정부/공공기관(11.0%), 교육/연구기관(7.6%)이 그 뒤를 이었음.

- 정부/공공기관과 지방자치단체, 교육/연구기관, 엔터테인먼트는 상승세를 보였으며, 그중에서도 교육/연구기관의 증가폭(4.2%)이 가장 크게 나타남. 그 외의 운영기관의 대외활동은 감소세를 보였으며 특히, 민간복지단체(24.7%)의 경우 가장 큰 폭(9.5%)으로 감소함.

Q3. 2013년에 운영된 공모전은 어떤 주제로 진행되었는가?

공모전 프로그램 유형				
프로그램 구분	2012년		2013년	
	개수	비율	개수	비율
UCC영상/사진	151	22.6%	337	28.8%
디자인/건축	160	24.0%	297	25.4%
마케팅/아이디어	177	26.5%	214	18.3%
문학/수기	53	7.9%	114	9.7%
네이밍/슬로건	25	3.7%	44	3.8%
논문/정책방안	56	8.4%	36	3.1%
기타	46	6.9%	129	11.0%

※ 프로그램 개수의 경우, 2012년에 비해 조사대상으로 선정한 대외활동 정보 커뮤니티가 추가되어 단순비교가 어려움

- 2013년 운영된 공모전 수는 1,171개로 집계됨.
- 2013년 운영된 공모전 유형 중 UCC영상/사진이 28.8%로 가장 큰 비중을 차지했으며, 다음으로는 디자인/건축(25.4%), 마케팅/아이디어(18.3%)가 그 뒤를 이었음.
- 전년도와 비교했을 때, 논문/정책방안과 마케팅/아이디어 유형이 감소세를 보였으며 특히 마케팅/아이디어(18.3%)의 경우 큰 폭(8.2%)으로 감소함. 그 외 다른 유형은 증가세를 보였으며 UCC영상/사진이 가장 큰 폭으로 증가(6.2%)함.

Q4. 2013년에 운영된 공모전 운영기관은 어떠한가?

프로그램 구분	2013년 공모전 프로그램 운영기관			
	2012년		2013년	
	개수	비율	개수	비율
정부/공공기관	179	26.8%	317	27.1%
교육/연구기관	28	4.2%	119	10.2%
지방자치단체	101	15.1%	81	6.9%
엔터테인먼트	6	0.9%	64	5.5%
생활제품/디자인	36	5.4%	63	5.4%
언론사/출판	37	5.5%	63	5.4%
화장품/패션	31	4.6%	46	3.9%
식품/외식업	31	4.6%	52	4.4%

※ 17개 산업구분 항목 중 상위 8개만 표시함
※ 프로그램 개수의 경우, 2012년에 비해 조사대상으로 선정한 대외활동 정보 커뮤니티가 추가되어 단순비교가 어려움

- 2013년에 공모전을 운영한 기관은 정부/공공기관이 27.1%로 가장 많았으며, 다음으로는 교육/연구기관(10.2%), 지방자치단체(6.9%)가 그 뒤를 이었음.
- 전년도와 비교했을 때, 지방자치단체(6.9%)의 공모전이 큰 폭(8.2%) 감소한 반면, 교육/연구기관의 공모전은 큰 폭으로 증가(6.0%)함. 다른 운영기관의 경우 변화가 미미했음.

집필진 소개 / 후기

"생각하고 살지 않으면 사는 대로 생각하게 된다." 프랑스 시인 폴 발레리가 남긴 말이다. 발레리만큼은 아니지만, 처음 책에 실릴 원고를 집필하면서 정말 많은 생각을 하며 살았던 것 같다. 물론 그 생각들의 대부분은 변화무쌍한 20대를 잘 읽어낼 수 있을까 하는 초조함과 20대가 열광하는 아이템의 마케팅 노하우에 대한 고민이었지만 말이다. 이번 집필은 엉켜 있는 20대에 대한 여러 생각덩어리를 차근차근 풀어볼 수 있었던 좋은 기회였다. 기업이 20대 청춘의 젊은 에너지를 소유하고 싶어 하는 가장 큰 이유는, 그들과 가까이 함으로써 젊고 친근한 자사의 브랜드 이미지를 강화할 수 있기 때문일 것이다. 나 역시 바로 그런 마음으로 글을 담았다. 20대가 열광하는 트렌드와 브랜드를 곰곰이 살펴보고, 글로 옮김으로써 20대를 누구보다 잘 이해할 수 있기를 원했다. 집필을 맡기기엔 다소 어린 나이인 내게 20대를 통찰할 수 있는 기회를 준 '대학내일20대연구소' 신익태 소장님과 박진수 수석연구원님을 비롯하여 늘 배울 것이 많은 「대학내일」식구들 모두에게 감사를 전한다. 마지막으로 책을 읽은 모든 이들이 '기업과 사회가 왜 20대를 주목해야 하는지' 다시 한 번 생각해볼 수 있기를, 그리고 그 질문의 해답을 이 책에서 찾을 수 있길 바란다.

송혜윤(ss.emilie@univ.me) · 대학내일20대연구소 연구원

20대는 모든 마케터들에게 참으로 매력적인 존재다. 점점 지갑이 두꺼워지는 향후 50년간의 고객이자 SNS에서의 입소문을 통해 시장의 나비효과를 불러일으키는 지렛대가 되기도 한다. 그러나 20대는 참으로 어려운 존재이기도 하다. 혹자는 그들을 일컬어 '어디로 튈지 모르는 럭비공'이라 표현한다. 나름의 기준과 분석을 통해 그들의 트렌드를 다섯 가지로 제시하였지만 이걸로 설명할 수 없는 그네들의 모습도 숱하다.

'그럼에도 불구하고' 그들의 마음을 사로잡은 브랜드와 마케팅을 살펴보는 것은 충분히 의미 있는 일이다. 그들은 20대의 취향을 따라가는 것만으로 만족

하지 않았다. 20대의 라이프스타일을 철저하게 파고들면서 동시에 20대가 경험해 보지 못한 문화를 한 발 앞서 제시하기도 한다. 그 문화 속에 빠져든 20대의 뇌리 속에서 브랜드의 가치는 각인된다. 이를 지켜보는 과정은 무척 흥미진진했다. 그중엔 '그 정돈 나도 생각했다' 싶은 아이디어도 있었으나 상금은 오로지 행한 자의 몫이라는 교훈을 되새기게 되었을 뿐이다. 원고를 작성하는 과정은 흥미로웠으나 한편으론 2014년의 '유스마케팅'을 슬쩍 내다볼 수 있었다는 점에서 의미 있기도 했다. 재미와 의미를 모두 갖춘 작업에 발을 담글 수 있는 기회를 주신 모든 분들께 감사드린다.

이윤경(yoonkyung@univ.me) - 「대학내일」 전략기획팀 매니저

어차피 지나가는 세대에 우리는 왜 이렇게 큰 의미를 부여하는 것일까. 20대만 힘든 것이 아니라 모두 힘들다고 한다. 「대학내일」 기자로 일하면서, 20대 전문 콘텐츠를 만들면서 들어온 비판이었다. 하지만 고통은 누군가와 비교한다고 해서 그 정도가 줄어드는 것이 아니며, 부유하는 존재나 계급은 그 시대적 특수성 때문에 더 정교한 연구가 필요한 법이다. 이 외에도 내 소속을 밝히면 늘 듣던 말이 있다. 긍정적이든 부정적이든 "요즘 20대는……"으로 시작하는 전형적인 말들이다. 이 책을 집어든 이들이야말로 아마 20대에 대한 전형적인 질문은 그만하고 싶어진 분들이리라. 그분들의 궁금증에 이 책이 조금이나마 답이 되었으면 좋겠다.

정문정(moon@univ.me) - 「대학내일」 편집팀 기자

몇 달 전, 한 방송사에서 '대학생'을 주제로 기획 프로그램을 만들기 위해, 내게 자문했던 적이 있었다. PD와 작가들은 인터뷰 내내 "그래서 한마디로 요즘 대학생이 어떻다는 소린가요?"라고 물었고, 난 매번 "한마디로 정의하기 어렵다"며 대답을 피했다. 우리들은 두 시간 넘게 얘기했지만, 마치 선문답이 오가는 것마냥 20대를 정확하게 규정해 내지 못했다. 20대는 그런 세대다. 매주 기획기사를 쓰기 위해 20대 대학생들을 만난 지 몇 해가 됐지만, 여전히 그들은 나로선 이해하기 힘든 사고와 행동을 보인다. 빠르게 변화하고 대처하면서도 때론 답답할 정도로 신중하기도 하다. 어떤 때는 영악한데, 다시 본 20대는 순박하기 그지없다. "20대는 이러이러하다"라고 짧게 단언하기 어려운 이유도 그

때문일지도 모른다. 그들을 제대로 이해하지 않으면, 어떤 양상을 보일지가 도무지 예측되지 않기 때문이다.

20대 커뮤니티 관련 기획기사를 썼을 때 많은 메일을 받았다. "왜 우리가 활동하는 A 커뮤니티를 비난하느냐?"라는 내용부터 "그렇게 A 커뮤니티를 약하게 비난하면 오히려 편드는 것처럼 보인다"는 충고도 있었다. 같은 말이라도 받아들이는 20대의 입장이 각기 달랐던 것이다. 이 책을 쓰는 기간은 아마도 20대를 규정하기보단 이해하는 과정이었던 듯싶다. 나 자신 역시 커뮤니티에 모인 20대를 이해하는 일이 조심스러웠듯, 이 책의 모든 부분은 섬세한 관찰과 끊임없는 분석을 통해 한 줄, 한 줄 채워져 나갔다고 생각한다. 덕분에 이 짧은 공부는 앞으로도 계속 만나게 될 20대를 좀 더 깊게 바라볼 수 있는 기회로 남을 것이다. 또 이 책을 읽는 많은 분들에게도 그러한 계기가 될 수 있기를 기대해 본다.

홍승우(sseung@univ.me) - 「대학내일」 편집팀 기자

자칭 SNS 중독자로서, 20대의 소셜네트워크 현상에 대해 분석한다는 것은 나 자신을 들여다보는 일이기도 했습니다. 인간이란 이루 말할 수 없을 정도로 복합적이기 때문에 하나의 현상을 분석한다는 것이 가능한지에 대해선 지금도 확신이 없습니다. 다만, 그 현상을 인지한다면 스스로를 들여다볼 작은 열쇠라도 쥐게 되는 것이 아닐까 하는 마음이 글을 쓴 후에 생긴 것 같습니다.

전아론(aron@univ.me) - 「대학내일」 편집팀 기자

트렌드북 원고 작성은 한 해의 가장 큰 장애물이다. 원고를 마감했을 때 드디어 올해도 무사히 지나갔다고 생각했다. 그렇게 세 번째 트렌드북이 나왔다. 세 번이면 익숙해질 때도 됐는데 쓸 때마다 어렵고 괴롭다. 어렵고 괴로운 만큼 결과물이 잘 나올 때도 됐는데 쓰고 또 써도 여전히 부족한 것만 같다. 부끄럽기 만한 원고가 읽는 분들께 조금이나마 도움이 됐다면 그건 순전히 책이 만들어지기까지 보이지 않는 곳에서 여러 모양으로 도움을 주신 분들 덕분이다. 다양한 캐릭터의 필진들을 어르고 달래느라 주름이 한 줄쯤 늘어났을 박진수 님, 부족한 사수들의 원고를 읽고 피도 눈물도 없는 빨간펜 선생님으로 빙의한 황병수 님, 편집자 친구라는 죄로 주말에도 지루한 원고를 읽어내야 했던 장정운 님, 원

고 쓰는 내내 맛있는 갈매기살을 사준 백동현 님, 마지막으로 빠듯한 시간임에도 예쁘게 책 만들어 주신 출판사분들. 모두 머리 숙여 감사합니다.

신청(erin@univ.me) - 「대학내일」 CM(Contents Marketing)팀 에디터

작년과 마찬가지로 원고를 쓰면서 몇 번이나 고개를 갸웃거렸다. 내가 어떤 현상을 이렇게 깊게 고민했던 적이 있나 싶다. 가십만을 찾고 휘발되는 논제에 열을 올렸던 지난날을 반성하게 되었다. 앞으로는 모든 일에 대해서 원인과 해결책, 나아가서 전망까지 깊게 생각해 보는 습관을 들여야겠다고 다짐했다. 많이 배우고, 뜻 깊은 시간이었다. 앞에서 끌어주고, 뒤에서 쪼아주며, 옆에서 함께하는 분들이 있었기에 마침내 이 후기를 적을 수 있었다. "모두 고생 많으셨습니다."

김효선(hyosun@univ.me) - 「대학내일」 CM(Contents Marketing)팀 에디터